中外语言与文化论丛

藏汉英三语教育研究

刘全国◎著

科学出版社

北　京

内 容 简 介

本书是国内学界首部专门系统研究藏汉英三语教育的著作，是在作者先后主持完成的多项国家社会科学基金项目、教育部人文社会科学项目以及教育部民族教育发展中心民族教育研究课题等研究成果的基础上整理完成的。

本书基于理论分析、田野工作和教学实验研究，从教育学和语言学的双重视角对我国西藏、青海、甘肃、四川、云南五大藏区及内地西藏班（校）藏汉英三语教育的概念内涵、研究现状、语言生态、三语态度、三语能力、平衡三语教学实验、三语接触模式、三语教育教学模式及其实施建议等问题进行了全景式透视和深描分析。

本书的研究成果不仅对语言学与语言学研究具有参考价值，也对教育学、民族学等学科的相关研究有所裨益，同时，对藏族地区和其他少数民族地区语言政策规划、语言教育实施、语言生活治理等都具有重要的参考价值。

图书在版编目（CIP）数据

藏汉英三语教育研究/刘全国著. —北京：科学出版社，2019.9
（中外语言与文化论丛）
ISBN 978-7-03-060041-7

Ⅰ. ①藏… Ⅱ. ①刘… Ⅲ. ①藏语–语言教学–教学研究 ②汉语–语言教学–教学研究 ③英语–语言教学–教学研究 Ⅳ. ①H214.9 ②H19 ③H319.3

中国版本图书馆 CIP 数据核字（2018）第 284037 号

责任编辑：杨　英/责任校对：杨　赛
责任印制：李　彤/封面设计：铭轩堂

科 学 出 版 社 出版
北京东黄城根北街 16 号
邮政编码：100717
http://www.sciencep.com

北京虎彩文化传播有限公司 印刷
科学出版社发行　各地新华书店经销

*

2019 年 9 月第 一 版　开本：720×1000　B5
2019 年 9 月第一次印刷　印张：18
字数：363 000
定价：98.00 元
（如有印装质量问题，我社负责调换）

本书是"荣达教育资助基金"民族教育研究课题和教育部民族教育发展中心2013年度课题"我国少数民族地区民—汉—英三语教育的模式构想与政策建议——以西藏自治区和甘肃藏区为例"（项目编号：RDSY13020）的最终成果。

本书获陕西省第九批"百人计划"（青年百人计划项目）资助。

中外语言与文化论丛
编委会

总主编　王启龙　刘全国

编　委　（按姓氏拼音排序）

阿不都·热西提　教育部长江学者特聘教授，中央民族大学中国少数民族语言文学学院院长

蔡维天　台湾清华大学语言学研究所教授

陈　明　北京大学外国语学院教授

陈国华　北京外国语大学教授，《外语教学与研究》副主编

陈学然　香港城市大学人文社会科学院教授

封宗信　清华大学外国语言文学系教授

冈村宏章　日本岛根大学亚太历史文化研究中心主任、教授

河元洙　韩国成均馆大学教授

贺　阳　中国人民大学文学院副院长、教授

黄南松　美国南加州大学教授

李雪涛　北京外国语大学全球史研究院院长、教授

刘全国　陕西省青年"百人计划"特聘专家，陕西师范大学外国语学院副院长、教授

彭青龙　国务院学位委员会第七届学科评议组成员，上海交通大学外国语学院副院长、教授

束定芳　上海外国语大学教授，《外国语》主编

田　兵　广东外语外贸大学词典学研究中心主任、教授

王　宁　教育部长江学者特聘教授，欧洲科学院院士，清华大学外国语言文学系教授

王宏印　南开大学外国语学院翻译研究中心主任、教授

王启龙　教育部长江学者特聘教授，陕西师范大学外国语学院院长、教授

张　韧　陕西师范大学外国语学院教授

换个视角看世界

总序

我们常说，中华民族文化是 56 个民族多元一体共同繁荣和发展的结果。同样，人类历史告诉我们，人类文明或者说世界文明是全人类通过艰苦卓绝的长期努力奋斗所获得的物质文化和精神文化的总和。在这个过程中，从古至今没有哪一个民族文化可以独放异彩，独立发展。人类文化的发展，都必须有赖于文化之间的交流。尤其是在全球化的今天更是如此。对此，季羡林等诸位先生说："既然讲文化交流，就必须承认，文化不是哪一个民族、哪一个国家，或哪一个地区单独创造和发展的。在整个人类历史上，国家不论大小，民族存在不论久暂，都或多或少、或前或后对人类文化宝库做出了自己的贡献。人类文化发展到了今天这个地步，是全世界已经不存在的和现在仍然存在的民族和国家共同努力的结果，而文化交流则在其中起了关键性的作用。"[1]

简而言之，是文化交流促进了人类文化的发展，从而推动了人类社会的巨大进步。而在文化交流中，语言这个媒介自然起到了不可估量的作用。那就是为什么，古今中外，凡是要了解一个民族的文化，尤其是异族文化的时候，最直接、最重要的手段就是学习这个民族的语言，从语言入手了解这个民族的文化。而在东西方高等教育体系中，各著名高校或研究机构一般都设有学习外国语言文化的系所。国外的东方学学术机构有的历史悠久，闻名世界，比如英国伦敦大学亚非学院（School of Oriental and African Studies, University of London）、牛津大学东方学学部（Faculty of Oriental Studies, University of Oxford）、剑桥大学东方系（Faculty of Asian and Middle Eastern Studies, University of Cambridge）、不列颠图书馆东方手稿与印本书部（Department of Oriental Manuscripts and Printed Books, The British Library）、法国巴黎大学的高等中国研究所（Institut des Hautes Études Chinoises, Université de Paris）、法国国立现代东方语言学校（École Nationale des Langues Orientales Vivantes）、法国国家语言东方文化研究院（Institut National des Langues et Civilisations Orientales）、法兰西远东学院

---

[1] 季羡林，周一良，庞朴. 1990. 放眼宇宙识文化——《东方文化丛书》总序，读书（8）.

（École Française d'Extrême-Orient）、德国的东方学会（Deutsche Morgenländische Gesellschaft）、德国东方研究所（Institut für Deutsche Ostarbeit）、俄罗斯科学院东方文献研究所（Institute of Oriental Manuscripts, Russian Academy of Sciences）、德国汉堡的亚洲研究所（Institut für Asienkunde, Hamburg）、美国哈佛大学东亚语言与文明系（East Asian Languages and Civilizations, Harvard University），以及其他许多著名大学的东亚系，等等。值得注意的是，它们的共同特点在于，语言是第一关注的要素，首先学习并掌握好语言之后再说别的。而欲学好语言，需要学习和了解的内容很多，而不仅仅是文学。从众多的西方国家高校和科研机构设立的东方学研究机构、非洲研究机构、亚洲研究机构、国别研究机构的名称就可以看出，除了某种语言之外，它们关注的内容很多，凡是这个语言所承载的一切文明或文化内容都是学习和研究的对象。

当然，在国内也有许多著名的外国语言文学教育或研究机构，但是，如果我们仔细思量，其实这中间是有所不同的。在国内，我们通常是外国语言文学，除了"语言"就是"文学"，换个角度说，学习外国语言仿佛就是为了研究外国文学，别无其他。长期以来都是如此，这或许是受当年苏联学科分类的影响，抑或是我们本有的习惯或传统。不管是哪一种，我个人认为，我们都该在这一点上向西方学习，借鉴其经验对我们现有的外语系（学院、大学）的办学理念和办学机制进行调整，这大概不失为一条值得探讨和摸索之路。

在这方面，陕西师范大学外国语学院也在努力探索。我们这次编辑出版"中外语言与文化论丛"，就是一种尝试。根据丛书名称，大概读者就可以了解到我们对这套丛书的期许和期待。我们不希望它只是一套外国语言文学的丛书，我们希望它以外国语言文学为坚实基础，旁及其他学科，并在中外比较中、在不同视角中、在学科交叉中去从事学术研究，或者说换个视角研究问题，换个视角审视世界，换个视角反思自己，这样的话，或许我们会在某些问题上或多或少有真正的创获。钱钟书先生说："有了门，我们可以出去；有了窗，我们可以不必出去。"[1]这句经典本是先生以文学的笔调描写门和窗以感悟人生哲理的，但是，如果放在我们此时此刻讨论的语境里，其实是会给我们带来另一番无尽而有趣的启示的。

在这套丛书里，我们不追求完美的体系，不追求精致的形式，我们希望每位作者能在自己的论题方面，在新材料、新观点、新方法或新领域的某一方面或某些方面有所拓展即可；我们希望每位读者在坚实的研究基础支撑下，通过缜密的分析和研究，能够持之有故，言之成理，达到一定高度的学术水平。

我们这套丛书最大的特点应该是其开放性。首先，我们在学科上是开放的，

---

[1] 钱钟书.1990. 写在人生边上. 北京：中国社会科学出版社.

我们当然以外国语言文学为主，但我们不囿于这个范围，中外语言、文学、艺术、宗教、历史、文化等，凡是与外国语言有渊源的，与中外学术文化有关系的，或者利用外语从事学术研究的高水平成果，都可纳入，借此可以在中外比较中、在学科交叉中、在观点碰撞中，紧扣时代需要，探索和拓展新领域、发现和研究新问题，为国家社会经济文化建设服务；其次，我们在作者群方面是开放的，入选丛书的作者并非一定要是专家教授或著名学者，凡是有真知灼见、自成一体，并具有一定学术功力的著述，不管作者是谁，我们都会酌情收入，因为只有这样，我们才能在人才培养、学术研究、学科建设方面另辟蹊径；最后一点，也是最重要的一点，我们在学术观点上是开放的，绝不会因为所谓的学术门派、学术观点的不同而把具有真知灼见的学术研究成果排斥在外，因为真理的探索和发现往往都是在不同的学术观点相互碰撞和激荡中产生的。

学术文化研究与交流中的开放性当然蕴含着包容性，只有包容对方才可能有开放的胸怀。事实上，中国传统文化中的重要特质之一就是开放和包容。《周易》曰："天行健，君子以自强不息；地势坤，君子以厚德载物。"这正是开放与包容的中国传统宇宙观之写照。中国古人认为天地最大，天高行健，地厚载物，寓意进取开放，厚德包容。正因为中国传统宇宙观的开放与包容，历经数千年发展历史的多民族汇聚中华民族文化才会多元丰富、深邃弥久。

开放就要进取向上、就要志存高远，包容就要虚心学习、就要厚德包容。在民族文化传播、发展与交流中，开放与包容相辅相成，"唯因文化的包容性，开放在实践操作上才成为可能；唯因文化的开放性，包容才获得了实质性意义。人类文化的发展如果没有开放和包容的品质，就不能保持长久的生机和旺盛的活力"。"从中国历史发展看，各种外来文化的进入并没有使中国传统文化丧失其固有的本色，相反却丰富了中国的传统文化。"[①]而在学术文化研究与交流中，中西方的互动何尝不是如此？尤其是在经济全球化高度发达，带动全方位全球化的今天，我们如何把握世界大势和国际潮流，积极主动地加强中外文化交流和民族文化的国际传播，积极主动地融入世界文化发展的主流之中，并在世界文化中占有一席之地，真正成为文化大国？只有成为文化大国，才可能成为世界强国。

习近平主席指出，在民族文化对外传播、交流，在对外宣传方面，我们的"一项重要任务是引导人们更加全面客观地认识当代中国、看待外部世界"[②]。要完成这一伟大使命，我们必须坚持开放与包容，一方面，昂扬向上、积极进取，努力向全世界传播中华民族优秀文化；另一方面，要厚德包容，虚心学习世

[①] 邹广文. 2013. 论中国文化的厚德、开放与包容，人民论坛·学术前沿（1）.

[②] 习近平. 2014. 把宣传思想工作做得更好//中央文献研究室，中国外文局. 习近平谈治国理政. 北京：外文出版社：155.

界其他国家和民族优秀文化，吐故纳新，不断丰富中华民族文化。我们期许这套丛书，能够在这方面发挥些许作用，在中外语言文化研究与交流方面做出一定贡献。在学习和借鉴西方先进学术成果和科学理论的同时，能够更好地"讲好中国故事，传播好中国声音"。①

若能如此，我想这套丛书的使命就算达到了，任务就算完成了。谨此为序。

王启龙

2015 年 12 月于西安

---

① 习近平. 2014. 把宣传思想工作做得更好//中央文献研究室，中国外文局. 习近平谈治国理政. 北京：外文出版社：155.

自序

一

柏拉图曾说，语言这个题目也许是所有题目中最大的一个。洪堡曾说，语言是世界观，是一个民族人民的精神。

在人类哲学研究的漫漫长河中，作为人类思维和存在的重要表征方式，语言问题总是引起哲人先贤的无尽关心，因而被屡屡提及。仿佛在幽深森林旅行的人定会关注和采摘那些奇异夺目的鲜花香果，也如在闹市中穿行的人们不会错过那些标志性建筑对城市文明的定位和书写，又如在海边漫步的人会俯首捡起沙滩上那些耀眼而独特的贝壳。在由物质、心智和语言组成的三维世界中，语言是与哲学、文学、艺术更为接近的存在。语言不仅是人类世界传情达意的交际媒介，更主要的是它承载了人类文明的精神成果。人们用语言书写历史长河中的社会变迁、王朝更迭，也用语言表达尘世人间的悲欢离合、喜怒哀乐。在人类语言的寓所中，各种人类文明的符号、元素和成果济济一堂，异彩纷呈，共同构成了人类物质和精神文明的壮丽图景。

一种语言就是一个世界，一种语言就是一种生活。

作为人类思维和交际的工具，语言是国家安全战略的重要人文资源。我国是多民族国家，民族地区语言教育和语言生活的意义已经超越了语言使用的本体范畴，是事关民族文化传承、民族语言和方言保护、文化多元生态建构以及社会稳定与国家安全维护的重大命题，具有重要的政治、文化和社会意义。西藏自治区在保障我国国家安全和生态安全、储备战略资源、弘扬民族文化、传承民族语言等方面都具有无可替代的重要作用，西藏自治区的语言图景和语言教育是事关我国政治、经济、文化等诸多领域的战略事件。

2001年，教育部颁布《关于积极推进小学开设英语课程的指导意见》，规定2001年秋季始，全国城市和县城小学逐步开设英语课程；2002年秋季，乡镇所在地小学逐步开设英语课程。小学开设英语课程的起始年级一般为三年级。与此相适应，《西藏自治区教育事业"十五"计划及2010年远景规划》提出，"从2001

年秋季新学期开始，全区所有小学从一年级起开设语文课，逐步从三年级起开设英语课"。英语作为外语进入当地的教育体制后，藏汉英三语教育成为当地语言教育生活的基本形态，也是此后相当长的一段时间内西藏语言生活的基本图景。新添加的英语课程对西藏语言生活和教育生活的影响与冲击绝非简单的数学加法，而是从语言多样性和文化结构层面以乘法效应深刻影响着藏区的社会文化格局。

在第一语言（藏语）、第二语言（汉语）和外语（英语）的交互影响下，藏族地区的语言生活和语言教育形态的复杂性大大增加。首先，藏、汉、英三种语言的接触形态更加多样，语言迁移、语码转换更加频繁，其机制也愈加复杂，语言学习者和使用者之间的语言水平和认知机制的个体差异又作为添加变量使这一复杂的机制更加扑朔迷离；其次，藏、汉、英三语环境下，各种语言承载的文化相互碰撞、彼此融合，使三语社区的文化图式相互叠加，语言生活和语言教育的文化赋值不容小觑；最后，在有限的语言生活和语言教育资源中，第三语言的介入改变的不仅仅是语言的形态，而且激活了各种语言间资源分配的博弈和竞争，进而影响到整个社会文化的发展走向。

二

天波易谢，寸暑难留。

古往今来，没有一位法官像时间老人这样公正无私地丈量着世间众生的生命年轮，冷眼静观他们在自己的人生之书上或浓墨或轻描的书写笔迹，并用最残酷冷峻的笔触点评泱泱众生的成败得失。

屈指算来，从2004年首次赴藏区开展外语教育田野工作、首次接触到藏汉英三语教育以来，已有十四五个年头了。十四五年的学术生涯中，每每念及自己资质愚钝，既没有万顷碧涛的学术涵养，也没有博通中外的学术视野，只是以笨鸟先飞的心态时时自勉，不敢稍有懈怠。十多年来，虽然学术上无甚建树，但自觉用力甚勤，回想自己走过的"三语之路"，艰辛而执著，颇多感触。

2005年是笔者攻读博士学位的第二年。春末夏初，遵导师之命，笔者和数名同事前往甘南藏族自治州夏河县开展三语教育田野调查工作。田野调查工作的设计方案中有课堂观察的研究内容，记得当时那个明媚的上午，笔者第一次走进了藏区中学的英语课堂，也走进了笔者的"三语"人生。事隔多年，深深印在笔者脑海中的课堂记忆除了藏族孩童天使一样纯洁好奇的眼神，就是英语教师藏、汉、英交互使用的授课语言。头顶是藏区令人心醉的湛蓝天空，耳畔回响着笔者既熟悉又陌生的语言，似懂非懂间，跌跌撞撞就走进了三语教育研究的神秘世界。那次调研的成果是跟导师合著的论文《西北民族地区外语基础教育现状调查——以甘肃省为例》（《外语教学与研究》，2006年第2期），论文经过导师的悉心指导和大力斧正才得以录用，现在看来甚为青涩的论文，对当时的我来说却是莫大的鼓励。

怀着初涉科研的忐忑不安，我于2005年申报并获批教育部人文社会科学研究青年基金项目"西北藏族地区英语三语教学田野工作研究"，并于2006年成功申报国家社会科学基金项目"民族地区'三语'环境下语言接触：田野工作与理论研究"。两次成功申报项目，让当年刚刚30岁出头且在攻读博士学位的笔者颇感意外，又深受鼓舞。两项课题结项后，笔者于2011年又成功申报了国家社会科学基金重大特别委托项目"西藏项目"2011年招标课题"西藏自治区基础教育双语教学研究：模式构想与政策建议"。2013年获批"荣达教育资助基金"民族教育研究课题和教育部民族教育发展中心2013年度课题"我国少数民族地区民—汉—英三语教育的模式构想与政策建议——以西藏自治区和甘肃藏区为例"。三语教育研究项目就像笔者学术之路上的指路明灯，一直引领着笔者砥砺前行，探索未知。

此后多年来，笔者完成了《三语环境下外语教师课堂语码转换研究》的博士学位论文（2007年），相继出版了博士学位论文的同名专著（中国社会科学出版社，2012年）、《三语教育与三语教学》（中国社会科学出版社，2013年）、《西藏自治区双语教育研究》（社会科学文献出版社，2014年）。先后发表这一领域的系列研究论文，其中包括《西北藏族学生英语学习风格的调查研究》（《民族教育研究》，2005年第5期）、"EFL Education in Ethnic Minority Areas in Northwest China: An Investigational Study in Gansu Province"（Anwei Feng Ed. *Bilingual Education in China: Practices, Policies and Concepts*. Multilingual Matters, 2007）、《西北农村和牧区中小学英语信息化教育教学模式研究》[《电化教育研究》，2008年第4期，第二作者]、《我国民族地区外语三语教学理论的本土化阐释》（《西北师范大学学报》，2010年第3期）、《我国民族地区英语课堂三语教学模式探索》（《青海民族研究》，2011年第1期）、《我国少数民族地区外语课堂三语接触模式》（《当代教育与文化》，2011年第2期）、《藏汉英三语环境下外语课堂文化建构》（《西藏大学学报》，2012年第2期）、"Ethnic Minorities and Trilingual Education Policies"（Douglas J. Besharov and Karen Baehler eds. *Chinese Social Policy in a Time of Transition*, Oxford University Press, June, 2013，第三作者）、《"汉藏英"三语平衡输入与三语学业成绩相关性的实验研究》（《西藏大学学报》，2018年第1期）等。零零散散的论文今天看来虽多有瑕疵，却似点点印记，凝聚了笔者对这些问题的粗浅思考，连点成线，也勾勒出笔者的三语教育研究的人生轨迹。

三

进藏前，西藏是一个梦；进藏后，西藏是一份情。

因为项目研究的需要，笔者有幸在春、冬两季十二次踏上这片神奇的土地。每次进藏都行色匆匆，对五色西藏的自然风情感受不多。对笔者而言，西藏之行的记忆就是工作之余在拉萨街头的闲庭漫步，是藏族茶馆里飘出的缕缕酥油茶香，是转寺的藏族阿妈用转经筒画出的岁月年轮，是大昭寺袅袅升空的香烟在蓝天白云的幕布上悠然绘就的水墨画卷，是长明不熄的万盏酥油灯穿越时空照亮的藏地历史，是雪顿节空气中焚烧弥漫的藏香，是青藏线上活跃在游客目光里的藏地生灵，是航班窗外蜿蜒展开的雅鲁藏布江河道……

从大昭寺二层的平台上向右前方望去，蓝天白云映衬下的布达拉宫，群楼重叠，殿宇巍峨，气势雄伟，红白两宫交相辉映，有如雪域高原的精神灯塔，以凌冽之势深沉凝视着世界屋脊的沧海桑田、云卷云舒。进藏之人，只有面对布宫，才算真正看到西藏。如果说西藏是一种信仰，布宫则是这一信仰的现实符号。

身居闹市，时间久了一则心生浮躁，二则易惹尘埃。六祖慧能一生大部分的时间都花在劈柴、舂米等平凡琐事上，但他平凡中藏不住的伟大确是世人应该学习的榜样。平日忙于劈柴、舂米的六祖以一首"菩提本无树，明镜亦非台。本来无一物，何处惹尘埃"的法偈博得五祖认可，夜授《金刚经》，密传禅宗衣钵。六祖用心如止水、无尘可拭的澄明将平凡中的伟大和伟大中的平凡阐释得异常完美。

每次西藏之行都是一次净心之旅。西藏总是以自己的高海拔、慢节奏提醒世人：人生即旅行。人在旅途，难免遇"囧"，要带上心、放慢步，尽情欣赏沿途的景致，悠闲丈量自己脚下的人生，这才是最大的不容错过。

西藏之行使笔者获得一种精神，高处有的不仅仅是"不胜寒"，还有高人高论、高空高远。向往到高处，遇高人，听高论，望高空，聚高远，给自己树一个精神坐标。

语言人应有语言情，教育人应有教育梦。面对西藏，心生执念，用自己的微薄之力，为生活在世界最高地的孩子们做一点事，其乐莫大，也方可坦然面对那些像藏地蓝天一样清澈的孩童目光。

西藏几乎见证了笔者人生中所有的重要转折，也助笔者在学术之路上不断前行。

感谢西藏！

自　序

四

本书是在笔者主持完成的"荣达教育资助基金"民族教育研究课题和教育部民族教育发展中心 2013 年度课题"我国少数民族地区民—汉—英三语教育的模式构想与政策建议——以西藏自治区和甘肃藏区为例"（项目编号：RDSY13020）的项目成果的基础上修改，并结合本人其他研究成果整理完成的。

因为项目资助经费骤减，加之进藏调研难度和成本增加，课题的实施并不顺利，先后历时四年才得以结项。

全书十一章，分为四个部分：三语教育的概念和研究综述，政策与实践形态，实证研究、实验研究，理论研究与启示。

第一部分包括第一、二、三章，涵盖了藏汉英三语教育的概念厘定和国内外藏汉英三语教育的研究综述。从藏汉英三语教育的内涵和概念厘定出发，系统梳理了专著、期刊论文（CSSCI 源刊）、会议论文、博士学位论文、硕士学位论文，以及这一领域的国家社会科学基金项目、教育部人文社会科学项目、各省社会科学基金项目等国内外三语教育的相关研究，力图从多个视角全景式描写国内藏汉英三语教育的研究现状。

第二部分包括第四章和第五章。第四章以德国、法国、美国、日本、新加坡等国为例，梳理了其外语教育政策的历时嬗变，分析了其政策发展演变的逻辑及其对我国三语教育的启示；第五章介绍了西藏自治区、内地西藏班（校）、青海省藏区、甘肃省藏区、四川省藏区、云南省藏区等地的藏汉英三语教育的实践形态。

第三部分包括第六、七、八章，呈现的是实证、实验研究的情况。

第六章介绍了本书实证部分的研究设计和样本概况，对来自西藏自治区 9 个样本学校及甘肃省甘南藏族自治州的 2 个样本学校的 1 527 名学生样本、131 名教师样本情况进行了介绍，并从我国民族地区藏汉英三语教育的地域差异、资源现状、教学语言、三语师资等方面描写了我国藏区藏汉英三语教育现状。除此之外，基于实证研究采集的数据，从家庭语言生态、学校语言生态、社会文化语言生态三方面论述了样本学生和教师对藏汉英三语教育生态的认知。

第七章探讨了样本学生和样本教师的三语态度和三语能力问题。

第八章呈现了课题组在甘肃省甘南藏族自治州开展藏汉英三语教学实验的情况，在分析实验班和控制班三语语言态度和三语能力的基础上，对实验前后两个班的三语成绩差异进行了分析，对实验的成效进行了总结。

第四部分包括第九、十和十一章。

第九章从三语接触模式构建的理论基础出发，从形态模式、过程模式、生成模式三个方面论述了藏汉英三语环境下的语言接触模式。

第十章从目标引领、实施管理、资源辅助、评价监控等四个维度探究了我国藏汉英三语教育模式，模式涵盖了教学目标、政策管理、课程管理、教学管理、资源开发和实施评价等维度。

第十一章从研究引领、政策引导、师资队伍、教学模式、主体认同、学段衔接、教学改革和技术融合八个方面对我国少数民族地区藏汉英三语教育的实施提出了意见和建议。

是为自序。

刘全国

2018 年 9 月于古都西安

目录

第一章 绪论 ·· 1
  第一节 三语教育背景概述 ······························· 1
  第二节 三语教育概念界说 ······························· 3
  第三节 藏汉英三语教育的意义 ··························· 5

第二章 国外藏汉英三语教育研究综述 ······················ 8
  第一节 国外藏汉英三语教育研究概述 ····················· 8
  第二节 国外藏汉英三语教育研究主要内容 ················ 12

第三章 国内藏汉英三语教育研究综述 ····················· 41
  第一节 国内藏汉英三语教育研究概述 ···················· 41
  第二节 国内藏汉英三语教育研究主要内容 ················ 59

第四章 国外多元化语言教育政策及外语教育发展 ··········· 71
  第一节 国外多元化语言教育政策 ························ 71
  第二节 国外外语教育政策发展演变逻辑 ·················· 85
  第三节 国外语言多元政策及外语教育政策对我国三语教育的启示 ··· 87

第五章 我国藏汉英三语教育的实践形态 ··················· 91
  第一节 我国藏族地区语言教育政策沿革 ·················· 93
  第二节 西藏自治区藏汉英三语教育 ······················ 96
  第三节 内地西藏班藏汉英三语教育 ····················· 102
  第四节 青海省藏区藏汉英三语教育 ····················· 112
  第五节 甘肃省藏区藏汉英三语教育 ····················· 115
  第六节 四川省藏区藏汉英三语教育 ····················· 118
  第七节 云南省藏区藏汉英三语教育 ····················· 120

第六章 我国藏族地区三语教育现状分析 ·················· 123
  第一节 藏汉英三语教育调查研究设计 ··················· 123

第二节　我国藏族地区三语教育的地域差异……………………129
　　第三节　我国藏族地区三语教育的资源现状……………………132
　　第四节　我国藏族地区三语语言选择与使用……………………133
　　第五节　我国藏族地区三语师资现状……………………………134
　　第六节　藏汉英三语教育生态认知分析…………………………136

第七章　藏汉英三语语言态度及能力研究………………………………146
　　第一节　学生藏汉英三语语言态度研究…………………………146
　　第二节　教师藏汉英三语语言态度研究…………………………154
　　第三节　学生藏汉英三语语言能力研究…………………………157
　　第四节　教师藏汉英三语语言能力研究…………………………159

第八章　藏汉英三语教学实验研究………………………………………164
　　第一节　实验地区——甘南藏族自治州简介……………………164
　　第二节　藏汉英三语教学实验样本基本概况……………………164
　　第三节　实验班藏汉英三语教育语言态度和三语能力分析……165
　　第四节　控制班藏汉英三语教育语言态度和三语能力分析……168
　　第五节　实验班前后测藏汉英三语成绩差异分析………………171
　　第六节　实验班前后测三语成绩相关分析………………………173
　　第七节　研究结论与思考…………………………………………176

第九章　藏汉英三语接触模式……………………………………………178
　　第一节　藏汉英三语接触模式的构建基础………………………178
　　第二节　我国藏族地区的藏汉英三语接触模式…………………183

第十章　藏汉英三语教育模式……………………………………………189
　　第一节　藏汉英三语教育教学目标引领…………………………190
　　第二节　藏汉英三语教育实施管理………………………………196
　　第三节　藏汉英三语教育的资源辅助……………………………201
　　第四节　藏汉英三语教育的评价监控……………………………203

第十一章　藏汉英三语教育实施建议……………………………………206
　　第一节　藏汉英三语教育研究引领………………………………206
　　第二节　藏汉英三语教育政策引导………………………………208
　　第三节　藏汉英三语师资队伍建设………………………………209
　　第四节　藏汉英三语教育教学模式………………………………211
　　第五节　藏汉英三语教育主体认同………………………………212
　　第六节　藏汉英三语教育的多元衔接……………………………214
　　第七节　藏汉英三语教育教学改革………………………………215
　　第八节　藏汉英三语教育的现代技术融合………………………217

参考文献 221
附录一　国外藏汉英三语教育相关研究文献目录 230
附录二　国内藏汉英三语教育相关研究文献目录 241
后记 259

图目录

图 1-1　"三语"学术关注度知网指数分析 ……………………………………2
图 1-2　知网三语相关研究学科分布 ……………………………………………2
图 2-1　藏汉英三语教育研究期刊及会议文献年度分布 ……………………9
图 2-2　藏汉英三语教育研究者文献贡献数量 ………………………………9
图 2-3　藏汉英三语教育研究在期刊中的发文量比例 ……………………10
图 2-4　影响三语教育政策模式的情景因素 ………………………………20
图 2-5　三语研究年度趋势 ……………………………………………………35
图 2-6　多语研究年度趋势 ……………………………………………………35
图 2-7　三语研究关键词分布 …………………………………………………36
图 2-8　多语研究关键词分布 …………………………………………………36
图 2-9　关键词年度交叉分析 …………………………………………………37
图 2-10　突发主题检测分析 …………………………………………………37
图 3-1　有关藏汉英三语教育的期刊论文和学位论文成果统计
　　　　（2000—2018 年） ……………………………………………………47
图 3-2　藏汉英三语教育相关基金项目成果统计（2004—2018 年） ………52
图 3-3　藏汉英三语教育研究词云图 …………………………………………60
图 3-4　藏汉英三语教育相关研究选题分布 …………………………………69
图 4-1　美国外语教育政策发展的内在演变轨迹 ……………………………76
图 4-2　美国外语教学的"5C"目标 …………………………………………79
图 4-3　日本国民英语交际能力培养路径 ……………………………………82
图 4-4　新加坡语言政策发展阶段 ……………………………………………83
图 4-5　新加坡教师发展路径 …………………………………………………85
图 5-1　第三语言教学与狭义三语教学的区别 ………………………………91
图 5-2　西藏自治区常住人口民族分布 ………………………………………97
图 5-3　首批内地西藏班选送学生生源分布 …………………………………102

图 5-4	2000—2009 年内地西藏初中班、高中班及大学招生统计	105
图 5-5	2018 年内地西藏高中班地区分布及招生统计	106
图 5-6	2018 年内地西藏高级中学招生统计	107
图 5-7	青海省中小学数量占比	113
图 5-8	青海省在校少数民族学生分布	114
图 5-9	云南省迪庆藏族自治州各级各类学校数量占比	121
图 6-1	样本学生性别结构	125
图 6-2	样本学生民族结构	126
图 6-3	样本学生就读年级分布	126
图 6-4	样本教师性别结构	127
图 6-5	样本教师民族结构	127
图 6-6	样本教师年龄结构	128
图 6-7	样本教师教龄结构	128
图 6-8	样本教师学历结构	129
图 6-9	西藏自治区及甘南藏族自治州教师学历分布对比	130
图 6-10	三语教育生态环境构成因子	137
图 6-11	样本学生作答题项"你的父母会不会汉语"的选项分布	138
图 6-12	样本学生作答题项"你的父母会不会藏语"的选项分布	139
图 6-13	样本学生作答题项"你的父母会不会英语"的选项分布	139
图 6-14	样本学生作答题项"我的爸爸妈妈经常鼓励我学好藏语、汉语和英语"的选项分布	140
图 6-15	样本教师作答题项"我们学校能上三语课的老师还是很缺少的"的选项分布	141
图 6-16	样本学生作答题项"除英语课外,你们的老师平时用什么语言讲课"的选项分布	141
图 6-17	样本学生作答题项"英语课上,老师讲解课文时主要用什么语言"的选项分布	142
图 6-18	样本学生作答题项"英语课上,老师平时提问用什么语言"的选项分布	142
图 6-19	样本学生作答题项"老师批改作业都用什么语言"的选项分布	142
图 6-20	样本学生作答题项"老师希望我们既学好藏语,又学好汉语和英语"的选项分布	143
图 6-21	样本教师作答题项"您一般读用哪种报纸、杂志和书籍"选项分布	144

图 目 录

图 6-22 样本教师作答题项"您一般听哪种语言的广播、看哪种语言的电视节目"选项分布 ……………………………………145
图 9-1 接触语言学分析维度 …………………………………………179
图 9-2 三语接触形态模式 ……………………………………………185
图 9-3 不同语言接触过程 ……………………………………………186
图 9-4 三语课堂语言接触过程模式 …………………………………187
图 9-5 语言接触生成模式 ……………………………………………188
图 10-1 三语教育目标及三语教学目标 ………………………………191
图 10-3 三语教育课程形式结构 ………………………………………198
图 10-4 三语教育课程内容结构 ………………………………………199
图 10-5 三语教学互动过程 ……………………………………………201
图 10-6 三语教育评价体系 ……………………………………………203
图 10-7 三语教育模式 …………………………………………………205

表目录

表 2-1	英语在中国历史上的地位和角色	13
表 2-2	中国外语教育六阶段	15
表 2-3	中国三语教育政策的四种模式	18
表 2-4	选择教学语言的不同观点	26
表 2-5	二语习得影响因素和双语学习结果	33
表 3-1	藏汉英三语教育各类型学术成果统计（2000—2018年）	45
表 3-2	藏汉英三语教育相关硕士学位论文信息表（按时间顺序排列）	45
表 3-3	藏汉英三语教育相关博士学位论文信息表（按时间顺序排列）	46
表 3-4	历届中国少数民族地区三语现象及三语教育国际学术研讨会一览表	48
表 3-5	藏汉英三语教育的国家社会科学基金类项目一览表	52
表 3-6	藏汉英三语教育的教育部基金项目一览表	53
表 3-7	藏汉英三语教育的其他基金项目一览表	54
表 3-8	"三步骤、两层面、六因素"的立体多维模式架构	56
表 3-9	研究中多维方法论构架及其功能作用	56
表 3-10	四组实验具体情况一览表	58
表 3-11	论文基本内容一览表	58
表 4-1	欧洲语言政策发展	72
表 5-1	第三语言教学与三语教学形态分类	91
表 5-2	我国部分藏族地区语言教学学段设置	94
表 5-3	西藏自治区藏汉英三种语文课程开设情况	99
表 5-4	1982—1992年开办内地西藏初中班的学校统计	103
表 5-5	2018年开办内地西藏高中班的学校统计	103
表 5-6	2018年内地西藏高级中学信息统计	105
表 5-7	内地西藏班（校）的语言教学形态	110

表 5-8	迪庆藏族自治州推进小学课程建设安排	121
表 6-1	教师问卷结构	124
表 6-2	学生问卷结构	124
表 7-1	样本学生作答题项"其实在我们这里会说汉语或藏语就足够了"的频数与占比	147
表 7-2	样本学生作答题项"我平时很愿意与周围的人讲汉语"的频数与占比	147
表 7-3	样本学生作答题项"在现代社会,藏语已经不是很重要了,学好汉语和英语才重要"的频数与占比	148
表 7-4	样本学生认同型三语态度均值表	149
表 7-5	样本学生工具型三语态度均值表	149
表 7-6	样本学生融合型三语态度均值表	149
表 7-7	样本学生迁移型三语态度均值表	150
表 7-8	男女样本学生三语态度的均值表	151
表 7-9	样本学生三语态度的性别差异分析	151
表 7-10	样本学生三语态度的学段差异分析表	152
表 7-11	不同学段样本学生三语态度的均值表	153
表 7-12	样本教师认同型三语态度均值表	155
表 7-13	样本教师作答题项"能说民族语、汉语和英语可以找到好工作"的频数与占比	156
表 7-14	样本教师迁移型三语态度均值表	156
表 7-15	样本学生作答题项"你能流利地使用哪几种语言"的选项占比	158
表 7-16	样本学生作答题项"你平时用什么语言和老师、同学讲话"的选项占比	158
表 7-17	样本教师作答题项"我在英语课堂上可以流利地使用藏语、汉语和英语进行三语教学"时的频数与占比	159
表 7-18	样本教师作答题项"您一般读用哪种报纸、杂志和书籍"时的频数与占比	160
表 7-19	样本教师作答题项"您一般听哪种语言的广播、看哪种语言的电视节目"时的频数与占比	160
表 7-20	样本教师作答题项"您上英语课主要与学生用哪种语言进行交流"的选项占比	161
表 7-21	样本教师作答题项"您的英语课教案是用哪种语言写的"的选项占比	162

表 7-22	样本教师三语教学的目标均值表	162
表 8-1	实验班学生认同型三语态度均值表	165
表 8-2	实验班学生工具型三语态度均值表	166
表 8-3	实验班学生融合型三语态度均值表	166
表 8-4	实验班学生迁移型三语态度均值表	167
表 8-5	实验班学生作答题项"你能流利地使用哪几种语言"的选项占比	167
表 8-6	实验班学生作答题项"你平时用什么语言和老师、同学讲话"的选项占比	168
表 8-7	控制班学生认同型三语态度均值表	168
表 8-8	控制班学生工具型三语态度均值表	169
表 8-9	控制班学生融合型三语态度均值表	169
表 8-10	控制班学生迁移型三语态度均值表	170
表 8-11	控制班学生作答题项"你能流利地使用哪几种语言"的选项占比	170
表 8-12	控制班学生作答题项"你平时用什么语言和老师、同学讲话"的选项占比	171
表 8-13	汉语文前后测成绩样本统计量表	171
表 8-14	汉语文前后测成绩 t 检验表	171
表 8-15	藏语文前后测成绩样本统计表	172
表 8-16	藏语文前后测成绩 t 检验表	172
表 8-17	英语前后测成绩样本统计量表	172
表 8-18	英语前后测成绩 t 检验表	173
表 8-19	总成绩前后测样本统计量表	173
表 8-20	总成绩前后测 t 检验表	173
表 8-21	藏汉英三科前测成绩相关分析	174
表 8-22	藏汉英三科后测成绩相关分析	174
表 8-23	藏汉英三科前后测成绩相关分析	175

第一章 绪 论

第一节 三语教育背景概述

20世纪90年代以来，随着我国社会经济的全面发展和课程改革的逐步推进，英语进入我国少数民族地区中学的课程体系，并逐渐在我国少数民族地区普及开来，三语教育也随之在少数民族学生母语和汉语的双语基础上发展起来。我国少数民族地区现有的三语教学是在双语教学的基础上添加了第三门语言后产生的多语教育景观。换言之，当外语进入使用民族语言和第二语言的双语课堂或社区时，三语教育现象随即产生，然而相关理论和研究的探索与三语教育的发展并不同步。我国目前的三语教学实践基本处于自发状态，对三语教育的教学目标、教学内容、教学管理、教学评价、师资培养和教学资源建设等方面仍缺乏明确的指导性意见。"借用"二语教学理论指导三语教育的现象在我国少数民族地区普遍存在，这种"借用"反映了在我国新课程改革中，三语教育理论和模式的缺位，也凸显了三语教育研究的必要性和前沿性。

随着我国经济持续快速发展及课程改革的逐步深化，少数民族地区的办学条件和师资水平稳步提升，三语教学也成为少数民族地区外语教学普遍采用的形式，如何在双语教育的基础上进一步开展适应当地教学现状的三语教育，成为少数民族地区教育亟待解决的问题。除了适应我国社会和经济发展的需要，三语教育还应满足少数民族地区特定文化背景下的教育需要。因此，应充分了解少数民族地区三语教育的现状，促进少数民族地区教师的专业能力发展，为学生的学习能力发展提供支持，建构起我国少数民族地区三语教育的理论框架。

少数民族地区的三语教育极具地域特征，其文化复杂性与多样性以及在我国民族教育体系中的重要地位和特殊模式，引起了国内外学者的关注，学者们对这一全新的语言图景和教育现象从理论基础和操作模式等多个方面进行了初步探索和研究。遗憾的是，相关研究大都停留在理论解释和现状描写的层面，针对三语教育的实验研究少之又少。加强三语教育的实证研究，掌握我国少数民族地区三语教育现状的第一手数据，不但有利于促进我国少数民族地区外语教育质量的提升，而且有利于构建团结和谐的民族关系。

我国学术界对三语教育的相关研究已经取得了一定的成果，但是就目前的研究状况来看，我国的三语教育研究仍然处于初级阶段。初级阶段的三语教育研究在特征上主要表现为研究起步晚、研究对象不全面、研究内容较宏观、研究层次不深入四个方面。首先,根据中国知网中国知识资源总库(CNKI 系列数据库)中的中国期刊全文数据库和中国优秀博硕士论文库数据查询来看,题名含"三语"字段的研究论文首次出现在我国的研究文献中是在 2000 年(数据截取日期为 2018 年 7 月 16 日),这表明我国三语领域的研究仍处在起步阶段,还需要广大专家学者的进一步探索和研究。从知网指数分析得到的对"三语"的学术关注度数据(图 1-1)可知,学术界对我国三语研究的关注度呈上升状态,但发展较为缓慢,有待进一步充实。

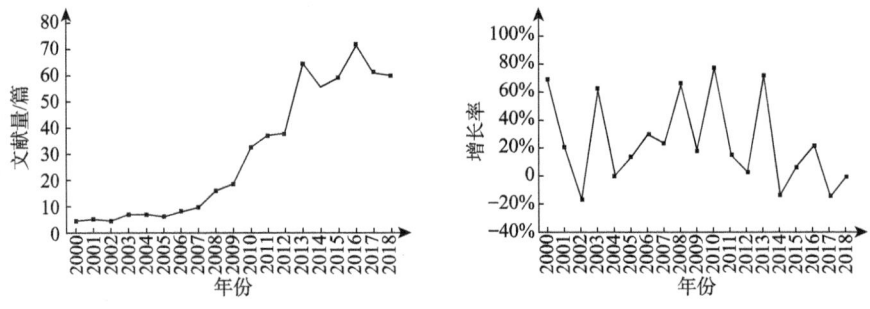

图 1-1 "三语"学术关注度知网指数分析

此外,就研究对象而言,国内三语教育的相关研究主要以藏族和蒙古族的学习者为研究对象。而且,从知网呈现的学科分布可以看出(图 1-2),研究对象大多集中于成年人及大学生群体。中小学阶段作为教育的基础阶段,对学习者的语言发展具有关键性的作用,但对中小学生群体的三语教育相关研究着墨甚少。

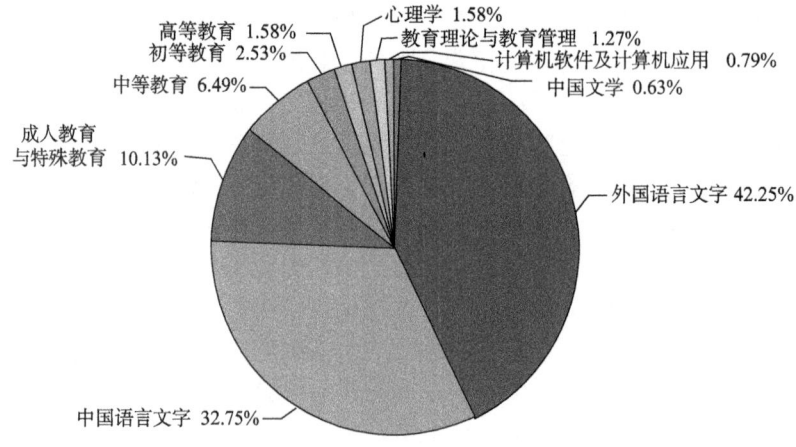

图 1-2 知网三语相关研究学科分布

就研究内容而言，国内三语教育的相关研究主要停留在宏观层面，可概括为三语教育的意义讨论、模式探索及三语课堂志研究三类；微观层面的研究甚少，仅涉及三语语码转换、语用迁移、元语言意识等维度的相关研究。三语教育在我国少数民族地区的发展与普及，体现了我国课程改革的新进展和外语教育的新成果，相关研究必须以我国少数民族地区的发展现状和地域特征为出发点，为我国三语教育的相关政策制定提供可靠的数据支撑，进一步夯实三语教育研究的理论基础，以三语教育研究成果引领具体的三语教育教学实践。

我国幅员辽阔，民族众多，文化的多样性彰显着国家深厚的文化底蕴，同时不同民族的文化背景、地域特色和语言差异都对我国课程改革的推进提出了新的要求。本书以西藏自治区、青海省藏区、甘肃省藏区、四川省藏区和云南省藏区等五大藏区及内地西藏班（校）为例，聚焦我国藏汉英三语教育研究，关注我国西藏自治区及其他藏区的教育现状，探索我国藏族地区的三语教育问题，旨在为藏族地区的基础教育决策和课程改革推进提供理论支持和模式借鉴。

语言作为文化的重要载体，并不仅仅是符号系统与语音系统的简单相加，在藏汉英三语环境下，不同语言所承载的不同文化相互碰撞、相互交融，也恰恰是这种语言教育现象的独特之处，其背后所蕴含的复杂的社会属性和转换机制，使得对三语现象和三语教育的探索更具开拓意义和实践价值，相关研究有助于制定具有理论指导性、受众针对性和具体指向性的藏汉英三语教育政策，切实推进我国藏族地区的教育发展。

第二节　三语教育概念界说

无论是理论构建，还是实践探索，我国三语教育的相关研究经历了两个逐步深化的阶段，即三语教育研究的缘起阶段（1992—1998年）和三语教育研究的发展阶段（自2001年至今）（黄健、王慧，2012）。在三语教育研究的缘起阶段，研究者们明确了三语教育的价值和意义，并讨论了三语教学中的课程设置、教材教法等问题；在三语教育研究的发展阶段，研究者们在三语教改的基础上，从教学的研究转向教育的研究，从"三语教学"深化到"三语教育"。为了消弭概念理解上的偏差，本节将对"三语教学"和"三语教育"这两个概念进行界定。

"教育"二字，在我国一般认为最早出现于《孟子·尽心上》中"得天下英才而教育之"一句，后又有《说文解字》中说"教，上所施，下所效也；育，养子使作善也"。而当时"教育"二字还尚未成为一个意义确定的词。事实上，"教育"这个概念的确定源于对教育这一现象的理性认识，教育不仅仅是增进人的知识、技能和思想的社会活动，也是参与教育活动的个体的发展过程，因此教育是兼顾社会和个体两个方面的概念。换句话说，教育是一种培养人的社会活动。本书中所涉及的"教育"主要指其狭义概念，也就是学校教育，是教育者根据一定的社会要求，有目的、有计划、有组织地通过学校教育的工作，对受教育者的身心施加影响，促使其朝着期望方向变化，使其成为满足社会发展需要的人的活动。

教育与教学从概念上讲是整体与部分关系，教育包含教学但不仅限于教学，教学是学校教育的核心组成部分，也是实现教育的基本途径。教学是指学生在教师的指导下自觉地进行认识活动，既包括教师的引导，也包括学生的认识，这两个方面紧密交融、互不可分。王策三（1985：88）在《教学论稿》中对"教学"一词的解释是"所谓教学，乃是教师教、学生学的统一活动"，在这个活动当中，学生在掌握一定的知识技能的同时，身心也获得了一定的发展，进而形成一定的思想品德。由此可见，教学之中教与学是不可分割的，在两者的紧密互动之间推动认识发展。教学不仅是培养学生个性全面发展的关键环节，也是将社会与个人紧密联系的重要纽带。通过教学活动，可促进个体在一定时间内的知识增长与技能提升，传递和传承社会知识文化，同时也为创造新的实践经验奠定基础。

从教育与教学的概念区别上来看，三语教育指运用三种语言或以第三种语言进行教育的社会活动，而三语教学则是运用三种语言或以第三种语言进行的教学活动。相较于三语教学，三语教育这一概念有着更为广泛的内涵和外延。事实上，"三语教育"这一提法来自英文"trilingual education"一词的汉译，泛指运用三种语言或以第三种语言进行的教学活动（刘全国，2013）。目前，在三语教育研究领域中，对于这一概念的界定主要来自于对这一教育现象的描述。乌力吉（2005）指出，三语教育是指我国少数民族学校对学生进行的民语、汉语和外语三种语言及其文字的教育。盖兴之、高慧宜（2003）则通过简要分析三语教育的定义、内容、师资与研究人才培养等三个方面的功能及其之间的关系，提出三语教育是指在少数民族教育中，对少数民族学生开展母语、汉语与英语三种语言的教育。由于本书主要探讨在我国的教育图景中的"民—汉—英"三语教育现象，因此所提及的三语教育主要是在我国少数民族地区，英语添加在原有的民汉双语教育基础上产生的语言教育形式，即运用三种语言或以第三种语言进行的教学活动。

三语教育不只局限于三语教育实践，也要从教育理念、教育政策、教学模式等多个方面进行探索，努力构建适合我国少数民族地区的三语教育体系。本书致力于全面了解我国藏族地区的藏汉英三语教育情况，通过调查研究，掌握我国藏族地区三语教育的第一手资料，并基于教学实验研究，探索藏族地区三语教育的实施成效。从教育理念上来看，藏汉英三语教育应该在突出三种语言特征的同时，体现其价值及文化内涵，尤其是要对藏族地区三语教育理论进行本土化阐释，培养当地教师和学生的多元文化价值观。对教育政策而言，要关注学生的个人发展，结合藏族地区的民族特征，尤其是其民族语言特征，通过相关研究把握少数民族学生三语学习规律及特征，提升语言之间的正迁移作用。这就要求在三语教育活动中，教师本身应具有一定的三语能力，并在教学过程中主动进行语言比较，深入挖掘少数民族学生的语言学习环境特征和认知特征，有针对性地实施教学，促进少数民族地区教育质量的全面提升。

第三节 藏汉英三语教育的意义

中国语言战略研究中心徐大明、王铁琨（2012）认为，语言资源既是文化资源，也是社会资源，语言资源的开发和建设既是文化建设的重要组成部分，也是社会建设的重要组成部分。我国是多民族国家，民族地区语言教育规划的意义超越了语言使用的本体范畴，事关民族文化传承、民族语言和方言保护、文化多元生态建构以及社会稳定与国家安全维护等重大命题，具有重要的政治、社会和文化意义。随着我国改革开放程度的不断加深，对外交流日益频繁，掌握外语已经不再局限于语言教育的层面，外语教育在某种程度上影响着国家的人才培养和经济政治发展。

对于我国少数民族地区而言，培养掌握本民族语言、汉语及外语（多为英语）的人才，是加强少数民族地区与其他地区沟通和联系的重要途径。三语教育是我国民族教育的重要组成部分，是集时代性、民族性、科学性和政策性于一体的研究课题，充分体现了我国少数民族地区语言环境的特殊性和文化环境的多样性。同时，三语教育研究作为跨学科的交叉课题，涵盖了语言研究、教育研究、人类学研究、心理认知研究等多个研究领域的内容。深入研究三语教育现象，不仅有利于丰富语言教育等研究领域的相关理论，而且能在帮助我国少数民族地区学生进一步加强民族认同感和国家认同感的同时，拓宽其视野，培养具有国际竞争力的三语人才，更有益于促进我国民族团结、文化融合、经济发展和共同繁荣。

从宏观层面上来看，我国少数民族地区的外语教育现状与《全日制义务教育普通高级中学英语课程标准》（2001年版）以及《普通高中英语课程标准》（2017年版）（以下合并简称《英语课程标准》）提出的要求仍存在一定差距。因此，为应对新课程改革中少数民族外语教育的三语问题，亟须有针对性地开展系列研究，了解我国少数民族地区三语教育的现状，详尽分析在新课程改革中遇到的困难和问题，并提出相应的对策和建议。同时，对少数民族地区外语教学和三语教学方面取得的成绩进行梳理和总结，充分考虑少数民族地区外语基础教育改革的特殊性和复杂性，并在此基础上提出三语环境下民族地区外语教学行之有效的改革模式，为民族地区基础教育决策和课程改革提供理论借鉴，无疑是推进和深化我国少数民族地区新课程改革的有效举措（刘全国，2013）。

此外，我国《英语课程标准》的实施，对我国少数民族地区的外语教师的业务能力和综合素养提出了更高的要求，而目前我国少数民族地区基础教育英语师资力量在数量和质量上都无法完全满足其需求，因此，全面准确地了解我国少数民族地区外语教育的现状，探索适合我国少数民族地区实际情况的三语教学模式，可为民族地区外语教学改革提供可资借鉴的发展思路。

就微观层面而言，三语教育研究是系统开发少数民族学生多语能力、促进少数民族地区外语教育发展及构建多元文化的重要手段。探究少数民族地区学生对其民族语言、汉语及外语三种语言的语言态度，以及对各语言的掌握程度，同时分析三语教育语言生态环境，有助于进一步理解各种语言之间的相互迁移，全面、科学地研究各语言间的作用，推进多语教学理论的发展与创新，提升课堂教学成效，帮助少数民族地区的学生系统地掌握母语（民族语言）、汉语和英语三种语言，同时促进少数民族地区的外语教育发展。因此，探索民族地区学生外语学习中母语、汉语和英语三种语言的相互作用和影响机制，对认识民族地区学生外语学习现状、丰富和发展外语教学理论具有重要意义。

如前所述，作为我国少数民族自治区，西藏自治区在保障国家安全与生态安全、储备战略资源、弘扬民族文化、传承民族语言等方面都具有不可替代的作用，藏族地区的语言图景与语言教育的重要性不言而喻。如今随着藏区教育事业的不断发展，外语教学越来越受到学生和家长们的重视，其中存在的许多问题都呼唤专业研究和专家方案，以提高藏族学生的藏语、汉语和外语水平，从而全面促进西藏自治区和我国其他藏区的教育发展和社会进步。

就现状而言，我国藏族地区的三语教育大多处于自发、松散的状态，仍主要使用传统的单语和双语教学方法进行三语教学，虽然到目前为止，三语教育已初具规模，但尚未形成体系化的三语教育理论和实践操作模式用以指导三语教学实践。目前，在我国研究三语教育的专家学者当中，能够熟练掌握藏、汉、英三种语言的专家寥寥无几，语言的局限在一定程度上也制约了三语教育研究的深度。我国藏族地区的三语教育既缺乏认知基础，又缺乏实践基础。另外，我国藏族地区的三语教育还缺乏相应的机制保证，尚未形成一个统一的三语教学模式。针对以上这些问题，本书的研究可以为藏族地区的三语教学提供可资借鉴的三语教学模式，并为当地教育行政机构的教育政策制定提供理论参考和数据支持，进而为全国民族地区外语教学改革提供可资借鉴的发展思路，构建三语环境下民族地区外语教学改革的行之有效的模式，推进我国民族地区的基础教育决策和课程改革。

综上所述，目前国内外对三语教学的模式建构还处在初级阶段，针对三语教育与三语教学开展的教学实验少之又少。从宏观上了解我国少数民族地区，特别是藏族地区三语教育的现状，建构适合我国基本国情和少数民族教育现状的三语教育模式，为我国目前处于自发状态的三语教育提供系统指导，并对其发展进行长远科学规划；从微观上深入三语教育的课堂，从三语语言使用、三语语言输入和三语教学现状等方面系统考察我国三语环境下，各教育形态及其之间的相互作用关系，将大大推进我国三语教育研究的发展，提升三语教育成效。

本书基于宏观教育语境和现实状况的综合分析，通过调查西藏自治区和甘肃省甘南藏族自治州中小学三语教育状况，重点梳理和描写样本地区藏汉英三语教育现状，师生三语态度、三语能力，三语教学实验，三语教学模式建构等问题。针对我国少数民族地区三语教育缺乏研究引领、教育政策制定缺乏数据支撑的现实状况，本书将在实地调研和分析的基础上，依据藏族地区特殊的教育文化生态，根据分级分类指导和因地制宜的原则，提出适合少数民族地区教育现状的三语教育模式。为了保证三语教育模式的顺利实施，依据少数民族地区教育管理的现实语境，就三语教育目标设定、课程管理、资源开发、教师培训、教学评价等问题提出具有可操作性的政策建议。

本章从三语教育问题的背景介绍、概念界定和价值意义出发，结合我国少数民族地区语言生态现状，尤其是藏族地区普遍存在的三语教育现象，分析了三语教育研究的重要性和必要性。目前，三语教育缺乏理论指导，大多为"借用"二语研究的相关成果，但在三语接触的情况下，语言迁移及语言生态之间的影响显然更为复杂。王宗炎先生在谈及我国语言学发展时曾说道，"搜集采购之功多，提炼转化之功少"，虽然第二语言习得的研究成果对三语教育具有重要的启示价值和借鉴意义，但三语教育发展若以二语研究成果为纲，无疑难得科学"转化"。随着三语教育在我国少数民族地区的逐渐普及和全面推广，三语教育研究的发展也面临着新的机遇和挑战。

第二章 国外藏汉英三语教育研究综述[①]

第一节 国外藏汉英三语教育研究概述

2015年是西藏自治区成立50周年，在中央第六次西藏工作座谈会上，习近平总书记提出"必须全面正确贯彻党的民族政策和宗教政策，加强民族团结，不断增进各族群众对伟大祖国、中华民族、中华文化、中国共产党、中国特色社会主义的认同……要把社会主义核心价值观教育融入各级各类学校课程，推广国家通用语言文字，努力培养爱党爱国的社会主义事业建设者和接班人"。[②]

语言文化是民族的血脉，而教育是文化血脉得以传承的不二法门。尤其是对于幅员辽阔的中国来说，语言教育作为整体国民教育中的基石，需要平衡的教育资源及其影响因素也殊为庞杂，而少数民族地区的语言教育由于历史、地理、民族文化等原因又格外不同。多语现象是国外多语国家和社区普遍的语言景观，也是语言学等学科研究的学术亮点，但国外关于我国藏汉英三语教育研究的深度和广度都仍存在很大的提升空间。

一、国外藏汉英三语教育研究概览

截至2018年8月，查阅到国外有关藏汉英三语教育研究的文献有59篇。其中专著11部、核心期刊文章35篇、论文集文章10篇、专著中文章1篇和会议论文2篇。相关书籍中包括6本专著，其主要阐述西藏地区历史发展沿革和英语在中国的发展历史，并在其中论及西藏地区教育发展问题。另外5本则是有关英语教育及三语教育的论文集。从文献发表数量来看，国外有关藏汉英三语教育的研究还寥若晨星。

从图2-1可以看出，国外有关藏汉英三语教育的研究自1997年以后开始出现，研究数量从时间分布上还较为离散。而相关研究在2008年达到最顶峰，研究趋势整体上呈现出一定的上升趋势。此外，从发表数量上看，相关研究似乎与研究时长并未呈现明显相关性，相比而言，在特殊时间背景下，变化幅度尤

[①] 本书第二章、第三章中所涉及的国内外研究主要以该成果的出版版权归属地划分。

[②] 资料来源：中华人民共和国国家民族事务委员会网站，http://www.seac.gov.cn/art/2015/8/31/art_31_235730.html。

第二章 国外藏汉英三语教育研究综述

为明显。

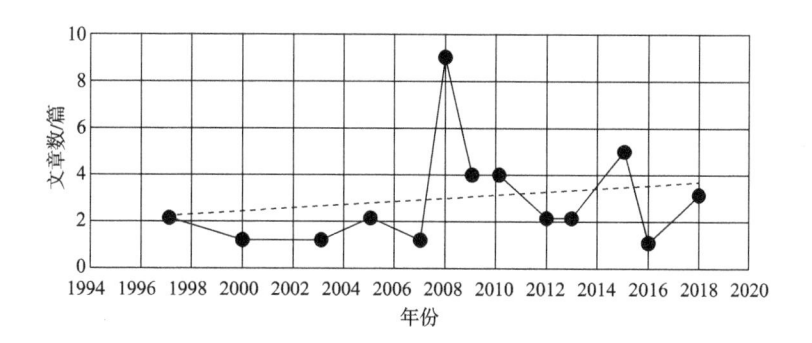

图 2-1 藏汉英三语教育研究期刊及会议文献年度分布

在藏汉英三语教育研究领域，与其他研究者相比，Bob Adamson，Anwei Feng（冯安伟）和 Gerard A. Postiglione 等几位学者的文献产出量较大。如图 2-2 所示，他们的研究数量占到相关研究文献数量的 25%。由此可以看出他们在三语教育研究的发展过程中起到了极大的推动作用。

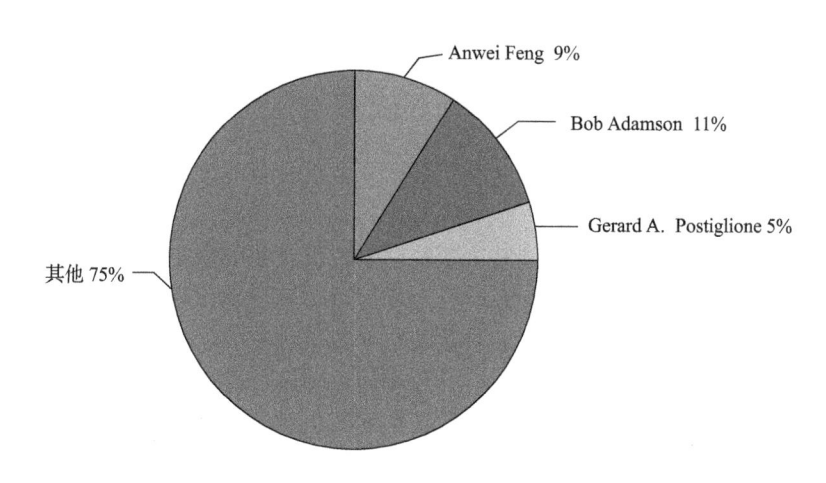

图 2-2 藏汉英三语教育研究者文献贡献数量

近年来，有关藏汉英三语教育研究的期刊文献虽散见于各类核心期刊，但主要集中于 *Chinese Education and Society*、*Educational Review*、*Asian Survey*、*Journal of Multilingual and Multicultural Development*、*TESOL Quarterly* 和 *World Englishes* 等期刊。截至目前，上述期刊有关藏汉英三语教育的发文量占据核心期刊发文量的 58%，具体分布如图 2-3 所示。

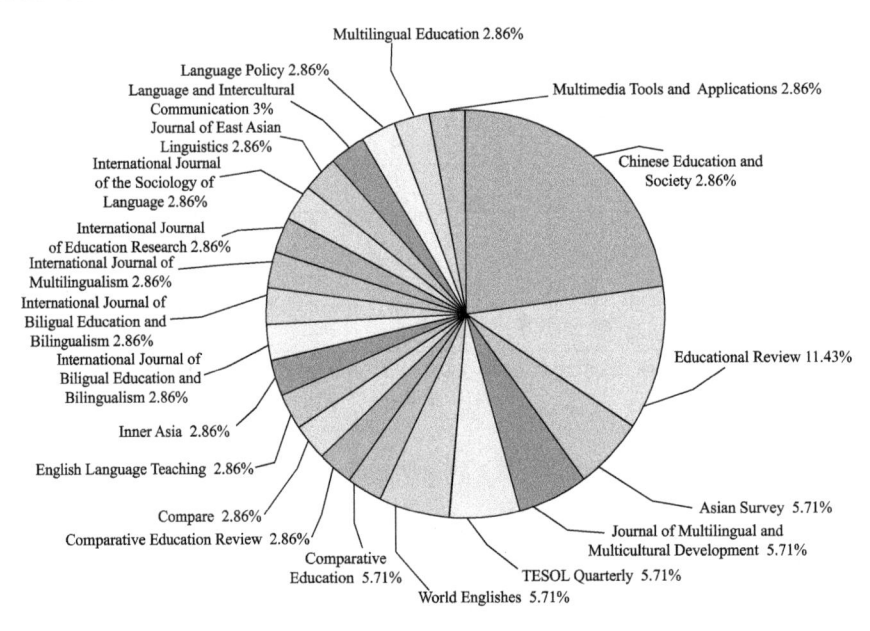

图 2-3　藏汉英三语教育研究在期刊中的发文量比例
注：1. 为方便检索，图中保留原期刊名未进行翻译
　　2. 图中百分比数值为保留小数点后 2 位的修约值

二、国外藏汉英三语教育研究历史沿革

三语教育是一个涉及历史、政治、语言、文化教育的复杂现象，是在和这些因素的互动博弈中发展前进的。在不同历史阶段，受到政治、经济等社会文化因素的影响，国外研究者对于藏汉英三语教育的研究在研究数量和研究内容等方面存有很大不同。为使读者对国外有关藏汉英三语教育研究的发展历程有一个轮廓性的认识，本章以时间为轴，对相关研究做一综述。

西藏地区地处中国西南边陲，中国各民族之间友好往来，自唐朝时期便出现了藏汉双语现象。1949 年新中国成立后，我国《宪法》明确规定"各民族都有使用和发展自己的语言文字的自由"和"国家推广全国通用的普通话"①。这些条款既表现出中国 56 个民族平等团结的面貌，也充分体现出国家对少数民族文化发展和语言生态维护的重视。由于少数民族地区语言文化的特殊性，虽然西藏地区藏汉双语现象存之久远，但国外学者针对中国藏汉英三语教育问题的研究着墨较少。

然而，不可否认，语言多样性是人类社会的基本特征。世界上很多国家如美

---

① 资料来源：中华人民共和国中央人民政府网站：http://www.gov.cn/guoqing/2018-03/22/content_5276318.htm。

国、新西兰、加拿大、澳大利亚、新加坡、西班牙、瑞典等国都具有多元文化背景，其居民也均使用多种语言。在多元文化背景下，早在20世纪50年代，国外便产生了相关双语教育理论。这些双语教育理论为我国双语和三语教育研究提供了理论基础。20世纪50年代以来，国外双语教育理论迅速发展，人们对双语教育课程、双语教育模式、双语教育方法论以及双语教育的文化价值判断、双语教育规划、双语教育与民族心理等问题进行了较为深入的探讨和研究。同时，国外有关双语教育的理论已经十分成熟，譬如平衡理论、思想库模式、依存假设、Lambert的态度—动机模式、Gardner的社会—教育模式、Bernard Spolsky的双语教育评价模式，以及Jim Cummins的双语教育理论都为我国双语教育的研究提供了理论支持（刘全国，2013）。三语教育研究在一定程度上是双语教育研究的发展与延伸，国外有关双语教育研究的各类研究成果都会为中国藏汉英三语教育的研究提供理论借鉴和方法论支持，可以说双语教育的研究成果推进了三语教育研究的理论生成与发展。

随着世界政治局势的变迁以及经济的飞速发展，21世纪初在全球化语境下，人们之间的沟通与交流也发生了翻天覆地的变化。英语逐渐成为国际通用语言，并在外交和经济往来中发挥着重要的工具性作用。首先，语言是进行一切社会交际活动的基础。汉语作为我国的通用语言，无论是在各地区经济贸易往来中，还是社会文化沟通上，都发挥着重要的媒介作用。此外，2001年中国加入世界贸易组织后，英语在中国实现现代化与国际化的过程中，其沟通和联系的工具性作用进一步彰显。其次，从教育政策来讲，英语作为世界通用语言，对很多地区和国家的语言教育政策都产生了一定影响（Gil，2016：49-90）。

21世纪初，中国基础教育课程改革使英语的重要性在教育、科技发展、个人职业发展等领域日渐凸显。随着科学技术的发展，人才市场对于人力资源的要求也日益提高。教育作为培养人才的重要环节，不仅是传播知识的重要途径，更是创造知识和促进科学技术创新发展的过程。我国少数民族地区人口素质和劳动力质量的提高离不开教育的发展。因此，面对世界形势的变化，英语教育对于少数民族地区的长远发展具有十分重要的现实意义。

自20世纪90年代以来，西藏主要地市级的中学及部分县级中小学都开设了英语课程。同时西藏的所有高校也都开始实施外语（英语）语言教学，并将藏语、汉语和英语作为必修的基础课程（刘全国，2013）。随着国际环境的变化以及国家语言教育政策的调整，英语走进了我国少数民族学生的课堂。众多少数民族地区的教育形态由双语教育逐渐演变为三语教育，三语教育现象在更大的范围内开始出现。然而，这一时期的研究者如Adamson和Lam等有关中国语言政策的研究大多聚焦于我国教育政策的历史发展以及英语对我国政治、经济、教育政策的影响研究（Adamson，2002 & Lam，2002），相关研究者在此基础上，也从历史维度透视出西藏地区学校教育的语言生态由双语教育过渡到三语教育的发展趋势。

国外一些关注中国政策变化的学者和各领域研究者已经以敏锐的眼光，看到了英语对中国政治、经济、文化和教育等各个领域的影响，少数民族地区的三语教育也吸引了国外研究者的注意。首篇将藏语、汉语、英语聚焦在一起的政策类研究文献是 2005 年发表在 *TESOL Quarterly* 期刊上的 *Researching the Impact of English on Minority and Indigenous Languages in Non-Western Contexts* 一文。文中提到了英语对少数民族地区，特别是对藏族学生和维吾尔族学生的积极与消极影响（Beckett & Macpherson，2005）。

2000 年至 2005 年期间，受国际环境的影响，英语已经成为进行国际政治沟通、经济贸易往来、科教文化交流的重要工具。我国外语教育政策顺势调整，少数民族地区的三语教育的实践形态进一步稳固。在这一时期，有关藏汉英三语教育研究的数量还十分有限，相关研究内容也不够深入具体。研究者多集中于梳理我国教育政策历史变迁，以及英语作为国际通用语言对我国政治、经济、教育等各领域产生的影响。少数聚焦少数民族地区的相关研究，也仅限于提出问题层面，并未对藏汉英三语教育现象本身进行深入的探究。

随着中国教育政策相关研究的推进，少数民族地区的语言政策及三语教育现象逐渐引起国外研究者的关注。2005 年以后，国外有关藏汉英三语教育的研究，无论是文献数量还是研究内容都呈现出了快速丰富的态势。但这一时期的研究多是教育政策研究，有关藏汉英三语教育其他方面的研究虽有涉及，但数量有限。从研究内容来看，国外有关藏汉英三语教育的研究涉及教育政策、教学语言、三语教师培训和三语习得等方面，但整体上来说，研究内容比较分散，难成体系。此时，藏汉英三语教育的相关研究仅在教育政策研究领域初见系统，其他方面的研究还处于星星之火的状态。相关研究内容的具体分析详见本章第二节，在此不多赘述。

通过回顾国外有关藏汉英三语教育研究的历史发展进程可以看到，西藏地区的双语教育可上溯至唐代，而 21 世纪国际环境的变化以及中国教育政策的调整，为三语教育和藏汉英三语教育的研究提供了研究背景和研究素材。但是，整体而言，国外有关藏汉英三语教育的研究依然十分有限。

第二节 国外藏汉英三语教育研究主要内容

在第一节的数据分析和相关文献梳理的基础上，现将目前国外有关藏汉英三语教育的研究内容分为教育政策、教学语言、三语教师教育和第三语言习得四个主题进行溯源回顾。

第二章 国外藏汉英三语教育研究综述

一、教育政策研究

（一）中国语言教育政策的历史沿革

随着近代世界局势的发展以及全球化的到来，英语作为国际通用语的语言地位进一步彰显，有关英语对各国家和地区影响的研究也随着时代的变迁而相继出现。国外一些研究者关注到中国语言教育政策的流变，并对其进行了系统的梳理。

Bob Adamson（2002）从历史沿革角度详细论述了英语在中国不同历史时期的官方地位以及英语课程的开设情况。研究以时间为顺序，以英语在中国的角色地位变化和课程设置的改变为视角，系统总结了自晚清以来中国英语教育的变迁。Adamson将其划分为9个阶段，并分别进行了详细的论述（表2-1）。

表2-1　英语在中国历史上的地位和角色[①]

时期	英语的角色和地位	英语教育
1759—1860年	仅有买办使用英语（主要为洋泾浜语）； 英语被认为是一种野蛮的语言； 官方地位较低	英语学习为买办这一群体内的私人学习行为
1861—1911年	技术转让出现，英语成为了解西方科学技术的媒介； 英语有助于中国外交政策的实施； 英语为在一些条约港口谋职提供了语言滤镜； 后期在上海地区风靡； 官方地位有所提升	在一些为加速科学知识传播的机构范围内设立英语课程； 1903年后，列入中学及大专院校的教学大纲当中
1911—1923年	英语成为探索西方哲学和思想的媒介； 为出国留学提供了机会； 官方地位较高	英语课程列入中学及大专院校的教学大纲当中
1924—1949年	英语成为与西方进行外交事务、军事事务、知识交流等方面的媒介； 一些持民族主义的学者和政客因担心不理想的文化传播出现，开始抵制英语； 官方地位处于中/高水平	英语课程列入中学教学大纲当中
1949—1960年	国际政治局势发生变化，使得英语受欢迎程度有所降低； 英语用了解西方的科学技术； 官方地位较低	英语课程仅在少数学校开展
1961—1966年	政治局势环境发生变化，英语受欢迎程度逐渐增加； 英语对实现现代化、增进国际理解的价值得到肯定； 官方地位处于中/高水平	英语课程仅在一些学校得到恢复
1966—1976年	英语使用未被提倡； 官方地位较低	英语从中学和高等教育课程体系中被剔除，后期逐渐恢复

[①] 表格引用时进行了翻译，并有所删减。

续表

时期	英语的角色和地位	英语教育
1976—1982年	英语对实现国家现代化的价值得到肯定； 官方地位处于中/高水平	英语课程列入中学及大专院校的教学大纲当中
1982年之后	英语对实现国家现代化的价值得到极大肯定； 在社会领域、学术领域和经济领域的地位都得到肯定； 为出国留学和旅行提供了机会； 一些重点学校大力提倡开展英语学习； 官方地位高	英语课程在中学阶段和高等教育阶段大力推广

资料来源：Adamson，2002：231-243

第一阶段（1759—1860年）：英语被认为是一种野蛮的语言，仅有一些买办会学习和使用，英语的官方地位很低。

第二阶段（1861—1911年）：英语成为学习科学技术、进行国际外交的工具，并在上海地区风靡，官方地位有所提升。此时，英语被纳入中学和大专院校的课程体系。

第三阶段（1911—1923年）：英语主要作为学习西方哲学等学科的工具，也是出国留学的必备技能，官方地位较高。此时，英语同样被纳入中学和大专院校的课程体系。

第四阶段（1924—1949年）：英语成为与西方进行军事、外交、知识交流的工具，英语被纳入中学课程体系，官方地位处于中等水平。

第五阶段（1949—1960年）：国际政治环境的变化使英语在中国并不受欢迎，而仅作为学习西方科学技术的工具，官方地位较低。英语课程仅在少数学校开展。

第六阶段（1961—1966年）：英语对实现现代化和增进国际之间的了解有很重要的意义，受欢迎度提高。英语课程在更多的学校开设。

第七阶段（1966—1976年）：不鼓励学习英语，因此英语的官方地位较低。并从中学和高等教育课程体系中被剔除，后期逐渐恢复。

第八阶段（1976—1982年）：这一阶段，中国进行改革开放，英语对实现国家现代化有着重要的影响，官方地位也有所提高。此时英语课程在中学和高等教育阶段开始恢复。

第九阶段（1982年之后）：无论是在社会领域、学术领域、经济领域，还是人们的日常生活领域，英语地位都呈现出上升趋势。英语课程在中学阶段和高等教育阶段大力推广。

英语在中国的地位及课程实施的历史变迁反映了中国政治经济环境的历史变化。在不同历史时期，国家所处的国际环境、发展目标和所施行的国家政策有所不同，英语教育的实施目的和方式也随之发生变化（Adamson，2004）。上述有关中国英语教育在不同历史阶段的变化发展,体现了英语在中国的地位及英语课程的设置实施与国际形势、国家政策等政治经济发展因素具有很强的相关性;体现出了不同历史时期受各类因素影响,英语的重要性变化及其在学校课程体系中的兴衰成败。

对于中国外语教育阶段的划分,Lam(2002)也曾将中国自1949年以来的外语教育划分为6个阶段(表2-2)。

表2-2 中国外语教育六阶段[1]

时间阶段	外语教学阶段特征
新中国成立初	俄语为外语学习的主要语种
1957—1965年	英语为外语学习的主要语种
1966—1970年	外语学习停滞阶段
1971—1976年	英语学习逐渐复苏
1977—1990年	以实现现代化为目标的英语教学
1991年之后	以提升国际地位为目标的英语教学

资料来源:Lam,2002:245-256

第一阶段(新中国成立初):这一阶段,俄语是外语学习的主要语种。这是由于苏联是第一个与中国建立外交关系的国家,中苏之间建立了友好的外交关系。

第二阶段(1957—1965年):中苏关系恶化,这一时期,英语是主要外语学习语种。

第三阶段(1966—1970年):这一阶段的外语教育和外语学习处于停滞状态。

第四阶段(1971—1976年):中美关系改善,中国进入恢复英语学习阶段。

第五阶段(1977—1990年):改革开放等政策的实施,使得英语学习进入高涨阶段。

第六阶段(1991年之后):随着国际形势的变化,中国实现现代化和国际化的目标促使英语学习进入持续高涨阶段。

在上述阶段划分基础上,Lam(2002)还探究了在不同历史阶段学习者学习外语的不同体验,并从国家层面和个人层面论述了不同历史阶段学习英语的动机。他指出,从1978年改革开放以来,中国英语教育的质量得到很大改善和提高。进入21世纪后,学习英语的必要性随着中国加入世界贸易组织、第29届奥运会的成功举办越加显现。此时,英语在国际交流中扮演着重要的角色,社会对学习英

---

[1] 表格引用时进行了翻译,并有所删减。

语的呼声也持续上涨，特别是在我国东部沿海地区，很多家长要求从小学就开始学习英语。这一时期与以往相比，英语的学习也增加了国际学术交流的机会。可见 21 世纪以后，无论是政治经济领域还是教育领域，都为学习英语提供了有利条件。

Gil（2016）赞同 Lam 对于新中国成立后外语教育的阶段划分。Gil 在回顾中国不同阶段的外语教育历史后，探讨了在不同历史阶段中官方和大众对英语的态度，并论述了不同阶段英语教学方法的变革。譬如他指出在第一阶段主要使用语法翻译法（grammar translation method）；第二阶段主要使用直接法（direct method）；第三阶段和第四阶段主要使用听说教学法（audiolingual method）；第五阶段主要使用交际法（communicative language teaching）；第六阶段的教学方法比较多元，不再只是使用单一的教学方法，而是多种教学方法并存，如交际法和任务型教学法等。如 Gil 所言，我国外语教育中的教学方法也经历了相应历史时期的发展变化。

上述有关中国英语教育政策的研究，多是从全局角度出发，从历史维度的不同时期，分析英语在中国教育发展中的地位和英语教学方式的变化。研究者将中国英语教育的发展划分为不同历史阶段，分别详细论述了各个阶段英语教育的特点。相关研究虽从中国整体出发，然而诸多变化也会对中国少数民族地区产生相应的影响。新中国成立后，中国外语教育政策受到政治环境、经济发展目标的影响，英语教育几经曲折。本章从有关教育政策的研究入手，将藏汉英三语教育的研究置于国家教育变革的历史语境下进行考量，描写藏汉英三语教育与国家社会、历史、文化等方面的互动及其发展脉络和轨迹。

具体有关西藏自治区的教育政策研究起初散见于论述西藏历史发展的文献中。如 Goldstein（1992 & 2007）在"A History of Modern Tibet"中分别论述了西藏自 1913 年至 1951 年，以及 1951 年至 1955 年的历史发展进程。Bass（1999）在 *Education in Tibet: Policy and Practice Since 1950* 中论述了 20 世纪 50 年代至 20 世纪 80 年代西藏地区教育政策的变迁与实践。Fischer（2005）在 *State Growth and Social Exclusion in Tibet* 中主要阐述了中国由计划经济向市场经济转变后，西藏自治区经济和教育等方面的变化。上述有关论述对藏汉英三语教育现象的讨论尚欠深入，只是将西藏地区的教育投射在不同历史时期西藏地区整体发展的历史潮流中进行描写分析。

（二）地方自治区教育政策研究

中国教育政策的发展，大体来说，都是由国家制定政策或实施纲领，后由学校实施，而这中间仍有极重要的一环，对国家教育政策的制定和落实有着独一无

第二章 国外藏汉英三语教育研究综述

二的影响,那就是地方教育政策。特别是具有独特传统风俗的少数民族自治区,地方教育政策在文化融合的趋势中保持民族文化特色与主流文化的平衡发挥了重要作用。

如前所述,西藏自治区位于我国西南边陲,素有"世界屋脊"和"地球第三极"之称。西藏是以藏族为主体的少数民族自治区,全区还有汉族、门巴族、珞巴族、回族、纳西族等 45 个民族及未识别民族成分的僜人、夏尔巴人,其中藏族和其他少数民族占 91.83%[①]。西藏地区是藏族主要聚居区之一,在其他省份也有藏族聚居的自治州,包括青海省玉树藏族自治州、青海省黄南藏族自治州、青海省果洛藏族自治州、青海省海西蒙古族藏族自治州、甘肃省甘南藏族自治州、四川省甘孜藏族自治州、四川省阿坝藏族羌族自治州和云南省迪庆藏族自治州等 10 个藏族自治州。

语言政策一直是少数民族地区面临的重要教育问题之一。在 21 世纪初,少数民族地区的语言政策随着英语的加入变得更加复杂。2001 年中国加入世界贸易组织,同年中国获得第 29 届奥运会主办权,这成为中国制定相关英语学习政策的契机(Nunan,2003)。对于本身就存在双语教育的西藏自治区来说,更增加了教育政策与语言学习的复杂性。有关少数民族自治区域的语言教育政策的研究起初主要是有关西藏自治区的教育政策研究,而其他藏族自治区域的语言教育政策则在后期研究中才有所论及。

2000 年以后,国外开始涌现出西藏地区语言教育政策的相关研究。第一篇将藏汉英聚焦在一起的政策类研究文献是 2005 年发表在 *TESOL Quarterly* 期刊上的 *Researching the Impact of English on Minority and Indigenous Languages in Non-Western Contexts* 一文。文中,Beckett 和 Macpherson(2005)在批判前人研究的基础上,通过在西藏自治区和新疆维吾尔自治区的案例研究得出:两地的英语学习需要比其他学科投入更多的教育资源,但如果一味偏向英语学习,则又有失去母语学习机会的风险。这使得英语学习加剧了少数民族语言学习的不平等性。他们预见性地提出语言教育政策将给西藏等少数民族地区的学生带来巨大挑战。但是,该文文中的案例研究,并未提供具体相关数据的详细情况,所得出的结论缺少客观数据支持。

中国在少数民族地区的语言教育政策上,一直坚持尊重和保护少数民族语言文字的多样性。培养三语精通的人才一直是我国三语教育的目标之一。但是,少数民族地区因地理环境、历史文化、社会发展、政治背景、经济发展水平方面的差异,各地区对于语言教育政策的实施很难形成统一的发展模式(Ma,2014)。在随后出现的有关三语教育政策的研究中,Bob Adamson 和冯安伟(2014)对我国少数民族地区语言教育政策的研究较为系统和全面。2009 年,Bob Adamson 和冯安伟及其团

[①] 资料来源:西藏自治区人民政府网站:http://www.xizang.gov.cn/xwzx/ztzl/rsxz/。

队在多个少数民族地区启动三语教育研究项目,地域范围包括甘肃、广东、广西、内蒙古、吉林、青海、四川、新疆、云南、贵州和西藏,共 11 省区。项目中的各团队采用多种研究方法对不同少数民族地区的双语和三语教育现象进行研究。Bob Adamson 和冯安伟(2014)在总结各少数民族地区语言教育研究的基础上,分析不同地区之间语言教育政策的异同,并在此基础上总结出了四种三语教育政策模式,即添加模式(accretive model)、平衡模式(balanced model)、过渡模式(transitional model)和削减模式(depreciative model),见表 2-3。

表 2-3 中国三语教育政策的四种模式①

模式	目标	主要特征	可能性结果
添加模式	确保母语(民族语言)地位并增加民族认同	民族活力较强	较强的母语能力和民族认同感
	孕育真正的三语制	第一语言(民族语言)作为主要的教学语言	条件允许的情况下发展三语教育
		学校环境中,第二语言(汉语)所承载的文化存在感较强	在学校范围内出现对汉语的偏好
		条件允许的情况下,第二语言和第三语言(英语)进入学校课程体系	添加性三语教育
平衡模式	同时培养第一语言和第二语言的能力	民汉群体融合	具有较强的双语能力(汉语和民族语言)
	促进民族和谐	使用民汉双语作为教学语言	在学校范围内出现双语偏好
		学校环境中,第一语言(民族语言)和第二语言(汉语)所承载的文化存在感较强	极可能培育出添加性三语教育
		根据地区政策引入第三语言	
过渡模式	教学语言最终过渡为第二语言	民汉群体融合,在单一族群中,民族语言势力较弱	以牺牲第一语言为代价提升第二语言能力(可能导致淹没性的双语教育或三语教育)
	(1)第二语言作为教学语言,第一语言作为教学科目之一	使得学生适应主流文化	课堂环境中强调第二语言	三语能力提升的可能性不大
	(2)教学语言从第一语言到第二语言逐渐过渡		第一语言的作用主要是为第二语言习得做准备	

---

① 表格引用时对原文进行了翻译,并有所删减。

续表

模式	目标	主要特征	可能性结果
削减模式	实现具有屏蔽性的单语制	主张民族学校中为混合少数民族群体或单一少数民族群体	以牺牲第一语言为代价提升第二语言能力（可能导致淹没性的双语教育或三语教育）
	语言同化及文化同化	第二语言作为唯一的教学语言	三语能力的提升几乎不可能实现

资料来源：Adamson & Feng, 2014: 29-44

第一种添加模式是指在保留和使用少数民族语言文字基础上，通过合理的课程安排发展第二语言（汉语）和第三语言（英语）。

第二种平衡模式是指第一语言（少数民族语言）与第二语言（汉语）在教学语言选择、民汉师生人数比例上保持平衡，而第三语言（英语）作为学校科目进行学习。

第三种过渡模式包括两种形式。第一种形式指汉语作为教学语言，少数民族语言作为学校科目进行学习。第二种形式指少数民族语言作为教学语言，汉语作为学校科目进行学习。然而在两种不同形式中，英语均作为学校科目进行学习。无论是哪一种形式，经过一个阶段学习后，教学语言最终都会过渡到汉语，所以将两种形式统称为过渡模式。

第四种削减模式指以牺牲第一语言（少数民族语言）为代价，学习和发展第二语言（汉语）和第三语言（英语），其教学语言为汉语。

冯安伟和 Bob Adamson（2015）指出，这四种三语教育政策模式在内蒙古自治区均有体现，而其中三种模式体现在我国东北部的朝鲜族社区中。此外，其他所有少数民族地区至少采用其中两种三语教育模式。但是这四种模式并不包括新疆地区和西藏地区的内地班教育形式。文中提到，由于不同地区语言生态环境的不同，三语教育政策模式受到当地政治、经济、地理和语言多种因素的影响。直到 2018 年，冯安伟和 Bob Adamson（2018）才完全系统地提出不同地区三语教育政策模式的影响因素，并将其统称为情景因素（contextual factors）。Bob Adamson 和冯安伟从回顾中国少数民族地区语言政策出发，在纵观历史的基础上引出三语教育政策话题。随后进一步分析了少数民族地区三语教育产生的三种结果，即平衡性三语（balanced trilingualism）、添加性三语（additive trilingualism）和削减性三语（subtractive trilingualism）。不同的三语教育结果由少数民族地区使用不同三语教育政策模式所致，而三语教育政策模式的使用受众多情景因素影响。

他们将语系多样性、关键利益者的态度、地理环境、历史、经济和全球化因素从微观、中观和宏观三个层面进行了具体阐述，如图 2-4 所示。微观层面包括地理位置、人口、关键利益者的态度等；中观层面包括区域经济、政治及少数民族语言活力等因素；宏观层面包括英语的普及、全球化和其他国家三语教育政策的影响等。

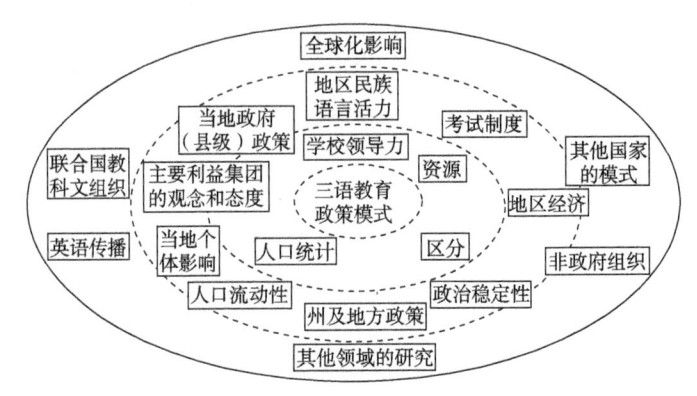

图 2-4　影响三语教育政策模式的情景因素①
资料来源：Feng & Adamson, 2018：169-180

在总结众多影响因素后，他们提出在制定少数民族语言政策时，三语环境下受教育者的认知情感的个体差异应得到政策制定者的关注和重视。作者建议无论是在国家、自治区、自治州层面，还是在学校和家庭层面，少数民族语言政策制定、三语课程设置和课程实施都应建立在具体区域的实际情况基础上，并认为添加性三语教育是一种比较理想的政策策略。

在三语教育政策模式的选择上，与 Bob Adamson 和冯安伟持相似观点的还有 Xiao 和 Higgins。Xiao & Higgins（2015）在追溯西藏自治区教学语言模式的历史发展和变化的基础上，指出西藏地区的双语教育政策自 20 世纪 50 年代以来一直在以汉语为主和以藏语为主之间摇摆。藏区学生的英语水平较低既有历史原因，也有经济发展原因。他们提出了语言模式（linguistic models）与语言能力（linguistic competence）之间的相关性，并鼓励探求平衡的三语教育模式。

除上述有关三语教育政策的研究外，一些研究者对于三语教育政策的研究还具体到了学校层面。如 Adamson & Xia（2011）曾分析某大学语言教育政策对少数民族学生的影响，虽未具体说明研究中的少数民族，但给人的启示是应从不同教育层次重视少数民族学生的三语教育政策。高等教育是培养人才的重要阶段，重视少数民族的高等教育也有利于推动我国教育的平等性（Verhoeven & Zhang, 2016）。

上述有关藏汉英三语教育政策的研究具有以下两个特点。第一，相关研究多倾向于描写语言政策的发展历史及政策实施结果，并在此基础上提出相关完善建

---

① 图片引用时对原文进行了翻译。

议。第二，对于政策制定和实施的影响因素的研究则多从国际环境、国家、地区、地理环境等角度进行分析。对少数民族学生和教师个体差异及其对政策制定与实施的影响则很少提及。有关藏汉英三语教育政策的研究不仅反映了我国语言教育政策的历史变迁，同时也反映了政策制定者与实施者所持有的语言观。

究其根本，在复杂的语言文化环境中因地制宜、因人而异的语言教育面临着极大的不确定性。不同语言背后的文化差异在个体学习过程中必然会出现碰撞与磨合。三语学习者若能融会贯通，则会使学习者个人能力结构更加完善。影响三语学习者语言学习的重要因素之一便是教学语言的选择。教学语言可潜移默化地在一定程度上影响个体运用其他语言的视角。然而，少数民族地区现有的教育资源并不足以满足现阶段三语教学的要求。所以在种种政策之中，更有一种将学习者从原有的语言教育环境中抽离再教育的情况，即内地班教育形式的出现。

（三）少数民族内地班（校）教育政策研究

以上有关藏汉英三语教育政策的研究，从文化背景上来说都是在少数民族聚居区开展研究。但是 20 世纪 80 年代以来，少数民族内地班的兴起，使得三语环境下的学习不仅仅局限在少数民族地区，少数民族外语教育开始向内地延伸。

1985 年我国在上海、天津、辽宁、河北、河南、山东、江苏、山西、湖北、重庆、安徽、陕西、湖南、浙江和云南等省市先后设立了少数民族内地班。1985 年内地西藏班在内地开设，有 1300 名藏族学生前往内地学习。1986 年在北京、兰州和成都设立的内地西藏学校也开始招生。在 1985 年至 2006 年期间，有 33 100 名学生赴内地西藏班学习（Ma, 2014）。随着内地班的设立，有关内地班的政策研究也得到了国外研究者的关注。从研究内容上来说，有关内地西藏班的政策研究，多倾向于相关政策的实践对少数民族学生的影响的研究。研究方法多采用文献回顾和质性访谈等方法。

Yang & Dunzhu（2015）在分析内地西藏班教育政策发展的基础上，通过采访 40 名被试，调查了藏族学生的民族情感、民族认同和生活状态在不同生活学习阶段的情况。他们指出内地西藏班教育模式对少数民族学生来说是一把双刃剑，既产生了积极影响，也存在消极影响。积极影响主要体现在以下几个方面：

首先，从学业成就和工作机会角度来看，内地班为藏族学生提供了良好的学习环境和丰富的学习资源，有利于开阔少数民族学生的视野和提高其学业素养。同时，也增强了其就业竞争力。

其次，从文化传承角度来看，藏族学生在内地求学期间，由于长时间生活在汉文化环境中，对汉族文化能够有更多的了解。与此同时，藏族学生可以在保持民族文化特色的基础上进行比较学习，吸取汉文化的精髓。

最后，从民族身份角度来说，藏族学生在内地班学习时，在物质环境上与汉族学生的学习环境分开，这使得藏族学生的民族身份认同更加强烈，大部分藏族学生在毕业后都会选择回到家乡工作。他们指出从长远角度来说，返回藏区工作更能够帮助建设和发展西藏地区的经济，同时也有利于藏文化的传承和发展。

然而种种积极影响背后，也存在着诸多不足，比如少数民族学生的学业成就相对来说并没有得到所期待的结果。内地西藏班教育起初十分重视藏语和藏文化课程的学习，并为藏族学生提供充足的学习材料和丰富的教师资源。但是由于升学就业等因素的影响，如大学入学考试并不包含藏语文，而是强调汉语文和英语等学科的重要性，藏语言文字和文化的学习时间也因此相对减少。迫于学业成就的压力，藏族学生也会有意识或无意识地将藏语的学习搁置。内地西藏班教育迫于高考等客观因素，呈现了汉语文递增，而藏语文递减的趋势。这在一定程度上对少数民族语言和文化的学习也产生了消极影响。

20世纪80年代少数民族内地班和内地学校在全国各地纷纷设立，其目的之一是要培养民汉兼通的人才。然而 Postiglione, Jiao & Manlaji（2007）的研究表明，内地西藏班的教育在一定程度上并没有完全实现藏汉兼通的目标。其论文在详细介绍少数民族内地班开设背景的基础上，通过访谈的研究方法，从语言学习经历的角度分析讨论了内地西藏班的藏族学生语言教育的特点。

Postiglione, Jiao & Manlaji（2007）指出在赴内地班学习前，大部分藏族学生都学习过藏语，在小学阶段的教学语言也以藏语为主。内地班招生主要以藏语文、汉语文和数学的综合测试成绩排名进行选拔。在内地班正式上课前，藏族学生会接受汉语水平测试，但测试结果显示藏族学生的汉语水平并不理想。在内地班学习期间，初中阶段十分重视藏语文的学习，在课时安排上与汉语文相同。但是与之相比，内地班高中阶段对藏语文的重视程度下降，并将注意力转移到汉语文和其他学科的学习上。当藏族学生从内地班毕业后，大部分学生选择回到家乡工作。此时，内地班学生发现自身的藏语水平远不及在藏区接受教育的同龄人，其藏语水平使其在工作中有些许的力不从心。Postiglione, Jiao & Manlaji（2007）通过采访内地班学生发现，内地班学生的藏语能力逐渐下降。

此外，Postiglione, Jiao & Manlaji（2007）还从身份认同角度出发，简要分析了藏族学生在内地班学习期间的身份认同感。研究发现，藏族学生在内地班学习期间对藏族的语言文字和文化持有强烈的认同感，比如藏族学生在内地班学习初期，特别是初中阶段，大部分的日常沟通仍使用藏语。但随着学业压力的上升以及藏族学生间藏语水平参差不齐等原因，藏语使用频率逐渐降低。在高中阶段，课堂媒介语言（medium of instruction）全部为汉语，藏族学生也相应选择使用汉语进行日常交流。内地班学习者处于以汉文化为主的社会背景下，社会语言沟通以汉语为主，这无疑潜移默化地影响着藏族学生的语言学习倾向。

第二章　国外藏汉英三语教育研究综述

有关内地西藏班的研究，Postiglione（2008 & 2009）曾将西藏地区的语言教育政策追溯至唐代，并系统回顾了内地班政策的历史及其发展过程。20 世纪 80 年代中后期，少数民族内地班陆续在内地出现。1985 年在东部沿海地区首先开设了内地西藏班。Postiglione（2009）通过采访 172 名从内地班毕业的藏族学生，按时间顺序分别了解了他们在进入内地班以前、在内地班学习期间以及从内地班毕业后的具体经历和感受。

1. 赴内地班学习前

在赴内地班学习前，藏族学生在小学六年级以下的学习阶段主要以藏语文为主，即藏语是学校的教学语言，汉语文作为科目进行学习。当藏族学生进入初中阶段后，学校教学语言转变为汉语。

2. 在内地班学习期间

由于内地班的教学资源与教学质量较之西藏地方学校具有较大的优势，很多藏族学生家长考虑到孩子未来的发展，都会选择送孩子去内地班接受教育。然而，当藏族学生去内地学习时，十二三岁的学生面临着语言交流、气候环境、饮食习惯等不适应。此时，内地班的教学语言普遍为汉语，藏语文作为学习科目进行学习，很多藏族学生表示在内地班学习期间自身的藏语水平有所降低。

3. 从内地班毕业后

当藏族学生从内地班或内地大学毕业后，很多学生都会选择回到家乡就业。一方面，与内地学生相比，藏族学生在语言沟通上不具备优势；另一方面，藏族学生也倾向回到家乡为家乡的发展贡献自己的力量。内地求学和返乡就业对藏族学生来说既具有优势，也具有一定的劣势。这些从内地班回到西藏的学生在自主能力、思辨能力等方面都较有优势。一些学生通过在内地班的学习，不仅加深了对自己和对民族文化的认识，同时也加强了自身对民族文化传承的使命感。而另一些藏族学生从内地班毕业返回藏区后，出现了对藏区高原环境不适应的情况。

通过上述分析，Postiglione（2009）对少数民族内地班的可持续发展并不看好，并从以下两个方面阐述了原因。其一，内地班的学生完全脱离了西藏地区的教育系统，这对西藏地区的教育质量会造成一定的影响。其二，"授之以鱼不如授之以渔"，Postiglione & Jiao（2009）认为内地班的教育能够从根本上解决西藏地区的教育问题，而只有向藏区输送更丰富的教育资源，才可不断提高少数民族地区的教育质量。

Postiglione（2008 & 2009）分析了内地班政策对藏族学生发展的历时影响以及对西藏地区教育的共时影响。同时，内地班求学的经历对很多少数民族学生来说，都是一次生命的历练。他们在不同于以往的文化背景下进行学习，这期间在收获成长的同时，必然会遇到种种问题与挑战。

尽管内地西藏班还存有诸多不足，但是内地班政策实施30多年以来所取得的成就也是有目共睹的。西藏自治区教育厅发布的最新数据表明：截至2016年内地西藏班举办31年来，已累计招生11万余人，并为西藏培养输送中专以上人才3.6万余名，成为西藏教育的重要补充形式和西藏人才培养的重要基地。20世纪80年代，由于西藏地区人才紧缺、教育基础相对薄弱，国家做出了在内地举办西藏班（校）的决策。1985年9月，以藏族学生为主体的首批西藏小学毕业生前往内地学习，开启了西藏教育新模式。截至2016年，全国共有20个省市18所初中、14所高中开办有西藏班，55所示范性高中招收西藏散插班学生，共有在校生近2万人。少数民族内地班政策是我国民族教育政策的一项特别举措，内地西藏班对加速西藏人才培养、促进民族交流和民族团结、推动西藏经济社会发展起到了重要作用。如今，在310多万西藏人口中，内地西藏班毕业生只占约1%，但他们很多都成为所在行业的中坚力量[①]。

有关内地藏族班的研究除历时性的相关研究外，Yan & Song（2010）更关注藏族学生在内地班学习期间所面临的困难与挑战。他们通过分析藏族学生在内地班学习时所面临的各种困难，提出了相对具体可行的解决措施。他们将藏族学生在内地班遇到的困难主要概括为以下三个方面。

1. 生活不适

藏族学生进入内地班学习首要面临的便是对内地的饮食习惯、气候、风俗习惯适应问题。

2. 学习困难

在内地求学的藏族学生从藏汉双语语言环境切换到以汉语为主的语言环境里，语言困难显然成为藏族学生进入内地面临的最大挑战。很多藏族学生因汉语水平有限也严重影响了学习效果。由于藏语与汉语的语法不同，很多藏族学生在学习过程中面临语义加工的困难，进而其对知识的理解与消化吸收的速度都产生一定程度的影响。另外，藏族学生因受地理环境、教育资源所限，知识面相对较窄，这在一定程度上也影响了其学业成绩。

3. 心理情感不适

内地求学对于藏族学生来说意味着远离家乡与亲人。他们从熟悉的家乡来到

---

① 资料来源：拉萨市人民政府：http://www.lasa.gov.cn/lasa/xwzx/2016-11/24/content_1002056.shtml。

陌生的城市，在适应生活时难免会存在一些心理困扰。相比在家乡，在内地求学的藏族学生缺少了情感上的依托，会产生孤独和其他不良情绪。

总体上来说，Yan & Song（2010）认为跨区域学习对少数民族学生产生了很多负面影响，并指出：80%的少数民族学生在内地班学习期间都表现出了不适应性。因此，如何帮助前往内地班求学的少数民族学生缓解生活、学习和心理上的困难，不仅是少数民族学生的个人问题，而且也应该得到社会各界的关注。针对如何帮助藏族学生解决上述困难，文中也提出了一些建议。

第一，对两校师生进行前期培训。

在内地班学习开始前，对藏族学生和开设内地班的学校及其师生进行前期培训，使双方对彼此的风俗习惯、民族文化有一定的了解。通过培训，少数民族学生可以了解内地生活学习环境，这样有利于藏族学生提前做好心理准备，以便日后能够更快地适应生活和学习。同时对内地班的师生进行培训，有利于内地班师生了解少数民族学生的特点和风俗，对不同文化持尊重态度。前期培训有利于双方增进彼此的了解和信任，为后续顺利开展教学提供良好的背景知识。

第二，增强对藏族学生的社会情感支持。

藏族学生远离家乡，思乡之情在陌生环境下容易被激发。此时，藏族学生应利用电话等通信工具与亲人和朋友保持联络和情感沟通。在内地班求学期间，藏族学生还可以通过与当地同学、老师的沟通获得情感支持。此外，为了帮助藏族学生更好地克服心理障碍等问题，开设内地班的学校可以为其提供相关心理健康培训，帮助藏族学生解决心理困难。与藏族学生一起学习的同伴的支持力量也不容忽视，鼓励藏族学生参与学生社团活动，更好地帮助藏族学生在新环境里找到归属感。

第三，探索适合内地班学生的教学模式。

少数民族内地班的开设具有其自身的存在价值和政策意义。为了更好地培养藏族学生，开设内地班的学校和教师应积极探索适合少数民族学生特点的教学模式。相比藏区，内地的教学资源更加丰富，师资力量也较为雄厚，开设内地班的学校应充分利用已有资源，在分析藏族学生的认知特点、学习方式的基础上，因材施教，并不断调整教学策略，探索更适合少数民族学生的教学模式和教学方法。

Yan & Song（2010）提出的这些具体措施具有一定的启发性和可操作性，值得很多开设内地班的学校借鉴。上述有关内地班教育政策的研究有利于更好地理解藏汉英三语教育。藏汉英三语环境不仅存在于少数民族聚居区，因受政策和人口流动等因素影响，少数民族学生也会离开少数民族聚居区到其他地区学习，此时迁移性三语环境随之产生。而在这种迁移性三语环境下，藏族学生的学习需求、学习现状、学习策略和能力发展等可能会被忽略。Yan & Song（2010）也提到，内地班的教师应该调整教学策略以适应来自不同文化背景的少数民族学生。

综上所述，对于内地班政策的研究多聚焦于政策的历史嬗变和政策实施后对少数民族地区和少数民族学生的影响。在有关内地班教育政策的学术研究上，相关研究者均提出了少数民族学生面临的困难和挑战，其中多次提到语言困难，但是以往的研究罕有对内地班三语环境下语言教学的研究。一个人一旦脱离原有的语言文化背景，转而在非母语的语言文化背景下再去学习外语，极易产生"水土不服"的情况。由此，语言教育无论是在少数民族聚居区还是在内地班，对少数民族学生的重要性都可见一斑。

二、教学语言研究

学校是语言教育的主要场所，学校教育是体现国家教育意志的重要载体，国家教育政策最终要由学校来落实。而学校在落实相关语言政策的过程中，课堂便是语言教学的场地。其间无论是语言类课程（藏语文、汉语文、英语）的学习还是非语言类课程的学习，实施过程中都会涉及教学语言的问题。对于藏族学生来说，英语进入到现有的双语课程体系后，三语学习无疑增加了其语言学习的复杂性（Feng & Adamson, 2015）。少数民族地区的教学语言问题也随之被众多研究者所关注。

（一）教学语言的选择

西藏地区的藏汉双语教育政策从20世纪50年代以来一直在"以汉语为主"还是"以藏语为主"之间摇摆（Xiao & Higgins, 2015）。从教学语言选择的角度来看，可将西藏地区的学校划分为两种类型，即以汉语为教学语言的学校和以藏语为教学语言的学校（Nima, 2008）。Nima（2008）在介绍西藏地区学校教学语言使用情况的基础上，分析和探讨了关于教学语言选择的不同观点及原因。对藏汉两种教学语言的观点也可以大体分为两种，即支持以汉语作为教学语言和支持以藏语作为教学语言，如表2-4所示。

表2-4 选择教学语言的不同观点

观点	以汉语为教学语言	以藏语为教学语言
人群	城市居民、50至70岁的知识分子、年轻人	偏远地区的农牧民、藏族人口密集地区的居民、70岁及以上的知识分子
人数	逐年增加	逐年减少
原因	就业前景优越、未来发展机会较多	传承民族文化、保护语言文字

坚持选择汉语作为教学语言的人认为汉语应作为主要语言，而藏语可以选择性地学习，甚至可以不学。持这种观点的人多是从孩子未来发展的角度出发，认

为学习汉语更有利于学习者的前途发展。他们认为精通汉语能够拥有更多的机会，找到一份令人满意的工作。拥护这一观点的人群主要是城市居民、50 至 70 岁的知识分子和年轻人。Nima（2008）指出持这种观点的人数在逐年增加。

与之相反，支持藏语作为教学语言的人认为藏语应为主要语言，汉语可以作为第二语言进行学习。拥护这一观点的人群主要是偏远地区的农牧民、藏族人口密集地区的居民和一些 70 岁及以上的知识分子。他们认为，作为一名藏族学生应首先学习母语，这样也有利于传承藏族文化传统。但 Nima（2008）指出受各种因素的影响，坚持这种观点的人数在逐年下降。

然而，完全的二分法并不足以反映藏族人民对于藏汉两种教学语言的态度和观点。因为一些坚持以汉语为教学语言的藏族同胞也认为维护本民族的文化传统和语言文字是十分重要的（Nima，2008）。可见教学语言的选择不能仅仅是简单的二选一，正如 Nima（2008）所言，不同的藏族群体因受生活经历、历史文化背景、社会发展因素的影响而对教学语言的选择持有不同的观点。但是，更为重要的是，学校在教学语言选择上扮演重要角色，无论选择哪一种语言作为教学语言，学校都应树立正确的教育观，明确教育目的以及选择教学语言的原则，从而确保课程内容对藏族学生的适用性。

教学语言的选择不仅直接影响学习者的学习效果，同时也会间接地影响学习者对不同语言及文化的态度。藏汉两种教学语言的选择尚且如此复杂，英语作为少数民族学生的第三种语言，势必会增加藏汉英三语教育中教学语言的复杂性。但是 Nima（2008）的研究中并没有涉及英语是否作为教学语言的问题。而 Hu 和 Alsagoff（2010）却指出在中国很多地区已经开始使用英语作为教学语言，并得到了相关政策的支持。他们并未明确提出少数民族地区是否也采取了同样的措施，但 Hu & Alsagoff（2010）对于在少数民族地区使用英语作为教学语言持批判态度。他们认为一方面少数民族地区教育资源有限，缺少足够的英语学习资源；另一方面，使用英语作为教学语言应考虑到其对藏语和汉语的潜在影响。他们提出在少数民族地区不应该以牺牲汉语为代价而使用英语作为教学语言。在少数民族地区，语言学习和教学语言的选择十分复杂，不能简而论之。对于少数民族学生来说，他们肩负着发扬和传承民族文化与语言文字的重任，又面临着融入现代社会和全球化发展的挑战。他们在接受教育过程中，三种语言相继出现，互相碰撞与磨合。面对藏汉英三种语言，藏族学生在生活、学习中必然会对三种语言的使用进行适时的选择，语码转换问题继而出现。

（二）语码转换研究

语码转换是教学语言主题下一个十分重要的研究焦点。Ciren（1997）在研究藏语作为主要教学语言的优势和不足时，曾论及教学语言的选择、藏汉英三语在不同学段中的转换问题。一些研究者在内地班政策研究中也谈到少数民族学生进入内地班后所面临的语码转换问题。但上述研究仅停留在提出问题阶段，并没有对藏汉英三语的语码转换问题进行深入的探讨。

近年来，藏汉英语码转换问题得到国外一些研究者的关注。Phuntsog（2018）通过观察和访谈的研究方法研究了不同学科课堂中教师藏英语码转换的频率和意图。位于印度达兰萨拉的两所学校的21位藏族教师参与了这一研究。Phuntsog研究发现，57%的藏族教师"有时"进行有目的的语码转换，33%的藏族教师"经常"进行有目的的语码转换。在上数学和科学课时，藏族老师都会进行语码转换。而在上社会学课时，则不会进行语码转换。在参与研究的藏族教师中，53%的藏族教师认为语码转换是为了帮助学生更好地学习。在讲解概念时，教师通过语码转换能够更好地为学生提供支架，帮助其理解所学习的新概念。可见，教师的教学语言不仅仅局限于一种语言，教师可以选择更有利于帮助学生学习的语言进行教学。然而，这对教师的要求较高，教师不仅要三语精通，更需要有完善的知识结构。

Phuntsog（2018）的量化研究可以为藏汉英三语的语码转换研究提供思路。然而，该研究仅停留在了藏英双语语码转换的问题，并未涉及藏汉英三语语码转换。此外，语码转换现象不仅仅停留在教师层面，少数民族学生在接受藏汉英三语教育的同时也同样面临着语码转换的挑战。然而，国外有关藏汉英三语教育的研究中还未涉及相关语码转换研究。

语码转换是双语和多语言接触的普遍现象，国内外现有的语码转换研究大都局限在单语或双语环境下，三语或多语环境下的课堂语码转换是个全新的、尚未开拓的研究领域（刘全国，2012）。通过上述有关综述也可以看出，国外尚未出现有关藏汉英三语语码转换的研究。但是，在中国少数民族地区的三语环境下，民族语言、汉语和外语之间的语码转换以及它们所承载的三种文化的交融和冲突成为民族地区外语课堂的重要特色（姜秋霞、刘全国、李志强，2006）。有关藏汉英三语语码转换的研究无论是从理论研究的角度，还是就少数民族地区制定与实践语言教育政策、课程设计、课堂文化建构方面都具有重大意义。

（三）语言态度研究

中国英语语言教育政策的变迁不仅体现了我国政治经济环境的历史变化（Adamson，2004），同时体现了我国对少数民族语言、汉语和英语的态度。整体而言，少数民族文化是中国文化的重要组成部分，我国对少数民族语言持尊重和保护态度。如2016年发布的《中国语言生活状况报告（2016）》中明确提出"贯彻落实'科学保护各民族语言文字'的工作要求,切实加强民族语言文字规范化标准化信息化建设,全面推进双语教育,努力传承民族语言文化,服务于'多元一体、民族和谐'的民族工作大局"。①汉语作为中国官方和通用语言,自新中国成立以后便在全国范围内普及,已经得到全国各族人民的认可。汉语作为国家通用语言,是进行社会沟通和个人发展的重要途径(Wang,2016)。

21世纪初随着全球化和信息化的发展,英语成为国际通用语言,我国也将英语作为必修课程纳入课程体系。这些政策的制定和实施均从国家层面体现了我国对少数民族语言、汉语和英语所持的语言态度。然而我国不同少数民族地区在三语教育模式上也呈现出了不同的特点(Feng & Adamson,2015),这也从侧面反映了少数民族地区对三语教育的态度。

另外,个体对我国三语教育的态度也会影响其选择学习何种语言以及语言学习的方式和途径。目前,国外有关藏汉英三语的语言态度研究还十分罕见。Nima(2008)在分析藏区教学语言选择时,曾分析和探讨了藏区不同人群对于汉语和藏语的态度及其原因。对于藏区的一些政府工作人员、城市居民、个体工商户、年轻人和50至70岁的知识分子来说,他们坚持以学习汉语为主,藏语可以选择性学习或不学。这主要是考虑到藏族学生后期发展需求。持这类语言态度的群体认为精通汉语能够更好地与现代社会接轨。一些年轻人在学校学习阶段曾学习藏汉两种语言,但步入社会后他们发现,较之藏语,精通汉语能够更好地进行工作和沟通。因此,他们更倾向于认为汉语比藏语重要,但是他们并不否认藏语学习的重要性。

对于藏区偏远地区的农牧民、藏族人口密集地区的居民以及70岁及以上的知识分子来说,他们对藏语学习的认同程度更高。持这类语言态度的群体认为身为藏族学生应首先学好自身的母语,因为藏语承载着藏族的历史传统和民族文化。年长的知识分子因自身所接受的教育属于藏族传统文化,因此他们认为藏语的学习有利于保护和传承藏族传统文化(Nima,2008)。

Nima(2008)对于藏区不同人群对藏语和汉语的态度的调查,具有一定的启发意义。藏区不同人群的语言态度受到其生活经历、受教育程度、居住环境等各类因素的影响。反之,人们的语言态度也会影响其自身和后代语言教育的选择和学习方式。但是Nima(2008)的研究并未涉及藏区人群对待英语的态度。而且对于不同人群的划分,Nima(2008)并没有对其进行详细的人口统计分析。藏族学生主要是在学校接受藏汉英三语教育,教师和学生的语言态度也十分重要。

---

① 资料来源:中华人民共和国教育部网站:http://www.moe.gov.cn/s78/A19/moe_814/201605/t20160531_247149.html。

首先，教师的语言态度在一定程度上会影响学生的语言学习，而学生自身的语言态度也会影响其学习动机和学习效果。其次，语言是文化的承载物，对于语言的态度反映了人们对语言背后的文化和民族身份的认知。因此，有关藏汉英三种语言的语言态度研究以及对于我国藏汉英三语教育态度的研究还需要进一步的探讨。

综上所述，藏语作为少数民族语言，是保护民族文化和传承文化遗产的重要介质。汉语作为中国的通用语言，对于少数民族融入社会发展起着至关重要的作用，并且在学习过程中，一些学科术语通过汉语能够更准确清晰地表达出来。随着全球化的发展，英语的学习则有利于开拓少数民族学生的国际视野。总之，土生土长的少数民族运用自己本民族的语言可在自己的宗教、文学、医药等方面继承发展；汉语可以促进当地社会经济发展，为学习者提供更加美好的职业愿景和发展机遇，同时促进文化认同和国家认同；而英语则是推介本民族文化、与世界沟通的有利工具。

三、三语教师教育研究

教学语言的选择不仅仅是由教育政策决定的，还取决于教师的多语语言能力。因此有关三语教师的培训和专业发展便成为三语教育研究中的重要课题。少数民族地区的经济发展和教育资源较之内地十分有限。为了加快中西部地区发展，中央政府于 2000 年实施西部大开发战略。

纳入西部大开发的地区包括 6 省（甘肃、贵州、青海、陕西、四川和云南）、5 个自治区（广西壮族自治区、内蒙古自治区、宁夏回族自治区、西藏自治区和新疆维吾尔自治区）和 1 个直辖市（重庆）。① 甘肃、青海、四川和西藏自治区均在西部大开发范围内，而这四省区也是藏族人口主要聚居区。随着西部大开发战略的实施，我国中西部的发展，特别是中西部基础教育的发展也得到了国际组织的支持。Robinson（2016：325-346）总结了世界银行（World Bank）、英国国际发展署（U.K.'s Department for International Development）、欧盟（European Union）和其他国际组织为我国中西部以及少数民族地区的基础教育所提供的支持，包括物质、资金、基础设施、教育资源以及教师培训等各个方面。面对藏汉英三语教育的复杂状况以及藏区薄弱的师资力量，藏区教师的培训显得十分必要。而我国藏区的教师培训也得到了国际上的大力支持，Gouleta（2012）详细论述了英国国际发展署对甘肃省甘南藏族自治州双语教师培训的支持。

---

① 资料来源：中华人民共和国中央人民政府网站：http://www.gov.cn/gongbao/content/2001/content_60854.htm。

甘南藏族自治州是中国 10 个藏族自治州之一，位于中国甘肃省西南部，因受地理环境、社会发展等因素的影响，甘南藏族自治州的双语教育面临着双语师资匮乏、双语教学材料不足、教学资源有限、教学方法单一等问题。同时甘南藏族自治州内藏族学生的高辍学率、低就业率和有限的进入高校的机会等引起了社会各界的关注。在英国国际发展署和甘肃省教育厅的支持下，2006 年 8 月甘肃省甘南藏族自治州启动了双语教师培训项目。此项目属于"中—英甘肃普及九年制义务教育项目"的一部分，其培训的主要目标是改善双语教学材料的质量和提高双语教师的教学技能。

Gouleta（2012）指出对少数民族学生来说，师资水平和教学语言是影响学习质量的两个重要因素。少数民族的双语教育研究不能局限于思考教学语言的选择问题，还应该从课程实施、学习材料和教学方法角度出发思考如何在双语环境下进行更有效的教学。Gouleta（2012）在详细介绍甘南藏族自治州双语教师培训项目的背景和培训过程后，总结了培训过程中的经验教训。但只是简略提到了甘南藏族自治州的双语教师，特别是藏族教师经过培训后在教学方法、教学材料选择等方面取得的收获，并没有详细描述培训后教师教学水平的提高是如何在实际教学中得到体现的。

我国西部地区的教育资源和师资力量很难满足现有的藏汉英三语教育的要求。因此，西部地区多依托当地政府以及区域高校来加强对三语教师的培训和培养。在少数民族聚居的青海省，三语教育已经逐渐展开，但是师资力量不足影响了其三语教育的质量。因此对于三语教师的培训势在必行。Johnson，Ma & Adamson（2016）在研究中以青海省藏区为例，详细描述了藏族学校英语教师进行培训的过程。此次培训在青海省人民政府的支持下，由青海师范大学和青海民族大学的外国语学院进行培训，青海省藏区的初中英语教师参加了此次的三语教师培训。此次培训的主要目标是提高青海省藏区的初中英语教师双语或三语教学能力，使其能够在实际教学中为学生创造良好的语言环境。培训中的课程根据参加培训教师的需求进行设定和调整，具有很强的针对性。比如培训设置了英语语法教学方法的课程来帮助参加培训的教师提高英语教学的有效性；由于参加培训的英语教师方言口音较重，难免会影响英语的口语教学，培训方因此设置了语言课程，帮助参训教师在教学中避免口音对英语教学的影响。Johnson，Ma & Adamson（2016）详细描述了青海省此次 20 天培训过程，虽未对藏汉英三语教师培养机制等问题进行深入探讨，但可以为其他少数民族地区的双语或三语教师培训提供借鉴，也能够有效帮助少数民族教师提高英语水平和改善教学方法。

藏汉英三语教育为藏族学生学习现代科学文化知识提供了有利的语言工具。三语教育并不仅仅局限于藏语、汉语和英语这三种语言的学习，更涉及三种语言背后的文化吸收。更重要的是，三语教育具有一定的工具性，精通语言是学习人类所创造的文化、科学、技术知识的基础技能。因此藏汉英三语教育有利于培养多元化的人才。国外有关藏汉英三语教师培训的研究还十分罕见。仅有的相关研究也停留在对三语教师培训流程的描述和培训后的经验总结以及教师反思阶段上，对于培训后的实际改进效果还缺乏后续的跟踪调查和相关研究。因此，国外对于藏汉英三语教师培训的研究还不够全面和深入。

需要指出的是，藏汉英三语教学本身所需要的教育资源投入与双语教学所需资源之间不单单是线性增长关系。藏汉英三语师资力量的培养受诸多因素影响，除外界的多方人力物力的支持外，教师自身的教学理念和对自身能力提高的认识也影响着三语教师培训的结果。面对少数民族地区外语教师的现状，我国已开展的职前培训、国培计划等为三语教师培训提供了平台和大力支持。但是藏区各地区学校的实际情况差异性较大，藏汉英三语教师的培训和培养应有一定的针对性和指向性。除了教学理念和教学方法方面的培训以外，也应该加强教师知识结构和专业知识的培训。对藏族教师进行科学知识和技术能力的培训有利于平衡少数民族教师与汉族教师的教学比例（Ma, 2014）。另外，以藏语编写的有关科学技术的教材少之又少，加强藏族教师科学技术知识的培训不仅可以提高教学质量，同时也有利于完善以藏语编写的相关学科教材。在这个飞速发展的信息时代，三语教师的学科知识、教学方法和教学材料选择都应及时更新。相关三语教师培训项目的设立与实施也应遵循因材施教、与时俱进的原则。三语教师培训不应止于一时一隅，随着全球化和信息时代的到来，藏汉英三语教师培训显得尤为重要，相关研究也需要进一步推进和深入。

四、第三语言习得研究

第三语言习得，简称"三语习得"，是指学习者在掌握母语和第二语言后，当前正在学习一种或多种语言的现象（Jessner, 1999）。国外有关三语习得的研究源于欧洲。由于欧洲诸多国家实行多语政策，如德国、法国、西班牙、挪威等，因此有关三语或多语的研究便基于多语社会文化背景逐渐兴起和发展起来。对于三语习得研究的起始时间，目前学术界还存在一定争议。国外研究者Jessner（2006）认为三语习得研究可上溯至20世纪60年代，而我国研究者曾丽和李力（2010）认为三语习得研究始于20世纪80年代。

虽然三语习得在一定程度上是二语习得的外延，但国外相关研究者都认为三语习得现象比二语习得现象更为复杂。Cenoz（2000）从个人和情景角度分析了二语习得和三语习得的异同。首先，三语习得与二语习得都会受到个人因素和情景因素的影响。个人因素主要包括智商与天赋、认知风格、策略、态度与动机、年龄及性格等方面。情景因素包括自然场景与正式场景、民族语言活力、社会经济地位和教育情景等方面。但是，除上述影响因素外，三语习得还会受到二语习得结果的影响，如创造力、元语言意识和沟通敏感性（表2-5）。其次，就个人和社会影响因素来说，三语学习者与二语学习者之间也存在一定的差异。如在信息加工过程中，三语学习者与二语学习者相比具有更高水平的元语言意识，也具有更强的学习动机和更良好的学习态度。

表2-5 二语习得影响因素和双语学习结果①

二语习得	个体因素	● 智商与天赋 ● 认知风格 ● 策略 ● 态度与动机 ● 性格 ● 年龄
	情景因素	● 自然场景与正式场景 ● 民族语言活力 ● 社会经济地位 ● 教育情景
双语制	● 创造力 ● 元语言意识 ● 沟通敏感性	

资料来源：Cenoz，2000：39-53

而对于三语习得影响因素的研究，Cenoz，Hufeisen & Jessner（2001）在综述前人研究的基础上，将影响三语习得的主要因素概括为社会语言学因素、心理语言学因素、语言距离和教育方法。社会语言学因素主要指学习者所在社区中语言接触的频率、语言态度，以及学习者的民族身份认同等，这些因素都会对第三语言的学习产生一定的影响。心理语言学因素主要指学习者的学习策略、元语言意识和沟通敏感性对第三语言学习的影响。语言距离因素包括第三语言与第一语言、第二语言的相似性等，第三语言与第一语言、第二语言在语音、句法、词汇和语用等不同语言层次之间的距离也会影响第三语言的学习。教育方法包括教师反馈、课程内外第三语言的角色和地位、教学材料的选择等方面。

尽管二语习得与三语习得在影响因素和学习过程方面存有一定的联系，但是正如Cenoz所言，三语习得的过程更为复杂。Herdina & Jessner（2000）也认为双语（bilingualism）是多语（multilingualism）的一种形式，不能同一而论。Herdina和Jessner表示在研究第三语言甚至更多语言学习的现象和过程时，不应将其局限于二语习得研究领域，而应该准确把握多种语言习得过程中的多重因素。Herdina 和 Jessner 还认为三语研究（trilingualism）是多语研究（multilingualism）

---

① 表格引用时对原文进行了翻译。

的重要界标，并认为多语系统的发展过程，具有非线性（nonlinearity）、学习者差异（learner variation）、维持性（maintenance）、可逆性（reversibility）和稳定性（stability）、相互依存性（interdependence）以及质变性（change of quality）的特征。上述三语习得特征表明二语习得理论不能解释所有的三语习得现象和过程，因此三语习得研究不能仅作为二语习得研究的延伸，也不能简单地建立在二语习得研究之上。

综上所述，国外有关三语习得的研究自20世纪80年代以来已经获得了一定的发展，研究成果也逐渐丰富。与二语习得相比，三语习得所涉及的影响因素更为庞杂，三语习得的过程也极为复杂。上述国外有关二语习得与三语习得之间异同、三语习得影响因素以及多语言系统发展过程的分析对我国少数民族第三语言习得的研究具有一定的启示和借鉴意义。从整体研究趋势来看，三语和多语研究不再局限于二语习得研究领域。二语习得理论已不足以解释复杂的三语和多语习得现象。三语习得研究因自身独特的特点正在向独立领域趋势发展。

近年来，随着国外三语习得研究的发展，三语习得领域的研究特别是有关我国少数民族第三语言学习的研究得到众多研究者们的关注。20世纪80年代以来，我国的三语相关研究呈现出了上升态势。越来越多的研究者们关注了三语（trilingualism）、三语教育（trilingual education）、三语教学（trilingual teaching）、多语（multilingualism）、多语教育（multilingual education）和多语教学（multilingual teaching）等现象。刘全国和穆永寿（2017）的一项基于CiteSpace的数据分析显示，在1986年至2017年期间，我国有关三语和三语教育的研究文献达484篇，有关多语研究的文献达377篇。特别是2000年以来，相关学术文献发表数量大幅增加（图2-5和图2-6）。此外，相关三语研究的关键词分布数据显示，近年来三语习得备受研究者们的关注；多语研究的关键词分布数据显示，在多语研究领域关键词较为广泛，并未过于集中，如图2-7和图2-8所示。基于CiteSpace的突发主题检测和关键词年度交叉分析数据显示，在三语和多语研究领域，三语习得、三语教学、三语教育、语言迁移和少数民族等主题和关键词出现的频次最多（详见图2-9和图2-10），特别是三语习得越来越受到研究者们的关注。从发展趋势来看，我国三语及多语研究呈现出良好的发展态势。

综上所述，自20世纪80年代以来，三语习得研究已经备受国内外研究者的关注。国外三语习得的研究为我国三语习得研究提供了借鉴和启示。国内三语习得研究逐渐发展并呈现出良好的发展趋势。由上文可以看出，三语习得的发展具有非线性和动态性等特征。因受到个体、社会及两种或两种以上语言的影响，三语习得的过程和结果与二语习得有较大的差异性。语言距离、社会语言学和心理语言学等因素都会对三语习得产生一定的影响。同时，三语习得绝非简单地建立在二语习得研究基础上。三语习得无论从学习过程、影响因素还是研究内容等方

第二章　国外藏汉英三语教育研究综述

面，都与二语习得有所不同。欧洲国家三语习得的研究相较于我国而言起步较早，研究成果也相对成熟，其研究成果为我国开展少数民族三语习得研究奠定了一定基础。近年来，有关我国少数民族三语习得的研究也逐渐兴起。

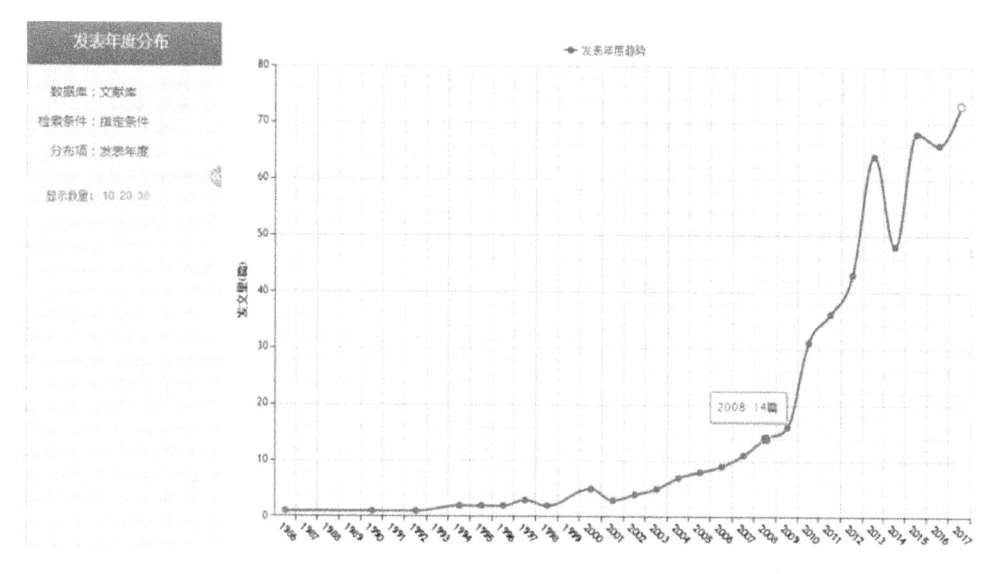

图 2-5　三语研究年度趋势

资料来源：刘全国、穆永寿，2017

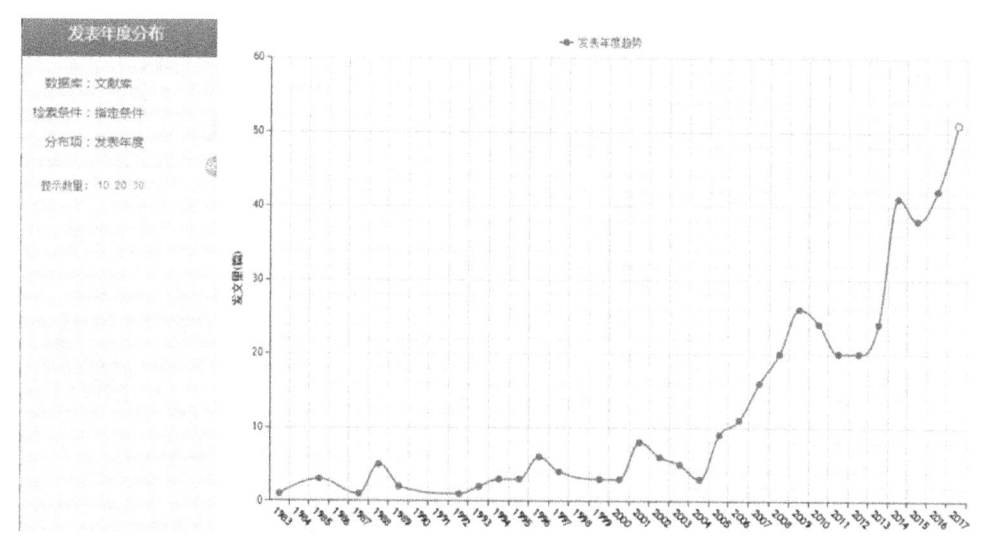

图 2-6　多语研究年度趋势

资料来源：刘全国、穆永寿，2017

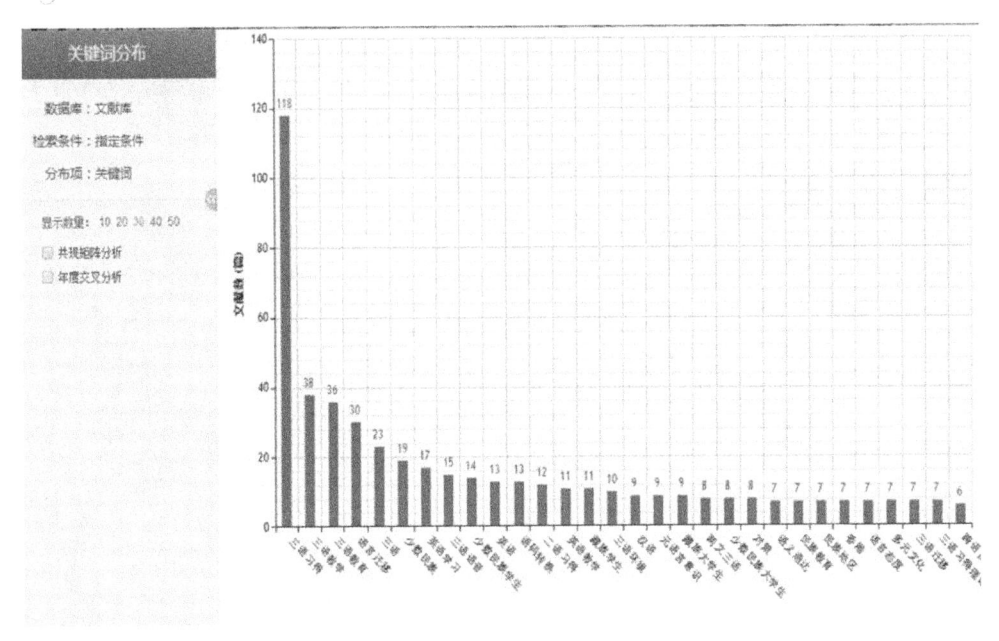

图 2-7　三语研究关键词分布
资料来源：刘全国、穆永寿，2017

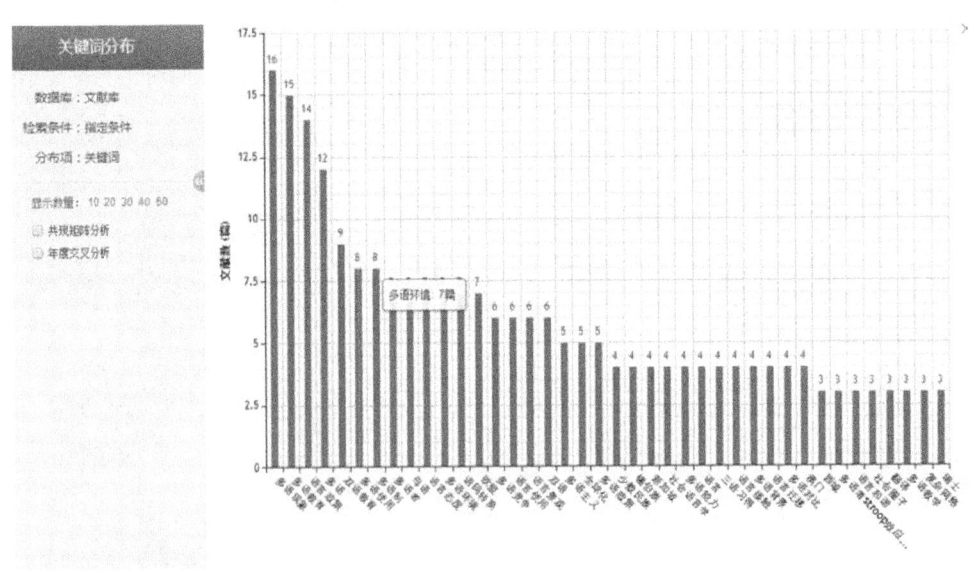

图 2-8　多语研究关键词分布
资料来源：刘全国、穆永寿，2017

第二章 国外藏汉英三语教育研究综述

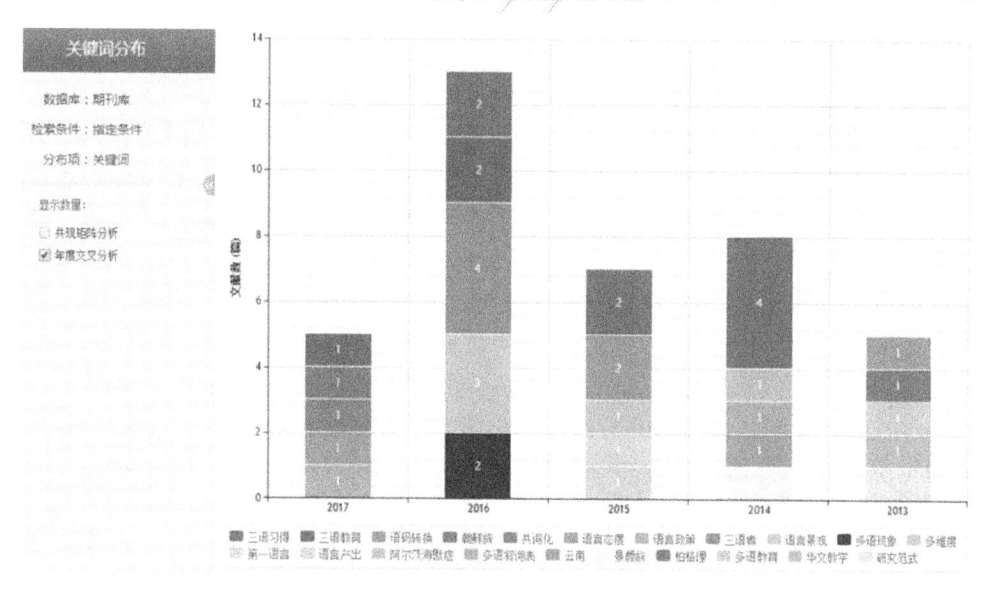

图 2-9 关键词年度交叉分析
资料来源：刘全国、穆永寿，2017

图 2-10 突发主题检测分析
资料来源：刘全国、穆永寿，2017

在藏汉英三语教育研究领域，有关藏族学生第三语言学习的研究也是该领域的重要研究内容之一。对于藏族学生来说，在习得汉语后，或习得汉语的同时需要进行英语的学习。随着我国语言教育政策的实施，英语作为藏族学生的第三语言在我国已十分普及。有关藏族学生第三语言（英语）的习得研究对于我国三语教育的发展具有重要的现实意义，同时对于丰富三语习得理论也具有一定的理论价值。近年来，在三语习得领域也出现了藏族学习者以英语作为第三语言习得的研究。

Liu（2008）比较了英语写作中修辞与民族性之间的关系，并考察了汉语修辞对三类民族学生（汉族、蒙古族和藏族）英语说明文写作的影响。Liu（2008）从对比修辞理论出发，结合中国英语写作整体形态，讨论了三类学生写作文本特点及异同。通过研究被试所写的30篇劝戒式说明文，从语篇结构和修辞结构层面进行了具体分析并得出如下结论：三类学生的英语写作文本大体相近，仅在语篇结构、话语单元及话语单元间修辞结构使用方面存在细微的差异。Liu（2008）认为，产生此结果的原因在于主流汉文化对两类少数民族文化修辞的强势影响。研究指出，今后文化内对比研究应考虑学生一语、英语水平、学习经历和其他发展性因素。

Xu（2016）研究了语言资本对人们交往和语言认同的影响。研究的被试是24名少数民族学生，其民族主要是藏族、蒙古族和维吾尔族。这些少数民族学生生活在不同社会语言环境中并具有不同的语言体验。Xu（2016）通过访谈和观察等方法，发现不同语言能力会对人们之间进行社会沟通交流以及身份构建与转化产生不同的影响。研究表明少数民族语言、汉语和英语在语言市场中的交流具有复杂性，而汉语能力作为一种语言资本，成为促使少数民族进入语言沟通市场的重要语言工具。虽然汉语在实现社会交流方面能够为少数民族群体提供帮助，但是Xu（2016）提出政策制定者应在制定语言政策时考虑多元社会背景下少数民族语言的社会地位及其语言权力。

在倡导保护少数民族语言权力和少数民族语言文字多样性的研究中，Yao和Zuckermann（2016）研究了马克唐和华藏寺的藏汉双语教育，并指出语言活力与语言认同的关系及其对保护语言文字多样性的重要作用。研究通过对比中国甘肃省天祝藏族自治县和青海省黄南藏族自治州尖扎县藏语文活力和藏语文认同，发现语言活力和语言认同不存在强相关性。同时，语言实用性是决定语言使用者行为倾向的重要因素。他们认为这些现象可以通过语言功能的内部矛盾性来解释。尽管工具性和文化性是语言的两大功能，但是语言的工具性功能要求语言趋同，而文化性功能则需要语言保持多样性。因此，语言保护应重点培养语言使用者的语言认同。这一研究对于保护少数民族语言文字的多样性提出了针对性的建议，同时也提供了数据支持，对于少数民族语言文字多样性的保护具有一定的现实意义。

近年来，随着认知学科的发展，对于藏汉英三语习得的研究也产生了一定的影响。2014 年 Hu, Bai 和 Gegen 在国际计算机、智能计算和教育技术研讨会上做了有关藏汉英三语认知加工方面的研究汇报。几位研究者利用 ERP 研究了进行藏汉英三语学习的藏族大学生在语义判断和语义加工上的认知特点。研究发现，被试在进行语义判断任务时，汉语和英语之间的语义判断错误率要低于藏语和英语之间的语义判断。研究发现很多藏族大学生在学习英语时，多利用汉语作为中介语言（Hu, Bai & Gegen, 2014）。在另一项有关三语加工的研究中，发现在语义理解层面，藏族学生在进行词汇加工方面要比语音加工困难得多。在语义启动实验中，作者发现藏族学生对英藏材料的启动时长大于对英汉材料的启动时长。同时，当启动材料使用英语呈现时，藏族学生对目标词的理解难度增加。藏汉英三语之间的语言关系研究，近年来还出现相关音系学上的研究。如 Yang, Oura, Wang, Gan & Tokuda（2015）几位研究者提出的利用隐马尔可夫模型进行汉藏语言合成研究。Hsieh & Kenstowicz（2008）还提出了有关藏汉英三语语调适应性的研究。

综上所述，目前有关藏族学生第三语言（英语）习得的研究主要集中在三语习得影响因素和藏汉英三语之间的语言关系的研究。对于藏族学生来说，第二语言（汉语）在很大程度上对第三语言（英语）的学习产生了一定的影响。一方面，在以汉文化为主流文化的社会背景下，少数民族文化不可避免地会受到汉文化的影响；另一方面，由于我国英语教材以汉英为主，这无疑会影响到少数民族学生学习英语的过程。

语言的广泛适用性和人们对语言的态度也会对藏族学生的英语学习产生一定的影响。而英语作为世界通用语言，在与世界经济贸易往来中具有很强的工具性。相比而言，藏语的使用范围较为局限，因此藏族学生在语言学习过程中更倾向于使用和借助工具性较强的第二语言（汉语）学习第三语言（英语）。有关藏汉英三种语言之间的关系研究也表现出了第二语言汉语在藏族学生学习英语过程中的促进作用。尽管如此，我们应该意识到保护少数民族语言文字多样性的重要性。三语习得的目的并不是让少数民族学生牺牲母语和第二语言而习得第三语言，如何达到三种语言的平衡发展是值得思考的问题。

此外，与二语习得研究相比，三语习得研究更为复杂。当少数民族学生面对第三种语言，并试图用两种语言进行学习和理解第三语言时，必然会进行比较与选择。互相交织的文化背景也使得少数民族学生对第三语言的学习和理解过程充满了不确定因素。对于三种语言本身特点的研究及其之间的语言关系的研究是进一步理解藏汉英三语教育和三语教学的重要途径。同时，在有关我国藏汉英三语习得的研究中，在学习过程方面的研究也需要进一步的补充与完善。因此，藏汉英三语习得的相关研究还需在广度和深度上进一步挖掘。

整体而言，国外有关藏汉英三语教育的相关研究发展过程大体上呈现出从无至有、从普遍到具体的分布趋势。该领域的研究在诸多研究者和相关机构的推动下，显示出了良好的研究态势，有关藏汉英三语教育的研究前景还十分广阔。

从研究主题来看，国外有关双语教育理论的发展使藏汉英三语教育研究有一定的理论基础。囿于三语教育的多样性与复杂性，藏汉英三语教育研究在借鉴已经比较成熟的双语教育理论的基础上，还需要进一步丰富与突破，而后自成一体。在相关教育政策研究者的推动下，有关教育政策的研究已经初具规模。国外相对成熟的三语习得研究成果为我国少数民族的三语习得研究提供了借鉴。但是，由于地域以及原有语言文化的原因，国外有关藏汉英三语教育的讨论主要在较为宏观的层面，对于具体的个体认知状况、语言学习过程，以及应用所涉及的资源等一系列问题论述不足。有关藏汉英三语教育的研究无论从广度还是深度上来说，都有待进一步完善。

从研究方法来看，国外有关藏汉英三语教育的研究方法多使用文献回顾、质性访谈、观察等方法，而实验研究还十分罕见。因此后续有关藏汉英三语教育的研究可采用实验研究的方法进行更加全面和客观的分析。同时，运用计算机技术研究三语学习者的个体认知规律将成为今后重要的研究路向。众所周知，计算机理论的发展为现代教育学、语言学等相关领域提供了新的探索工具。目前，对于涉及英语的双语学习过程、认知规律的探索已经在全球范围内开花结果。藏汉英三语教育和英语在藏汉英三语环境下作为第三语言的习得，由于其独特性和复杂性，这些方面的研究相对有限。若研究者能够采用多种研究方法探究个体在语言学习、语码转换等过程中的思维运动规律，则可进一步推进三语教育理论发展与三语教育实践探索。

如前所述，中国自古以来就是一个统一的多民族国家，各民族在经济文化交流过程中已经形成了一个"多元一体"的格局。少数民族具有自身独特的语言文字和民族文化，在进行三语教育研究过程中，应尊重少数民族文化的特殊性，在此基础上积极开展藏汉英三语教育及相关研究。只有如此，才能寻得民族发展与传承，而后更好地与世界沟通，从而实现中国的现代化和国际化，实现少数民族地区经济文化的繁荣发展。

第三章 国内藏汉英三语教育研究综述

第一节 国内藏汉英三语教育研究概述

在我国，义务教育已全面普及，随着语言教育不断深入开展，国家教育改革政策逐步推进。目前，国内的社会语言环境形成了以汉语（普通话）和地方方言为主，各少数民族语言或外语为辅的多语言现象，个体语言成分渐趋复杂。就少数民族地区的外语教育而言，三语教育模式成为当地外语课堂教学的主要形式。在三语教育的外语课堂环境中，学生的第一语言（母语）和第二语言（汉语）能力水平相当，第三种语言以外语为主，根据各地语言教学情况因地制宜开设外语课程。

就学术价值而言，藏汉英三语环境下的外语课堂教学活动中，藏族地区的儿童受母语（藏语）和第二语言（汉语）的影响，学习外语时所表现出来的学习特点和心理特征较之于二语习得更为复杂，学习者原有的语言知识都可能成为迁移的对象，包括语音、句法、词汇等的迁移。同时，跨文化交际、宗教、语言环境、语言习得水平等，也会成为影响三语环境下外语学习的重要因素。三种语言之间复杂的迁移机制值得展开深入研究，尤其随着交叉学科研究的兴起，外语教育学的理论与方法不断丰富，为藏汉英三语教育和相关研究的发展提供了新的视野和指导。

就社会影响而言，边疆地区的繁荣与稳定对于国家的发展至关重要。关注藏汉英现象及三语教育的研究，一方面解决的是少数民族地区的教育问题，对于巩固民族团结、促进国家和谐发展具有重要作用；另一方面，三语教育研究解释了多语社会中语言共生、共存问题，能帮助藏区民族教育与语言教育更好地适应变化的多语言社会环境，并为教育政策改革提供数据参照和实施建议，实现语言为社会政治经济发展服务的目的，促进社会平衡发展。

一、国内藏汉英三语教育研究的历史沿革

我国少数民族地区的三语教育是在双语教育的基础上发展起来的。1992年，内蒙古自治区率先在所辖的各少数民族聚居区中小学开展三语教学实验，如内蒙古师范大学附中进行了三语（蒙古语、汉语、英语）教学改革实验。1997年，内

蒙古自治区教育厅在教学实验的基础上，强化三语教学改革，在蒙古语授课学生中推行汉语水平考试，在中学推行三语教学（黄健、王慧，2012）。自此，三语教育逐渐在民族地区扩展进行。而我国三语教育有关研究起步较晚，吴布仁（1996）对蒙古族三语教学的探讨可以说是我国最早的三语教育研究。目前在全国各民族地区，有越来越多的外语教育工作者开始关注三语教育，有关少数民族外语教育实践的研究得到了不同程度的发展。研究涉及的少数民族有朝鲜族、蒙古族、维吾尔族、藏族、鄂温克族、彝族、苗族和壮族等，研究地点主要分布于我国东北地区（黑龙江、吉林、内蒙古东部）、西北地区（青海、甘肃、新疆），以及西南地区（西藏、云南、四川、贵州）。这些地区少数民族聚居在一起，形成多民族语言环境，双语、多语现象非常普遍，为三语教育和三语现象研究提供了良好的资源和条件。

藏汉英三语教育现象主要出现在西藏、青海、甘肃、四川、云南等藏族聚居地区。受民族文化、地域特点和语言差异等因素的影响，藏汉英三语教育研究一直发展缓慢。藏区学生外语学习水平有待提升，汉语、英语水平差异较大，影响了本地区教育、经济、文化的平衡发展。近几年，经过研究者们的探索，针对三语教育的研究在理论和实践方面取得了一定发展，研究涉及教育政策、教学管理、语言迁移、第三语言习得等。由于藏汉英三语教育刚刚起步，历时较短，笔者以藏语的产生和使用情况为脉络，将国内藏汉英三语教育研究的发展过程梳理如下。

634年，早期生活在青藏高原上的农业部落和游牧部落，经唐代吐蕃王朝的统一，后形成了现在的西藏地区。在吐蕃统一以前，藏族还未形成，各部落的文化处于原始自发形成的阶段，在部落的分化与合并过程中，各部落使用简单的语言符号进行沟通，出现了早期的语言符号。根据近几年考古发现，当时还未出现有关文字使用的记载。有据可依的西藏双语起源是从吐蕃松赞干布时期创制文字后开始。松赞干布采取的一系列建政与改革措施促进了吐蕃社会生产和交换的巨大发展（石泰安，2005），由于政治统治、经济贸易、外交往来的需要，吐蕃与各地的文化交流十分活跃，尤其是与中原大唐。文成公主入藏，随行带去了各种形式的汉文化，为西藏与中原的文明交流做出了极大的贡献。此时出现了早期的藏汉双语教育，由官方组织派遣留学生和学者去外国学习，这一时期的双语教育受众少，只有小部分权贵和学者接受藏汉双语教育（黄奋生，1985）。双语教育还未形成规模，其目标是翻译典籍、外交沟通、文化交流，主要为翻译佛经和汉文典籍服务，还未出现有关双语教育的研究。

此后，经五代、宋、元、明、清各代的延续，藏汉双语教育继续缓慢发展，内容扩展到医学、文化、生产技艺等，中央逐步兴办官学、卫学、社学，但双语的教育及应用仅存在于翻译领域，其受众和模式与吐蕃时期并无不同，旨在维护上层统治阶级的利益。近代自鸦片战争之后，西藏农奴制社会受到冲击，为加强西藏建设，求得民族的生存和发展，清政府在西藏推行一系列的教育政策，从此西藏的近代教育开始发展。其中最具代表的有张荫棠和联豫，他们二人在西藏推行新政，兴办汉藏双语教育，第二语言包括汉语和英语（朱解琳，1990）。在西藏历史上，这是首次由官方主持兴办双语教育，所教授语言涉及藏语、汉语、英语三种语言。清末，英帝国主义为扩大在华统治势力进入藏区，首次在西藏兴办英文学校，虽存在时间不长，却开拓了西藏双语教育的新形式——藏英双语，为三语教育发展提供了土壤，这在西藏语言教育史上是一次重大的跨越。

民国时期，由于当时国内外形势复杂，西藏教育的发展方向被控制在多方势力手中，当时涉及双语教育的教育机构有：拉萨清真寺回民子弟小学、民国政府创办的国立拉萨小学、外国在藏兴办的英语学校（刘全国，2014）。无论是出于外在环境的逼迫还是内在需求的驱动，双语学校的建立为西藏教育事业的发展奠定了基础，以藏英或藏汉为主的双语教育开始以史料的形式记载在文献中。

自1949年新中国成立之后，西藏教育不再处于风雨飘摇状态，以政府主导的双语教育走上了正轨。1951年西藏和平解放，西藏人民获得了接受教育的机会和权利，双语教育逐步面向藏区民众普及，所教授语言以藏汉为主。因历史原因停办的学校得到了恢复，并以国家政策的形式固定下来。由于当时藏区语言教育主要为藏汉和藏英为主的双语教育，涉及藏、汉、英的三语教育未形成规模，相关学术研究极其稀少，三语教育研究还处于孕育过程中。

2002年7月26日至27日，教育部、国家民委在北京召开第五次全国民族教育工作会议，会议明确提出："对我国少数民族来说，在学习使用本民族语言文字的同时，要按照有利于民族长远发展，有利于提高民族素质，有利于各民族科学文化交流的要求，大力加强汉语教学，积极推广普通话，有条件的民族中小学还要开设外语，以适应现代化建设的需要。"[①]此次会议为产生于双语教育基础上的三语教育提供了政策上的支持和鼓励，外语教学全面走进民族地区的中小学校园。随着三语教学实践的不断尝试，与之相应的三语教育研究逐渐起步。

这一时期国内的三语教育研究完全处于自由探索的阶段。在理论方面，缺乏相应的理论指导，没有系统明确的指导思想；在数量上，有关三语现象或三语教育的研究屈指可数，高质量学术研究更是凤毛麟角，最具代表性的研究有"西北民族地区外语基础教育现状调查——以甘肃省为例"（姜秋霞、刘全国、李志强，2006）、"汉—英和藏—汉—英双语者中、英文语码切换

---

① 资料来源：国家民委语文室：《加强"双语"教学提高民族教育质量》，《中国民族报》2002年10月1日005版。

及代价研究"（崔占玲、张积家、韩森，2007）、"三语环境下外语教师课堂语码转换研究"（刘全国，2007）。在为数不多的研究成果中，笔者发现学者们关注的热点内容有：少数民族学生、外语教学、三语教育、语码转换、学习策略等；研究地区分布在西藏自治区、甘肃藏区、四川藏区等藏族聚居的地区；研究方法以调查研究为主。

进入 21 世纪以来，中国的经济实力迅速增强，边疆地区凭借得天独厚的地理条件，在加强国内外交流与贸易合作中扮演了极其重要的角色。西藏作为中国西部重要口岸地区，在国家"一带一路"倡议的带领下，以藏区为媒介，面向西亚、中东、地中海、欧洲各国的对外交流和贸易往来不断活跃，经济的繁荣逐渐推动了当地政治、经济、文化等各行业对外语人才的需求。在这样的时代背景下，培养"民汉兼通"型人才成为推动三语教育发展的重要客观因素，培养"三语兼通"型人才也成为发展西藏地区经济、文化、教育的必要选择。

随着西藏地区各中小学先后开设英语课，藏区高校将英语列入选修课程，英语逐渐成为当地学生必学的语言科目，藏区的语言教育状况从单一的藏语教学，逐步发展到了"藏汉双语""藏汉英三语"教学并存的局面。西藏地区的藏汉英三语教育成为本地区特有的三语教育模式，相应的有关三语教育的研究也取得了令人瞩目的成绩。

目前，有关三语教育的各类型研究成果数量逐渐增多，种类渐趋多样化，核心期刊论文、论文集、专著、优秀硕博学位论文等相关学术成果公开发表，一系列研究成果成功转化为教学理论指导。此外，国内外研究多语的科研单位和学者们凝聚力量，成立了诸多有关多语和多语教育的机构和协会。在国内，有关多语和多语教育主题的学术会议、论坛在知名高校多次成功举办，协会主办的出版物、研修班、研讨会等作为学术思想交流的媒介，加强了三语教育研究者之间的联系，促进了多语教育朝着有组织、系统性的方向发展。

二、国内藏汉英三语教育研究阶段性成果

虽然国内有关藏汉英三语教育的研究起步晚、发展迟缓，但就近 20 年三语教育研究发展来说，在现阶段，相关学术研究取得了一定的成果。根据 CNKI 系列数据库中中国期刊全文数据库和中国优秀博硕士论文库的统计，从 2000 年到 2018 年[①]，以"三语教育""三语习得""藏汉英三语教育"或"藏区英语学习者"为关键词进行检索，筛选结果如下（表 3-1）。

---

① 笔者统计文献的截止日期为 2018 年 9 月 30 日，期刊文献中只统计了核心期刊文献。

表 3-1　藏汉英三语教育各类型学术成果统计（2000—2018 年）

年份	期刊论文（篇）	学位论文（篇）	论文集（册）	专著（本）	总计（篇、册、本）
2004	1	0	0	0	1
2006	1	0	0	0	1
2007	1	2	1	0	4
2008	3	1	0	0	4
2009	6	0	0	0	6
2010	5	2	0	0	7
2011	6	4	0	1	11
2012	4	1	0	0	5
2013	4	3	0	1	8
2014	4	2	1	2	9
2015	1	3	1	0	5
2016	6	0	0	0	6
2017	2	1	1	1	5
2018	1	0	0	0	1
合计	45	19	4	5	73

有关藏汉英三语教育的国内核心期刊论文共 45 篇[①]，主要发表在《教育研究》《现代外语》《外语教学与研究》《外语与外语教学》等语言类期刊，《贵州民族研究》《青海民族教育》等民族学类期刊，《心理学报》《应用心理学》等心理学期刊，以及《西藏大学学报》《西藏民族大学学报》《青海师范大学学报》《西南民族大学学报》等高校学报类期刊。优秀博硕学位论文共 19 篇（其中硕士论文 16 篇，博士论文 3 篇，详细信息如表 3-2、表 3-3 所示）。论文集共 4 册，析出文章共 31 篇，另有专著 5 本。

表 3-2　藏汉英三语教育相关硕士学位论文信息表（按时间顺序排列）

序号	作者	学位授予年份	论文中文题名	学位类型	学位授予单位
1	雍小琳	2007	中国少数民族学生英语学习策略探讨——个案分析	硕士	西南大学
2	杜洪波	2008	"藏—汉—英"三语环境下藏族中学生英语学习的认知基础和学习机制分析	硕士	西华大学

[①] 此处"核心期刊论文"指所统计或引用文献中论文的来源均属于北大中文核心期刊、中文社会科学引文索引（CSSCI）来源期刊、中国人文社会科学核心期刊及中国人文社会科学报核心期刊。

续表

序号	作者	学位授予年份	论文中文题名	学位类型	学位授予单位
3	徐杰鸿	2010	双语教育背景下藏族高中生英语学习现状调查及改进对策	硕士	北京师范大学
4	王慧芳	2011	西藏高中藏文班英语课堂媒介语对比调查研究	硕士	东北师范大学
5	李晓红	2011	甘肃省藏区三语教学的调查研究——以天祝藏族自治县民族中学为个案	硕士	西北师范大学
6	冯坤	2011	内地西藏班（校）藏汉英三语教育的课堂志研究——以重庆市西藏中学为例	硕士	西南大学
7	何佩群	2011	藏族小学英语教育的个案研究——以唐克九年一贯制学校为例	硕士	西南大学
8	许宁	2012	藏族学生三语习得过程中句法负迁移现象分析：以河北师范大学附属民族学院为例	硕士	长安大学
9	白欠欠	2013	语言迁移对藏族英语专业学生句法习得的影响	硕士	中南民族大学
10	杨娜	2013	藏族大学生藏汉双语词汇表征与语义通达的实验研究	硕士	青海师范大学
11	缑红艳	2013	西藏藏族初中生英语学习主要影响因素调查研究	硕士	西藏民族学院
12	白洁	2014	藏汉英三语背景下藏族大学生英语学习特点研究——以甘肃民族师范学院为例	硕士	兰州大学
13	唐鑫	2015	西藏地区藏族高中学生英语写作错误分析	硕士	苏州大学
14	东主卓玛	2015	青海藏族高中生英语学习动机研究	硕士	青海师范大学
15	周帅帅	2015	藏族中学生思维风格对英语学习的正负效应研究	硕士	福建师范大学
16	次嘎	2017	拉萨市藏族中学生三语使用情况调查与研究	硕士	西藏大学

表 3-3 藏汉英三语教育相关博士学位论文信息表（按时间顺序排列）

序号	作者	学位授予年份	论文中文题名	学位类型	学位授予单位
1	刘全国	2007	三语环境下外语教师课堂语码转换研究	博士	西北师范大学
2	崔占玲	2008	藏—汉—英三语者语言表征与加工的心理学研究	博士	华南师范大学
3	李增垠	2014	第三语言习得中的元语言意识研究——以藏族学生为例	博士	陕西师范大学

从数据可得，2000 年至 2005 年产出重要学术成果数量极少甚至没有，其中统计所得核心期刊仅有一篇，藏汉英三语教育研究依旧处在探索与积累阶段。期刊论文《西北民族地区外语基础教育现状调查——以甘肃省为例》（姜秋霞、刘全国、李志强，2006）以调查研究的方式初探西北民族地区的三语教育现状，这一研究成果对三语教育研究的发展来说，具有重要的开拓意义。自 2008 年开始，有关藏汉英三语教育的各类型研究数量开始增加，活跃的学术活动带动了研

究成果的产出，其中期刊论文和论文集析出文章占 84%，我国的三语教育研究从此进入了稳步发展阶段，各类学术成果增长趋势及各年数量统计如图 3-1 所示。

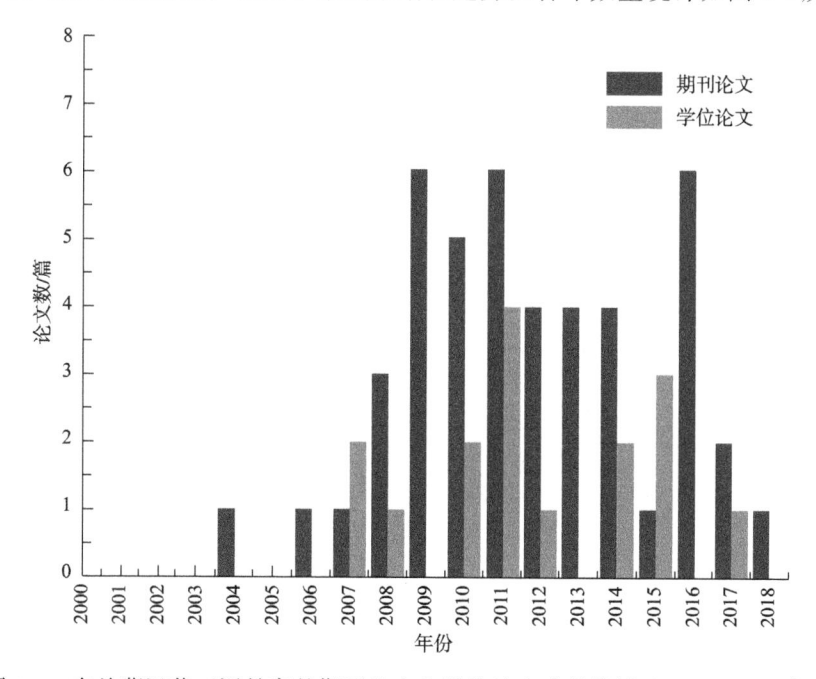

图 3-1 有关藏汉英三语教育的期刊论文和学位论文成果统计（2000—2018 年）

相较早期的三语教育研究探索，2008 年后的三语教育研究有了明显的进展。其一，研究中所使用的工具和方法多样，本节所统计文献的数据表明，有关实证研究的文章共 29 篇，多为调查研究、案例分析、实验研究等，具有代表性的研究成果如：刘全国、曹永成、才让扎西（2018）以甘肃省甘南藏族自治州某中学高二学生为研究对象，在英语课堂上开展的藏汉英三语平衡输入教学实验，弥补了国内三语课堂教学实验研究的空白。其二，研究对象的范围和层次不断扩大，包括小学、中学、高校各层次学生，地域分布于西藏、甘肃、四川、重庆等少数民族聚居地区。其三，研究选题有了极大的突破，学者们逐渐尝试从教育学、心理学、社会学、人类学等角度进行跨学科研究，探究三语教育问题。

以下就三语教育研究所取得的成果，从三语现象及三语教育相关学术会议、国内藏汉英三语教育基金项目、国内藏汉英三语教育博士和硕士论文三方面进行详细叙述。

（一）三语现象及三语教育相关学术会议

2009 年，首届中国少数民族地区三语现象及三语教育国际学术研讨会在香港教育学院（2016年香港教育学院更名为香港教育大学）成功举办。自此，中国少数民族地区三语现象及三语教育国际学术研讨会定期举办，为从事三语现象研究和三语教育研究的专家学者们提供了学术沟通和交流的重要平台。各届会议具体信息如表3-4所示。

表 3-4 历届中国少数民族地区三语现象及三语教育国际学术研讨会一览表

年份	研讨会	承办单位
2009	第一届中国少数民族地区三语现象及三语教育国际学术研讨会	香港教育学院
2010	第二届中国少数民族地区三语现象及三语教育国际学术研讨会	云南师范大学
2011	第三届中国少数民族地区三语现象及三语教育国际学术研讨会	西南大学
2013	第四届中国少数民族地区三语现象与三语教育国际学术研讨会	四川师范大学
2013	第五届中国少数民族地区三语现象与三语教育国际学术研讨会	延边大学
2015	第六届中国少数民族地区三语教育国际学术研讨会	青海民族大学
2016	第八届中国少数民族地区三语教育国际论坛暨中国区多语能力与多语教育研究会2016年年会	陕西师范大学
2017	第九届中国少数民族地区三语教育国际论坛暨中国区多语能力与多语教育研究会2017年年会	云南普洱学院
2018	第十届中国多语能力与多语教育国际学术研讨会	贵州民族大学

2010年，第二届中国少数民族地区三语现象及三语教育国际学术研讨会在云南师范大学成功举办，与会代表来自全国各地及德国、加拿大和美国，研究区域覆盖中国大部分存在三语现象的地区：吉林、内蒙古、新疆、西藏、甘肃、青海、云南、贵州、四川、香港等。

2011年，第三届中国少数民族地区三语现象及三语教育国际学术研讨会在西南大学举行，大会的主题是"中国少数民族地区三语现象与三语教育多案例调查研究"。

2013年3月7日至9日，第四届中国少数民族地区三语现象与三语教育国际学术研讨会在四川师范大学外国语学院成功举办，参会的近50名专家、学者来自英国、美国、德国、澳大利亚等国家，国内10余个省市及香港特别行政区。大会围绕"推动我国少数民族地区'三语教育'的改革与发展，促进国际学术界对三语现象与三语教育的学术研究，探索多元文化背景下三语教育的有效途径"的主题先后进行了学术报告与学术研讨，会议讨论内容包括"全国、省、市、自治区、县以及乡各个层面三语教学政策的制定""课程设置""多民族混杂区域的语言教学策略""影响政策制定的因素或形式""学校制定教学语言的相关政策""学校招聘三语教师的相关政策""三语教学课程设置""如何对三语教师进行有效的培训""如何建构有效的三语教学环境""影响三语教学的负面因素""计划试验强势三语教育、行为研究以及创新性方法以发展添加性三语能力""评估正在实施过程中的三语计划与项目的有效性""四川三州三语教学研究与实践"等多方面的议题（王慧、金黛莱、孔令翠，2013）。

2013年10月，第五届中国少数民族地区三语现象与三语教育国际学术研讨会在延边大学成功举办①。延边教育科学研究所基础教育研究室主任俞永虎教授与延边大学外国语学院的崔雪波、李红梅、张明华三位教师分别作了《延边州朝鲜族三语教育发展回顾与展望》《延边朝鲜族中小学朝鲜语教育模式研究》《延边朝鲜族学校汉语教育教学研究》《延吉市朝鲜族小学外语教学课堂模式分析》的主题报告，并结合延边朝鲜族自治州的历史背景、地区特色和发展现状，对延边朝鲜族的教学模式的发展与探索进行了深入讨论。在主题报告的基础上，课题组将探讨三语现象与三语教学的范围扩展到了云南、内蒙古等其他少数民族聚居地。冯安伟教授、Jacob Finifrock、Helen Yi Yayuan和胡德映教授分别作了主题发言，参会人员围绕少数民族双语与三语教学、文化传承、民族认同感等话题进行讨论。其后，20名课题组成员赴新兴小学进行了朝鲜语文、汉语文、英语三种语言课程课堂观摩，并就观摩内容与新兴小学相关领导和教师举行了座谈。研讨会上，国内三语教育研究者和国外学者对延边及其他少数民族聚居区的文化与教育问题进行探讨交流，其间提出的建议和构想，对促进我国少数民族地区教育的发展具有重大意义。

2015年6月，第六届中国少数民族地区三语教育国际学术研讨会在青海民族大学成功举办②，研讨会主题为"三语教育理论在中国少数民族地区的实践"，研讨会分四个论坛进行。Bob Adamson、Stephen Bahry、冯安伟、马福、吴晓红、朱喜奎、刘全国等与会学者们就三语教育理论、中国少数民族地区三语教育实施的个案情况、三语政策、课程标准设计、教师培训等内容，从微观、局部、宏观角度进行了12场主题发言和讨论，开拓了参会人员的视野，为未来三语教育研究规划出了重点和方向。研讨会上，青海民族大学马福根据调研数据和教师培训反馈，介绍了藏区双语教育现状和存在的问题，指出我国少数民族地区双语或多语学校中英语教师的培训所面临的困难，综合教师培训意见和反馈信息，为实际教育政策的制定提供了相应的对策。吴晓红以《三语教育在青海师范大学的实际应用》为发言主题，对三语卓越人才专业成立的背景与发展做了详细介绍，包括对该专业学生的语言水平测评方式、培养目标、课程设置、教材使用等，同时对存在问题提出改进意见。刘全国报告了甘肃地区藏汉英三语教学项目的进展情况和阶段性成果，展示了课题组在甘肃省合作藏族中学开展的藏汉英三语教学实验的研究过程、数据分析结果及实验结论。

---

① 资料来源：http://wgyxy.ybu.edu.cn/info/1010/1212.htm。
② 资料来源：http://www.qhnu.edu.cn/meitishida/2015-06-16/3035.htm。

藏汉英三语教育研究

2016年6月11日至12日，第八届中国少数民族地区三语教育国际论坛暨中国区多语能力与多语教育研究会2016年年会在陕西师范大学隆重召开。本次国际论坛由中国区多语能力与多语教育研究会主办，陕西师范大学外国语学院与陕西师范大学外语教育研究中心联合承办。来自香港教育大学、宁波诺丁汉大学、西南大学、云南师范大学、青海民族大学等十多所高校的有关专家、学者、教师和研究生参加了此次论坛。论坛期间，从事三语教育教学与研究的中外专家学者围绕"三语教育的理论探索与实践模式""三语教育课程开发与实施""三语环境下教师教育与教师培训""第三语言习得研究""三语教育相关研究课题成果交流"等五个议题，发表了23场主旨发言，并进行了深入探讨和交流。

研讨会上，宁波诺丁汉大学冯安伟教授首先做了《中国区多语能力与多语教育研究会研究SWOT分析》的分析报告，详细介绍了现阶段在三语教育研究上所取得的成绩以及遇到的机遇和挑战，围绕青海、四川、新疆的三语教师培训项目展开讨论。云南民族大学李强教授结合中国的语言国情，分析总结了少数民族三语或多语教育的特点和规律，进一步阐释在当今中国开展少数民族多语教育研究与实践的理论意义和实践价值。在理论探讨方面，延边大学张贞爱教授基于语言类型间的距离，分析了第三语言（英语）的习得特征，为三语教育研究提供了可供参考的依据。青海师范大学李增垠教授从心理学和认知理论出发，指出三语习得过程中的元语言意识对语音、词汇、句法、语用等方面会产生影响。在学校教育方面，云南师范大学原一川教授作了关于《云南藏区三语教育语言生态评估》的报告，介绍了迪庆州实行的双语教育教学模式，对教学规模、教师队伍、双语教育开展状况做出评估，同时从宗教、文化、媒体等对迪庆州的语言景观进行描写，综合讨论了双语教育存在的问题，并给出改进的建议。青海民族大学马福教授宣读了《双语学校英语教师培训困境》，指出我国少数民族地区双语或多语学校中英语教师的培训存在的困难，为实际教育政策的制定提供对策。陕西师范大学刘全国教授作了《藏族学生藏汉英三语语言态度对比研究》主旨发言，对西藏自治区和甘南藏族自治州藏族学生的三语态度进行了深入的对比分析。

除了关于藏汉英三语教育的研究报告，还有学者汇报了涉及其他语言的三语研究成果，如延边大学金秀东和张贞爱以《延边地区朝鲜族中学日语教育的发展历程》为题作了报告，分析了延边地区多语环境下的语言教学现状、教材编译、日语教育面临困难等，并探寻适合当地教育实际的最佳日语教育模式。曲靖师范学院王进军教授、苏玲副教授介绍了关于三语教育背景下彝族学生的语言态度的研究，并展示了利用问卷和访谈的形式收集的数据和分析结果。广西大学黄斌兰教授用社会身份理论解释了民族身份和语言态度的具体内容，报告中介绍了关于广西壮族大学生语言态度和民族身份认同的研究，包括定性和定量相结合的研究方法、数据分析和研究结论。

2017年10月20日，第九届中国少数民族地区三语教育国际论坛暨中国区多语能力与多语教育研究会2017年年会在云南普洱学院举行①。论坛期间，来自不同地域从事少数民族三语教育教学与研究的中外专家学者共聚一堂，围绕多语教育研究与实践、三语实践模式的有效性及相关问题、三语研究方法、三语教育相关研究课题成果交流等议题，发表了20余场主旨演讲，并展开了深入的讨论。论坛中共有28篇会议论文收录进论文提要集，有关藏汉英三语教育的成果不在少数。《云南迪庆藏区三语教育语言生态评估报告》，研究采用定性和定量结合的分析方法，运用教育人类学的方法采集所需数据，对影响三语语言变化的外部生态环境因素、语言的本体状态、对各种语言生态问题采取的政策和措施进行评估。研究中对迪庆藏区三语的语言生态监测数据进行分析和评估，对于推动藏区各级学校改革发展、维护藏区稳定具有积极的作用。《基于三语教育生态评估的云南迪庆藏区外语教育政策研究》是原一川教授主持的国家社科基金课题"云南迪庆藏区三语教育语言生态评估与外语教育规划"中的一部分，该部分主要探讨迪庆藏区三语教育的语言生态现状，对外语教育发展及政策规划提出建议。《三语背景下云南迪庆藏族中学生民族认同和国家认同现状及影响因素分析》，研究中采取定量研究中的问卷法考察了三语背景下云南迪庆藏族中学民族认同、国家认同现状及影响因素，结果显示民族认同感和国家认同感受到性别、城乡、学段及主要使用语言的影响，研究指出对特定群体的学生要加强民族认同、国家认同教育。

少数民族地区"民汉外"三语教育是我国民族地区外语教育的基本模式，越来越受到学界的重视。自2009年至今，中国少数民族地区三语教育国际论坛已成功举办了九届，承办单位分布于我国重庆市、吉林省延边朝鲜族自治州、青海省西宁市、陕西省西安市、四川省成都市、浙江省宁波市、云南省昆明市和普洱市，以及我国香港特别行政区等重要城市及地区，这些城市及地区具备得天独厚的三语现象及三语教育的学术环境和资源，当地的高等院校成为开展三语研究的重要科研基地，为国内多语研究活动的开展提供了便利条件。

借助学术会议所搭建的学术平台，三语和多语教育的学术思想互相碰撞，产出的理论与实践成果相继增多，呈现出异彩纷呈的可喜局面，对于指导和推进我国少数民族地区三语教育发展具有重大意义。

（二）国内藏汉英三语教育基金项目

随着国家对少数民族地区民族教育与语言教育的重视，藏汉英三语教育研究

---

① 资料来源：http://wyxy.peuni.cn/info/1990/2691.htm。

在国家科研基金的支持下稳步发展，基金项目数量逐年增多，各类课题研究从三语教育实地调研和实验发现的问题为出发点，研究成果以服务三语教学实践为落脚点，最终回归到教学实践中，将研究成果转化为切实可用的教学策略、管理模式、改革措施等。据笔者统计①，在 2004 年至 2018 年的核心期刊论文或优秀学术成果中，43%属于基金项目成果，这些有关藏汉英三语教育的各类型基金项目共 24 个②，各年基金项目数量情况如图 3-2 所示。

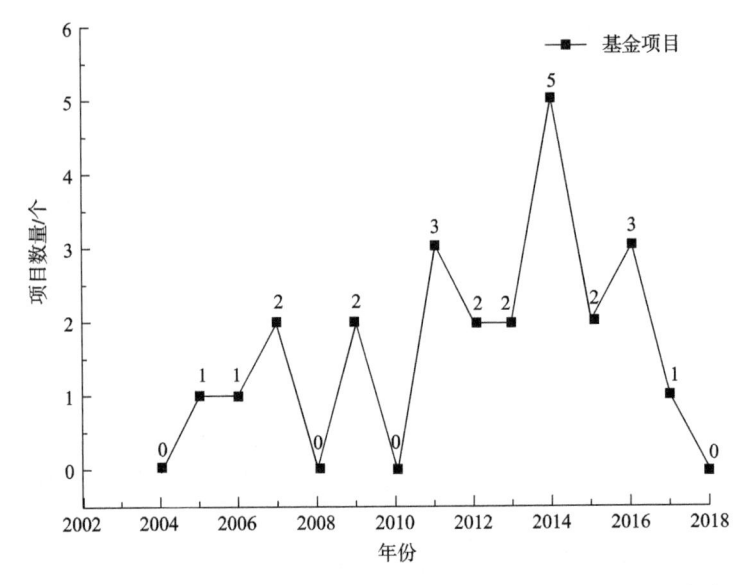

图 3-2　藏汉英三语教育相关基金项目成果统计（2004—2018 年）

其中，国家社会科学基金类项目共 12 项（表 3-5），教育部基金项目共 8 项（表 3-6），国家民委社科基金项目 1 项，西藏自治区教育科学研究"十二五"规划课题项目 1 项，四川省教育厅科研项目 1 项，省级高校课题项目 1 项，各项目具体信息情况如表 3-7 所示。

表 3-5　藏汉英三语教育的国家社会科学基金类项目一览表

序号	年份	项目负责人或成员	单位	项目类别	项目名	项目（批准号）
1	2006	刘全国	西北师范大学外国语学院	西部项目	民族地区"三语"环境下语言接触：田野工作与理论研究	国家社会科学基金项目（06XYY005）

---

① 笔者统计文献的截止日期为 2018 年 9 月 30 日。
② 个别项目同时获多个基金资助，此处不做重复统计。比如，2007 年崔占玲、张积家、韩淼参加的项目"汉—英和藏—汉—英双语者中、英文语码切换及代价研究"，同时为"教育部哲学社会科学研究重大课题攻关项目（05JZD00034）"和"广东省自然科学基金团队项目（06200524）"，书中笔者按"教育部哲学社会科学研究重大课题攻关项目（05JZD00034）"一项统计。

第三章 国内藏汉英三语教育研究综述

续表

序号	年份	项目负责人或成员	单位	项目类别	项目名	项目（批准号）
2	2007	史民英	西藏大学旅游与外语学院	西部项目	西藏地区藏、汉、英三语教学绩效分析与研究	国家社会科学基金项目（07XYY007）
3	2011	黄信	四川民族学院康巴发展研究中心	全国教育科学规划项目	面向四川藏区的中小学英语教师教育实验研究	全国教育科学规划项目（GPA115077）
4	2011	刘全国	西北师范大学外国语学院	重大特别委托项目	西藏自治区双语教育研究：模式构想与政策建议	国家社会科学基金项目（XZ1122）
5	2014	原一川	云南师范大学	一般项目	云南藏区三语教育语言生态评估与外语政策研究	国家社会科学基金项目（14BYY068）
6	2014	许丽英	中央民族大学教育学院	重大特别委托项目	内地西藏班教学模式与成效调查研究	国家社会科学基金重大特别委托项目（XZ1119）
7	2014	姚春林	河北联合大学中国社会科学院	重大特别委托项目	藏语文使用活力的调查研究	国家社会科学基金重大特别委托项目（XZ0901）
8	2015	黎明	西南交通大学	一般项目	藏汉双语者及藏汉英三语者心理词汇语义表征的SOA多点测试法与ERP对比研究	国家社会科学基金重大项目（15BYY068）
9	2015	秦祖宣	西南民族大学外国语学院	青年基金项目	中国学生英语朗读口语的韵律特征研究	国家社会科学基金青年项目（13CYY086）
10	2016	陈建林	兰州大学外国语学院	一般项目	藏族中学英语三语习得与教学研究	国家社会科学基金项目（16BYY085）
11	2016	马吉德	青海师范大学	全国教育科学规划项目	藏汉大学生英语专业教育策略对比研究	全国教育科学规划项目（CMA110170）
12	2017	张正勇 熊莺 原源	滇西科技师范学院 云南师范大学	一般项目	三语背景下云南迪庆藏族中学生民族认同和国家认同现状及影响因素分析	国家社会科学基金一般项目（14BYY068）

表3-6 藏汉英三语教育的教育部基金项目一览表

序号	年份	项目负责人或成员	单位	项目类别	项目名	项目（批准号）
1	2005	刘全国	西北师范大学外国语学院	青年基金项目	西北藏族地区英语三语教学田野工作研究	教育部人文社会科学研究青年基金项目（05JC740042）
2	2007	崔占玲 张积家 韩淼	华南师范大学心理应用研究中心	重大课题攻关项目	汉—英和藏—汉—英双语者中、英文语码切换及代价研究	教育部哲学社会科学研究重大课题攻关项目（05JZD00034）
3	2009	强巴央金 白玛曲珍 肖铖等	西藏大学旅游与外语学院	一般项目	西藏中小学英语教学现状与对策	教育部人文社会科学一般项目（07JC40023）

续表

序号	年份	项目负责人或成员	单位	项目类别	项目名	项目（批准号）
4	2009	崔占玲 张积家	河北师范大学 中国科学院心理研究所	重点研究基地项目	藏—汉—英三语者语言联系模式探讨	教育部人文社会科学重点研究基地项目（08JJOXLX269）
5	2012	黄健 王慧 孔令翠	乐山师范学院 重庆邮电大学	一般项目	实施藏汉语三语教育促进跨文化理解与中华文化认同研究——以四川藏区为例	教育部人文社会科学研究一般项目（10YJA740090）
6	2012	李增垠	青海师范大学外国语学院	一般项目	青海地区双语语境下第三语言认知规律问题研究	教育部人文社会科学研究基金项目（12YJA850014）
7	2013	刘全国	西北师范大学外国语学院/陕西师范大学外国语学院	一般项目	我国少数民族地区民—汉—英三语教育的模式构想与实施建议——以西藏自治区和甘肃藏区为例	教育部民族教育发展中心"荣达教育资助基金"课题（RDSY13020）
8	2014	杨臻	北京外国语大学中国外语教育研究中心	西藏项目	多元文化背景下少数民族大学生三语习得障碍与对策研究——以西藏地区为例	教育部人文社会科学研究西藏项目（14XZJC740001）

表 3-7 藏汉英三语教育的其他基金项目一览表

序号	年份	项目负责人或成员	单位	项目类别	项目名	项目（批准号）
1	2011	李小芳	中南民族大学外语学院	国家民委基金项目	我国人口较少民族英语教育研究	国家民委社科基金项目（2010ZN01）
2	2013	赵家红 尹辉 扎西卓玛等	西藏民族学院外语学院 西藏职业技术学院	"十二五"规划课题	藏、汉、英三语语码转换心理机制对藏族大学生英语学习的影响及对策研究	西藏自治区教育科学研究"十二五"规划课题（2011076）
3	2014	何晓军	乐山师范学院外国语学院	四川省教育厅科研项目	三语习得视角下的四川民族学生英语读写迁移影响研究——以藏族、彝族学生为例	四川省教育厅科研项目（11SA194）
4	2016	李葆卫	西藏民族大学外国语学院	西藏民族大学课题	"中国政府西藏白皮书"汉英平行语料库的建设及应用研究	西藏民族大学西藏文化传承发展协同创新中心立项课题（XT15003）

（三）国内藏汉英三语教育博士、硕士学位论文

根据 CNKI 系列数据库和国内学位论文数据库检索，自 2000 年至 2018 年，国内有关藏汉英三语现象或三语教育的硕士学位论文 16 篇（详见表 3-2、附录二），而博士学位论文成果仅 3 篇，分别为《三语环境下外语教师课堂语码转换研究》《藏—汉—英三语者语言表征与加工的心理学研究》《第三语言习得中的元语言意识研究——以藏族学生为例》（详见表 3-3、附录二）。这三篇博

士学位论文分别从不同学科视角对三语教育，尤其是少数民族地区三语教学中的现象和问题做了深入而系统的探究，对后来的三语现象或三语教育研究具有重要的借鉴价值。

1.《三语环境下外语教师课堂语码转换研究》

国内关于三语课堂语码转换的研究论文数量稀少，刘全国在 2007 年撰写的博士学位论文《三语环境下外语教师课堂语码转换研究》是国内三语研究中首次关涉三语环境下外语教师课堂语码转换现象的研究成果。就研究意义而言，该研究在丰富和发展语码转换和课堂语码转换研究的基础上，对三语教学理论构想和实施，以及民族外语教育的启示等方面都有重要的理论和现实意义。该研究的特色与创新之处表现在：对三语环境下教师课堂语码转换的影响模式及生成机制的构建，对三语教学的文化生态分析，对三语教师话语特征的解读，对三语环境下外语教育的课程特征、语言价值和文化追求的阐释，以及研究方法设计等方面。

论文以《语码转换研究五十年》和《课堂语码转换研究二十年》为章题，对语码转换研究的缘起、语码转换的界说、语码转换研究的发展和语码转换的分类等进行了阐释，并对不同学科视野中语码转换研究的传统和方法进行了述评，同时论及社会语言学、心理语言学、语法学、会话分析、语用学等语言学分支学科有关语码转换的经典理论和研究成果，其中呈现了语言教育领域对课堂语码转换研究的基本理论和经典个案。论文从双语课堂交往的角度出发，采用理论阐释和个案呈现相结合的方式，论述了语码转换的课堂语篇功能、课堂语篇中语码转换的交际研究、课堂语码转换的会话分析研究、教育人种志研究观照下的课堂语码转换研究以及课堂语码转换的社会文化解读等问题。

研究设计部分从理论基础，研究问题，研究架构，研究方法，样本地区、学校和个案对象的选定，数据采集、数据的整理和分析等六个方面进行描述。研究建立在教育人类学、接触语言学理论、课堂话语会话分析理论、语言顺应理论等理论基础上，研究问题涉及三语环境下外语教师课堂语码转换的分布特征、影响模式及生成机制，以及对这一现象的教育学学理思辨等。研究架构是该论文的一大亮点，研究中对三语环境下外语教师课堂语码转换采用"三步骤、两层面、六因素"立体多维模式的总体研究架构和基本思路，如表 3-8 所示。宏观上采取"特征描写""模式构建""学理思辨"三个步骤，中观上体现在"语言因素"和"非语言因素"两个层面，微观上关注"三语相对水平""三语接触时长""对三种语言的价值判断和态度""教育背景和民族身份""对三种文化的价值判断和态度""课堂交际语境"六个因素。

表 3-8 "三步骤、两层面、六因素"的立体多维模式架构

方向	宏观"三步骤"	中观"两层面"	微观"六因素"
↑	学理思辨		
	模式构建	语言因素	三语相对水平
			三语接触时长
			对三种语言的价值判断和态度
		非语言因素	教育背景和民族身份
			对三种文化的价值判断和态度
			课堂交际语境
	特征描写		

资料来源：刘全国，2007：80

在研究方法上，作者综合运用了个案研究和理论研究相结合的设计方法，以"研究设计方法—数据采集方法—数据分析方法"的三维方法论体系指引研究工作（表 3-9），采用教育人类学中的田野工作、参与型课堂观察和半结构访谈等数据采集方法，以及描述性统计分析和语料会话分析等数据分析方法。

表 3-9 研究中多维方法论构架及其功能作用

维度	研究方法		功能作用
研究设计方法	个案研究		获取构建理论所需的研究素材和数据
	理论研究		对个案研究的结果进行学理思辨和抽象概括
数据采集方法	教育人类学研究方法	田野工作	在最真实的状态下接近、了解和研究研究对象，尽可能保持研究的原生态特性
		参与型课堂观察 纸质记录	记录教师课堂语码转换的时间、语言形态、情景、频数等
		参与型课堂观察 视频记录	课堂全程视频记录，课后进行深度访谈时再现课堂情形
		半结构访谈	了解教师的三语态度和多元文化态度；根据视频记录再现的课堂情景，甄别影响教师语码转换的语言和非语言因素
数据分析方法	描述数理统计		对语码转换的频次和语言运用的时长进行描述
	语料会话分析		对三语课堂上的语料进行会话分析

资料来源：刘全国，2012：85

研究中选取甘南藏族自治州玛曲县寄宿制藏族中学和玛曲县寄宿制藏族小学

两所学校的六名英语教师为个案研究对象，对藏语、汉语、英语三种语言在课堂上的语码转换现象进行课堂记录观察和访谈，然后对采集到的数据进行整理和分析。在统计分析的基础上，论文对三语环境下教师课堂语码转换的特征进行描写，描写的维度涉及六种语码转换形态的分布、三种语码转换结构类型的分布、两种语码转换功能类型的分布，以及三种语言保持时长和六种影响因素变量的分布等。其后，论文分析了六种影响因素变量平均影响水平的三个主要因素（民族身份和教育背景、三语相对水平和三语接触时长）对教师课堂语码转换形态的影响模式，然后构建出三个主要影响因素变量对教师课堂语码转换形态的整合影响模式和生成机制，每一个层面的模式构建都采用"频数交互分布—模式图式表达和描写—语料求证"的研究步骤，遵循"数据—理论—语料"的逻辑思路。最后，论文就课堂语码转换相关的一些问题进行教育学学理思辨。

论文最后一章得出研究结论：在三语环境下，教师课堂语码转换、课堂语言形态选择和语码转换模式与三语教师的三语水平关系密切。民族身份和教育背景是影响三语教师汉英课堂语码转换的主要变量，三语接触时长和三语相对水平是影响英藏语码转换的主要变量，而藏英语码转换的主要影响因素是民族身份、教育背景以及三语接触时长，英汉语码转换的主要影响因素是三语接触时长，汉藏语码转换的主要影响因素是三语相对水平。同时，微观层面语码转换的生成机制是通过三个主要因素变量在三语教师心理上形成的投射、三语概念体系和三语选择心理等心理过程实现的。结论部分指出了目前我国三语教育存在的问题，总结了师资、民族外语课程、文化作用等方面的问题，并给出针对性对策，如对三语教师进行职后继续教育、重新审视民族外语教育的语言价值、规范和指导民族语言教育中的三语教学。

2.《藏—汉—英三语者语言表征与加工的心理学研究》

2008年，崔占玲获华南师范大学基础心理学专业博士学位，其博士学位论文从心理学的角度关注于三语者的语言表征与加工，尤其是对少数民族学生语言学习的内部加工机制的揭示。该研究以藏汉英三语者为被试，采用不同的实验范式和实验材料，探讨三语者的语言表征、语言之间的联系模式以及言语理解和言语产生中语码切换的特点，从而揭示三语者的语言表征与语言加工机制，以及三语者与双语者在语言认知过程中所表现出的异同点。

研究共包含4组实验（表3-10），实验1采用跨语言重复启动的内隐研究范式，发现藏汉英三语者的语义共享分布表征、词汇独立表征。实验2采用的研究范式与实验1相同，发现藏汉英三语者两两语言之间的联系模式是复合式。其中，藏语与汉语为语义中介联系模式，汉语与英语为词汇联系模式，藏语与英语之间没有直接联系。实验3采用真假字词判断任务，考察言语理解中藏汉英三语者的语码切换特点，同时选取汉英双语者完成汉、英切换任务，以比较三语者与双语者的异同点。实验 4 采用图片命名任务，考察言语产生中藏汉英三语者的语码切换特点，同时选取汉英双语者完成汉、英切换任务，以比较三语者与双语者的异同点。

表 3-10　四组实验具体情况一览表

实验	实验手段	实验发现	结论
实验 1	跨语言重复启动	藏汉英三语者的语义共享分布表征、词汇独立表征	藏汉英三语者的语言表征特点与双语者的语言表征特点基本相同
实验 2	跨语言重复启动	藏汉英三语者两两语言之间的联系模式是复合式	藏汉英三语者的语言联系模式与双语者既相似又有不同之处
实验 3	真假字词判断任务	对三语者而言，在不同的两两语言之间切换时，切换特点不同；但是，三语者与双语者的切换特点基本相似	在言语理解中，三语者与双语者的语言加工具有相似之处
实验 4	图片命名任务	对三语者而言，在不同的两两语言之间切换时，切换特点不同；但是，三语者与双语者的切换特点基本相似	在言语产生中，三语者与双语者的语言加工具有相似之处

基于实验研究结果，作者提出了三语者的语言表征结构模型，指出第三语言学习者媒介语选择的重要性，并建议采用本民族语言作为少数民族学生的英语学习媒介语。目前，藏汉英三语教育研究中有关对三语者语言认知机制的研究还相当匮乏，此论文成果为三语教育，特别是少数民族地区英语教学提供了理论依据和实践借鉴。

3.《第三语言习得中的元语言意识研究——以藏族学生为例》

2011 年至 2014 年，李增垠于陕西师范大学外国语学院攻读博士学位，其博士学位论文以三语习得为理论框架，根据五个研究问题，对藏族单语学生和双语学生学习英语后的元语言意识及其差异进行综合横向对比研究，以发现少数民族学生在双语语境下对第三语言的认知优势，为我国少数民族地区三语教育提供理论指导和教学实践方面的参考。论文的理论基础、研究工具、数据采集、研究结论等基本内容梳理如表 3-11 所示。

表 3-11　论文基本内容一览表

理论基础	Cummins 提出的"阈限"假设和语言相互依存假设、Bialystok 提出的分析和控制模式理论、Herdina 和 Jessner 提出的多语动态模式理论以及其他相关理论
研究工具	元语言意识测试综合量表（背景问卷和元语言意识测试试卷）
数据采集	青海省果洛藏族自治州久治县民族寄宿制中学 200 名藏族中学生参加测试

续表

研究结论	平衡双语者（藏汉双语熟练）比非平衡双语者（藏语熟练，汉语不熟练）表现出元语言意识优势； 平衡双语者比单语者（以藏语为母语）表现出元语言意识优势； 整体来看，单语者与非平衡双语者的元语言意识不存在明显差异，但在句法、词汇和语用意识上的差异具有一定的显著性意义； 八年级双语者比七年级双语者表现出元语言意识优势，但在语音意识和语用意识上的优势并不明显； 依据测定的元语言意识状况，基本证实藏—汉—英三语习得过程中具有"阈限"，二语汉语能在三语英语学习中产生积极影响

研究中所用元语言意识测试综合量表以 Pinto 等学者开发的元语言意识测试工具 MAT-2 为蓝本，测试试卷包括背景问卷和元语言意识测试试卷两大部分。背景问卷涉及被试的性别、民族、年龄、年级、出生地、学习模式、语言水平、语言环境、二语汉语和三语英语学习的起始时间等内容。元语言意识测试包括句法意识、词汇意识、语音意识和语用意识四大部分，共 14 项任务。在目标学校采集数据时，来自七年级和八年级的 200 名藏族学生参加了测试，共回收 194 份有效试卷。在围绕研究问题分析数据时，作者根据学生的藏语和汉语水平，将他们分成五个组别，并依据每个分项的测试结果分别进行三组横向比较。研究结论为：单语藏族学生、非平衡双语藏族学生、平衡双语藏族学生在单语或双语环境下学习英语后，元语言意识的状况及发展特点随语言数量的增加、年龄的增长、语言水平的提高呈现出发展趋势，但在句法意识、词汇意识、语音意识和语用意识四个层面上的具体状况和表现不尽相同。

此研究对我国少数民族地区双语教育和三语教育具有一定的启示意义，研究发现平衡双语者在学习语言时表现出元语言意识优势，解释了语言环境、平衡输入条件、认知策略等因素在多语者学习新语言时的重要性，对发展我国民族地区三语教育具有借鉴意义。

然而，与发展成熟的双语研究相比，藏汉英三语研究才刚刚起步，实践基础和理论基础还很薄弱，未形成系统的研究思想；同时，受语言因素的影响，熟练掌握藏语、汉语、英语三种语言的研究者非常少，难以开展深入研究。目前基于藏汉英三语教育的研究还存在较多有待改进和完善的地方，无法指导和引领不断发展的三语教育实践，在数量和质量上有待扩充和提高。

第二节 国内藏汉英三语教育研究主要内容

近十年来，国内针对"三语教育"的研究逐渐增多，"三语习得""三语者""语言迁移""民族教育""语码转换"等成为研究热点话题，笔者通过检索 CNKI 系列数据库中有关藏汉英三语教育的研究，统计了目前研究主题中的高频词，并制作为词云图（图 3-3）。

图 3-3 藏汉英三语教育研究词云图

根据研究内容的重要性和相关性，国内藏汉英三语教育研究可归纳为以下五个方面。

一、藏汉英三语教育

这里所指的藏汉英三语教育不仅指发生在藏族地区外语课堂上的三语教学并行使用和教授的情况，还包括三语政策制定、教学大纲和课程体系的建立、三语教材的开发、三语师资培养等。在目前的教育研究中，研究者多以藏族地区三语教育现象为研究对象，深入教学环境，利用问卷、访谈、课堂志等数据搜集方法，开展田野调查、课堂观察、教学实验等质性和量化研究，以总结分析目前三语教育的特殊性和复杂性。

由于研究者视角不同，关于三语教育的研究内容主要涉及三语教育现状分析、三语教育价值与意义讨论、三语教育模式、三语课堂文化构建、三语教学中存在的问题以及相应对策等。

（一）三语教育现状研究

民族地区教育资源不均衡，教育水平差异大，在大纲、教材、师资等方面都无统一标准，开展调研对解决当地三语教育存在的问题和促进民族教育发展具有深刻的意义。目前，许多研究者致力于调查和分析我国三语教育教学现状，从学校、课堂、教师、学生等角度，总结和归纳出其特点与不足，并提出一些比较宏观的建议和对策。如姜秋霞、刘全国、李志强（2006）在甘肃民族地区开展外语基础教育现状的调查研究，调查对象为甘肃省五个少数民族州县的21所中小学，对选入样本的学校的学生、教师和教务管理人员进行问卷调查，并在每所学校进行个别访谈和随堂听课。研究结合调查结果分析了民族学生学习特点和外语教师资源现状，并提出两点主要建议：一是要借鉴国内外先进的教学理论，探索多元文化环境下的三语教学理论；二是要利用好现代远程教育工程培养外语师资。这一研究在国内三语教育领域具有重要影响，调查中所选样本涵盖甘肃民族地区中小学生，样本大小和特征具有一定的代表性，较为全面地分析了三语教育的情况。在学生层面，研究从外语学习动机、语言文化态度以及学习困难等方面总结了民族学生的学习特点；在教师层面，从外语师资的学历和专业水平、三语教学理论基础及教学方法等分析了外语师资现状。该研究中首次提到三语语码转换，它是我国民族地区外语教育的特殊形式，因其复杂的认知方式和内在机制，在国内为较为前沿的研究领域。

此外，三语教育现状研究还包括对教材和教学方法的调查评估，如强巴央金等（2010）以访谈及问卷调查的方式，共调查了拉萨市区6所学校中的58名英语教师和300名学生，依据调查问卷分析和访谈结果，阐述了拉萨市区各中小学教师及学生对所使用教材的意见以及在英语教学方法中存在的问题，并提出了改进的建议。研究将教师和学生对教材和教学方法的评价问卷进行量化统计，以素质教育理念为标准，从教学观念、教学目标、教学方法、教材选用等方面提出改进三语教育现状的对策，指导当地英语教学及教师培训工作。教材和教学方法是教育活动中重要的因素，新课标对教师所用的教学方法和课堂设计提出了新的要求，然而，目前国内教材的编写忽略了西北藏区英语教育的特殊性，不合适的教材会增加藏族学生学习英语的困难。另外，当地教师受专业素质所限，以教师为中心，采用"满堂灌"讲授为主的教学方法，不能很好地顺应语言习得规律和少数民族地区学生的认知方式，也会对教学质量产生影响，阻碍三语习得发展。刘全国（2013）针对三语环境下少数民族地区英语师资现状，分析了制约课改的因素，提出外语师资补偿机制：提高师资数量和质量，建立良好的师资结构，对于推动教育教学工作具有重要作用。

类似的调查研究还有个案研究，研究者以某民族中学为个案研究对象，通过实证调查，深入了解当地学校三语教学的现状，分析这种现状背后的深层原因，并针对存在的问题提出相应的改进建议。曾海萍以西藏林芝地区藏族高中英语教学为研究对象，从课程、教师、学生和环境四个维度分析了三语教育下英语教学面临的难题，并给出应对策略（曾海萍，2010）。在个案研究中，研究者使用人类学的有关理论和实地调查方法，从特殊性中归纳普遍性，描述目前三语教学实施的状况、主要特征、优点、缺点等，提出有利于三语教学及民族教育发展的建议。

此类调查研究以发现问题、提出对策为研究目的，旨在把握目前三语教育现状的全貌，对藏汉英三语教育的整体发展有所了解，同时结合教育学原理提出促进三语教育发展的对策和解决存在问题的办法。研究方法以问卷调查、访谈、课堂观察、文献分析等为主，研究对象所选样本以中小学师生为主。然而，藏汉英三语教育研究具有特殊性、复杂性和长期性，目前关于三语教育的研究只解决了"是什么"的问题，接下来还需继续研究"如何做"的问题：

①如何在民族地区多元文化背景中实现藏汉英三语教育教学目标？
②如何消除藏汉英三语教学任务与国家统一课程标准之间的矛盾？
③如何完成提高民族教育质量、传承民族文化、培养跨文化人才的多重任务？

（二）三语教育模式研究

民族地区学生学习英语的环境是三种语言融合的文化交流环境，语言能力和认知水平的差异形成了三语迁移模式。不同于二语迁移，三语迁移更加复杂，第三语言同时受到母语和二语的干扰，三种语言两两之间的差异在一定程度上会对学生的思维方式产生影响。有一部分研究是关于我国藏汉英三语教学的特殊性，探讨其中存在的问题以及给出相应对策。

张小华（2016）以青海民族大学外国语学院藏族学生为例，分析影响三语习得的干扰因素，并提出相应对策。研究表明，青海民族大学外国语学院"三语习得"课题组进行为期两年半的调研，归纳出目前民族地区的多语教育模式大致分为四种：递增模式、平衡模式、过渡模式、续减模式，在青海藏区的语境中比较常见的是第二种模式即平衡模式。这个模式有三个特点：

①汉族和少数民族人口比例均衡，社会多元化发展；
②两种授课方式，即民族语言和汉语在课程时间分布上相同；
③英语为主要外语课程，课堂上藏汉英语码混合。

平衡模式的语言环境对于三语教育来说，是良好的外在支持条件，有利于三语习得和民族语言文化的传承发展。但是，不容忽视的是，学生内在的语言认知能力会影响三语习得，民族地区学生对三语和二语习得的差异认识模糊，学习动机受到多元文化背景、教育价值观等影响，个体三语习得效果难以达到平衡模式下应有的水平。

在探索三语模式的研究中，研究者倾向于选择不同层次的三语学习对象，样本主要分布在西北藏族聚居地区，以调查研究为主。以史民英、邢爱青（2011）为代表的课题组成员为了解决西藏地区三语教学存在的问题，对西藏山南、林芝、日喀则、那曲和拉萨 5 地市的三语教学进行了抽样调查。运用问卷、访谈、语言测试题的形式调查了不同地区、不同层次的学生，对他们进行了三语测试，借以评估西藏地区三语教学的质量和基本成效。王慧、孔令翠（2013）分析了藏汉英三语环境下藏族学生英语学习的特殊性与中介语困境，以及藏授英语的必要性与藏授英语教师教育的空白问题，提出基于藏族学生母语的藏授英语教师培养举措。魏晓红（2014）分析了三语教育背景下民族高校藏学院的三语教学情况，探讨了三语教育存在的问题及其原因，并就民族高校藏族学生的三语教育提出了相应的建议。目前国内藏汉英三语教学广泛开展，但成熟的三语教学模式还未形成，在教学实践和学术研究的共同探索中，有望形成我国独特的藏汉英三语教育模式。

（三）三语课堂文化与价值认同研究

关于三语课堂文化构建的研究以文化研究为中心，辐射到了有关三语教育的价值取向、文化建构、文化认同等方面。三语环境下的外语课堂存在多种文化的融合与冲突，需要教育工作者有意识地建构多元一体、互动和谐的课堂文化，使民族文化、二语文化和外语文化平衡发展。在我国，少数民族文化和汉文化共同存在于中华民族文化大系统中，两者共同繁荣，密不可分，共同构成了民族地区的社会文化价值观，在课堂文化环境中居于重要地位。三语教育的定位涉及我国外语教育的政策导向，在以本土文化价值为中心的基础上，发挥外来文化的作用，有助于促进民族地区三语习得和三语教育方法的发展。

史民英、肖铖（2009）在《西藏"三语教学"的价值取向及模式探析》一文中指出西藏"三语教学"的价值取向问题，并从政策价值取向、多元文化价值取向两个方面探讨应采取的适当模式。刘全国、何旭明（2012）在关于藏汉英三语环境下外语课堂文化建构的研究中，分析了课堂语境下三种文化的存在形态和产生三种文化冲突的成因及其化解机制，同时运用文化濡化和涵化原理，论述了三语课堂语境下三种文化的整合机制，并在藏汉英三种语言对课堂文化作用分析的基础上对三语环境下外语课堂文化建构提出建议。关于三语价值观取向和课堂文化建构的研究中，研究者多以三语教育现象为焦点，通过理论支撑和逻辑思辨，提出三语教育的对策和观点。研究者立足藏区文化环境和三语教育现状，强调三语教育活动中，要结合本国的本土文化，尤其是民族文化特色，开展语言教育，既不过分强调外语文化的重要性，又不忽视外语文化对于三语习得和民族教育的推动作用。语言教育离不开文化教育，加强藏族学生对中华民族核心文化的文化认同，对树立语言学习的自信有非常重要的作用。张正勇、熊莺（2017）等用问卷法考察了在三语（藏语、汉语、英语）背景下云南迪庆藏族中学生民族认同和国家认同现状及影响因素，提出有必要对特定群体学生加强民族认同、国家认同教育。

  以上研究分别从不同角度切入三语教育的研究问题，选取藏族地区不同层次学校和学生，剖析了目前我国藏汉英三语教育的现状，认识到西北民族地区藏族学生三语教学的差异性、特殊性和复杂性，为推动三语教育研究继续进行，加强三语教育学校建设、师资引进等方面做出了价值观和方法论上的引导和贡献。但是，目前的研究就数量来说，只是零星个别学者或课题团队深入三语教学环境开展相关科研，国内还没有形成一定规模，各研究之间联系松散，成果可利用程度低，对于三语教育研究的推动作用欠佳。就内容来说，目前的研究只讨论了藏汉英三语教育这一现象中出现的问题，根据具体情况，在课堂教学、三语模式、制定保障政策等方面提出了相应的对策，缺乏统一的三语教育研究机制，研究深度不够。我国藏汉英三语教育刚刚起步，在这一领域，还有很多值得深入研究的内容。

二、三语课堂语码转换

  语码转换是两种或多种语言接触时发生的一种普遍现象，现有的语码转换研究大都以单语或双语环境为背景，尚无有关三语或多语环境下的课堂语码转换的研究。在三语环境下，教师课堂话语选择策略多样，语码转换形态更加复杂，学生媒介语学习过程中同样存在语码转换现象，深入研究课堂语码转换对三语教育和研究具有重要的指导意义。

  国内第一次关于三语课堂语码转换的研究是刘全国（2007）的博士论文《三语环境下外语教师课堂语码转换研究》，研究以"研究设计方法—数据采集方法—数据分析方法"的三维方法论体系指引研究工作，对西北藏区民族中小学的藏、汉、英三种语言在课堂上的语码转换现象进行课堂记录观察和访谈。在个案研究的基础上，对获得的语码转换语料进行统计分析，进而利用理论研究的方法对教师课堂语码转换进行学理思辨，并构建这一领域的基础理论。研究描写了三语环境下教师课堂语码转换的特征，构建了我国民汉英三种语码转换的影响模式和生成机制，对课堂语码转换研究具有一定的开拓性意义。

  此后，有关词汇、语音与语码转换方面的研究不断涌现，跨学科研究方法不断丰富，开创了国内研究三语课堂语码转换的新局面。赵家红等（2013）以藏汉英三语语境下藏族大学生为研究对象，用人种志的研究方法，进入藏族大学生的英语学习现场，观察并记录其英语学习过程，描述三语语码转换的形态及目标语选择、结构类型和语码转换的功能，并总结藏族大学生三语语码转换的特点。

不同于前人研究，崔占玲、张积家、韩森（2007）在语码切换及代价方面的研究中，采用 E-prime 编程实验方法，进行 2×3 重复测量，以汉英双语者和藏汉英三语者为被试，采用真假词判断范式，探讨中文和英文语码切换及代价。结果表明语言加工方式和策略不影响语码切换，而语言熟练程度影响语码切换，并且两种语言的相对熟练程度决定切换代价的不对称性。以往研究主要关注拼音文字的语码切换，很少有研究表意文字与拼音文字的切换，从心理学实验中探究藏汉英三语者中英文语码切换及代价。实验利用计算机编程辅助，采用指示转换范式，被试执行一组测试任务，任务包括无切换、预期切换和无预期切换。崔占玲（2011）在《少数民族学生三语学习的心理学研究：以藏族学生为例》一书中，从心理学角度详细论述了言语认知研究，其中包括藏汉英三语者的语言表征研究、三语者的语言联系模式研究、三语者言语理解中的语码切换研究和三语者言语产生中的语码切换研究等 4 个大实验 15 个分实验。从心理学、认知心理学等角度深入解读三语课堂语码转换，对三语教学规划、三语教学课堂设置、三语教学心理等方面有着重要的现实意义。

三、藏汉英三语习得与语言迁移

教育心理学中，迁移（transfer）是一种学习经验对其他学习的影响，学习者会将学会的行为中某些方法或情景迁移到新的情境中。在学习语言的过程中，语言习得不同于语言学习，学习者在掌握母语之后接触新的语言，难免会用母语思维和学习母语时所用方法学新的语言，然而，语言之间的差异会使这种迁移并不能完全起到促进作用。就语言的相似性来说，理论上看，不同语言之间相似度越高，语言的正迁移作用越明显，有助于学习者学习语言；语言之间相似之处越少，语言负迁移作用就越明显，学习者在语言习得过程中就越容易感到困难。实际的语言学习过程中，不同语言之间的相似性越高，越可能引起学习者对语言知识的混淆；相似性越低，越有可能使得学习者识别不同语言之间的差异，从而加深记忆。这一现象在三语接触环境下，更难以一概而论。因此，从语言迁移的角度探讨三语习得问题，具有一定的复杂性和特殊性。

藏汉英三语习得方面的研究多以实证研究方法探究语言迁移的干扰因素、语误分析、三语间的迁移作用等为主。语际迁移的研究从对象上看，有语音、词汇、句法、语用、文化的迁移，其中探讨语音、词汇和句法迁移的较多，分析语用、文化迁移的较少。

强巴央金、雍小琳、肖铖（2010）以拉萨市 299 名中小学生为研究对象，在调研中采用发放调查问卷、采集和分析调查问卷数据资料，辅以听课和访谈等方法，分析了藏族中小学生英语学习的特殊性，认为三语习得、民族心理、学习态度、动机和方法等是导致英语学习不够理想的原因，并给出教学方法建议，以提高学生的英语能力。何晓军（2014）以四川藏族大学生英语词汇学习为例，对200名藏语单语、汉藏双语、汉语单语学生的英语词汇掌握情况开展实验研究并进行数据分析，总结归纳了三语之间的迁移作用和语言距离、语言掌握熟练程度对三语习得的影响。李凤（2014）以请求言语行为为主体，通过"话语补全测试"问卷获得所需数据，对藏族大学生（三语学习者）、汉族大学生（二语学习者）和英语本族语者请求策略的使用进行调查和对比研究。结果表明，阻碍三语学习者英语语用能力发展的主要因素有母语负迁移、课堂语用输入方式（包括教材、课堂教学方式等）。张小华（2016）以青海民族大学藏族学生为例，归纳了少数民族学生"三语习得"过程中的干扰因素，认为三语习得认知能力、汉语言、三语习得与二语习得差异的模糊认识等因素影响少数民族学生"三语习得"的效果，并针对存在的问题而提出相应的对策和建议。刘全国、曹永成、才让扎西（2018）以甘肃省甘南藏族自治州合作市藏族中学高二学生为研究对象，在英语课堂上开展了为期一学期的藏汉英三语平衡输入教学实验，得出藏汉英三语平衡输入与三语学业成绩相关性结果，并从三语教育的必要性、三语教育生态建构、三语教育政策保障、三语教育师资培养、三语教育优化策略等层面分析了研究中发现的教育学启示。与双语习得不同，少数民族学生在三种语言之间进行语码转换和认知加工时，在理解和接受能力上会表现得相对迟缓，受其他方面因素影响，三种语言迁移的内部形成机制更加复杂。目前，有关语言对比、负迁移原因、三语习得干扰因素等的研究，所选对象层次多样，包含了各个年龄段的语言学习者，从一定程度上来说，呈现出了三语习得的年龄特征。研究方法以调查研究为主，采用问卷、访谈、观察记录等方式，获得了一些基于三语教育实际问题的研究结论，有利于教师采取有针对性的措施，减少语言间的负迁移，引导学生利用正迁移促进三语习得。

总体而言，探讨藏汉英三语习得及语际迁移的研究还存在以下不足：一是研究深度不够；二是研究工具和方法单一；三是大部分研究关注已习得语言对三语（英语或外语）习得的影响，尚未探讨三语对已习得语言的逆向影响。以词汇迁移为例，研究者大多基于调查分析、课堂教学实验的结果分析母语、二语对三语的影响，以现象描述、原因总结为主，缺乏对三语迁移机制的具体分析。研究工具简单，无法获得更全面深入的数据，尚无运用语料库等现代计算机辅助手段具体分析母语、二语如何影响三语词汇习得的研究，或没有研究三语对已习得语言的影响。

四、学习动机、学习策略、语言立场等个体因素

现有的研究大多探讨影响藏汉英三语习得的个体因素，如学习动机、学习策略、语言立场等，并提出一些相应的具体建议。国内关于学习动机和学习策略等个体因素的研究虽多，但有关影响少数民族地区学生三语学习的个体因素研究很少。研究方法上，研究者多运用学习动机相关理论进行实证研究，对少数民族学生表现出来的学习动机、学习策略、学习风格及自信心等进行梳理总结，并提出相应的学习策略。尹辉、赵家红等（2013）通过问卷调查和教师访谈、学生访谈的方法，对藏汉英三语语境下藏族大学生的英语学习特点进行量化分析，包括英语学习动机、学习策略、语言态度、认知方式及媒介语使用情况等。少数民族地区与其他地区之间存在自然环境、社会文化、风俗习惯和宗教信仰等诸多差异，学生学习动机的复杂性与社会生活条件和教育有密切联系。

三语环境下，少数民族学生的外语学习动机受到三种文化交替影响，学生的外部动机和内在动机之间的动态变化成为三语教育研究中重要的变量之一，学习动机应作为影响三语学习的因素进行研究。近几年来，随着少数民族地区社会经济的发展，旅游资源进一步开发，社会面貌焕然一新，英语教育的重要性受到认可，这些都是来自外部因素的促进作用。在这一背景下，外语学习的外部动机逐渐内化为内部动机，相应地调动学生学习外语的主动性，促进学生语言能力的发展。

五、语言认知能力

在藏族地区语言教育中，多数学生是自进入学校之后才接触到第二语言和外语，学生通过母语学习其他语言，其语言认知能力在藏汉英三语习得的过程中得到促进和发展。学生的英语学习过程是以母语为载体，在藏汉双语能力基础上进行的，关于学习者认知能力的研究一致表明，学习者已习得的二语能促进其认知能力发展，有利于三语习得，尤其是藏英语言距离较近，同属于印欧语系，语言加工的认知过程和学习中调动的认知策略相似，对双语能力发展起到正面作用。龚江平（2009）对藏族大学生英语学习观念的研究发现，藏族学生可以通过他们的母语（藏语）作为媒介学习英语，因为藏语在发音、语法上与英语有很多相似点。曾丽（2011）研究发现，平衡双语学习后，学生在语音、词汇和句法意识方面都表现出优势，而单语学习者和不平衡双语者元语言意识水平相当。

李增垠（2016）以"阈限"假设等四种理论为依据，在三语习得框架下，对藏族单语和双语学生学习英语之后的元语言意识在语音、词汇、句法、语用四个

层面进行综合系统的实证研究。结果显示，单语学生、非平衡双语学生、平衡双语学生在学习英语过程中，其元语言意识随着语言数量的增加、语言水平的提高、年龄的增长而不断发展。但影响其元语言意识的各项因素所起的作用有所不同，且被试的语音、词汇、句法和语用意识等方面所呈现出的状况和发展特点不尽相同。研究中所选研究工具为测试试卷，包括背景问卷和元语言意识测试卷两大部分。测试结束后，对不同语言水平、不同年龄、掌握不同数量语言的藏族学生的元语言意识发展状况进行对比。充分认识元语言意识在儿童语言功能发展中的重要性，对我国少数民族地区双语和三语教育发展，尤其是中小学英语教学来说，具有重要意义和参考价值。

国内三语教育研究者从不同角度，对目前我国藏汉英三语教育现状和焦点问题进行了探索，提出了不少切实可行的三语教学方法和对策，结合我国藏区三语教育的特殊性，将国外二语和三语教学理论进行本土化诠释，走出了有中国特色的藏汉英三语教育研究之路。现有研究为我国少数民族地区三语教育更进一步的发展和探索积累了理论和实践基础。

在研究方法方面，大部分研究采用调查分析、教学实验、课堂观察、试题测试、田野调查等开展量化和质性研究，试图对目前刚刚起步的三语教育现状进行全面描写，对存在的问题和不足进行诊断，并提出完善的对策。除此之外，课堂志研究为藏汉英三语教育研究提供了新的研究工具和研究理念。王鉴（2004）在《课堂志：回归教学生活的研究》一文中针对我国教学研究方法论提出两个质疑，由此倡导回归课堂教学"事实"的实践研究方法——课堂志。王丽媛（2008）在《课堂志：一种基于课堂场域中的"田野式"研究》中阐述了课堂志的意义与价值，同时指出了课堂志研究方法在我国缺乏相关政策保障等问题。课堂志是教育民族志的细化发展，民族志讲究"深描"，要求对研究现象进行详尽客观的描述，课堂志研究要求研究者深入教学一线，参与式观察并收集资料，是教育人类学和课程与教学论研究的重要研究方法。以课堂志的方法进入三语课堂开展研究，有助于研究者搜集三语教育课堂教学过程中的第一手资料，全面地描述教学活动中的各种现象，并深入分析三语教育的特征及模式，据此进行合理的阐释与分析。

在研究选题方面，目前的藏汉英三语教育研究大多是从实际教学活动中发现问题，在真实课堂情境中寻找课题，以三语环境下的英语教育为中心，选取最亟待解决的问题作为研究对象，极大地推动了国内三语教育的发展进程。笔者将研究选题相关知识点进行了归纳整理，如图3-4所示。

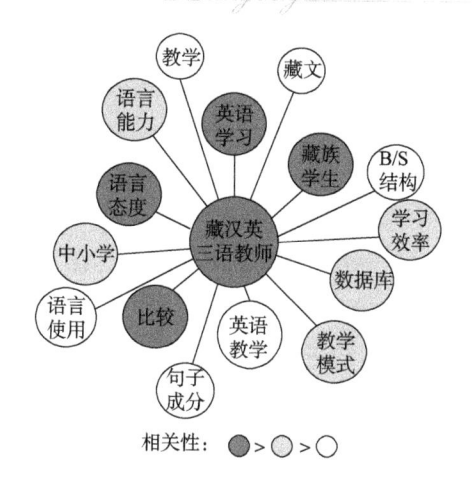

图 3-4　藏汉英三语教育相关研究选题分布

三语教育虽然属于语言教育学领域，但具有跨学科特征，涉及教育学、心理学、社会语言学、民族学、人类学等，在方法上可以互相借鉴，综合质性和量化研究的方法。在研究内容上，跨学科研究为三语教育提供新的研究视角，为目前处在发展状态下的三语教育研究提供了更为丰富的研究思路。但是我国少数民族众多，"三语"所指语种不同，各地的语言教育发展情况各异，地方文化相差巨大，尤其是民族地区缺乏统一的三语教育模式，使得现有三语研究成果无法具有普遍的指导作用。

目前的藏汉英三语教育研究中还存在不完善的地方，针对藏汉英三语教育的研究多集中在教育学和语言学层面，而从社会学、人类学和社会语言学角度对藏族学生语言使用情况的研究不足。作为新兴的教育研究领域，三语教育理论体系尚未形成，大多数研究者在遇到研究问题时都有着缺乏方法论指导的困惑。研究大多是一般性的事实归纳及现象描述，或对三语习得现象进行理论分析，或调查民族地区三语教育教学的现状和问题，并探讨其对策，或从理论上探讨国外三语习得理论和研究成果对我国少数民族学生三语习得的启示。而立足于本地区文化背景和教育发展客观实际的宏观理论研究和微观实证研究的成果极少，在三语教育研究领域仍缺乏对三语习得理论发展有实质性价值的高水平研究。

综合国内藏汉英三语教育研究取得的成果及存在问题，为我国三语教育研究提出以下三方面建议：

第一，增强三语教育研究的针对性，充分结合西藏特有的藏、汉、英三语教育，探寻适合本地区三语教育发展研究的模式。连通各研究之间的关系，建立成果共享、相互支持的三语教育研究体系。

第二，加强纵向实证研究，扩大研究范围，对西藏各学龄段学生的三语能力、三语行为、语言态度等进行全面系统的调查和研究，对本地区制定切实可行的语言规划和教育规划具有实际的参考价值。

第三，丰富研究角度，改进研究方法。对西藏三语教育可从研究角度和方法上进行突破，从社会学、人类学角度分析西藏大、中、小学生三语使用现状和变迁，包括使用三语的频度和广度、使用范围和场合、语言态度以及其深层影响因素、社会阶层、受教育程度等。也可尝试运用现代化实验语音学手段，探索和挖掘三语习得的特征与规律，建立中国少数民族学生三语语料库，进行计算机辅助研究。

第四章　国外多元化语言教育政策及外语教育发展

第一节　国外多元化语言教育政策

国家教育政策当中，外语教育政策是不可或缺的一部分。王克非（2012）曾在《国外外语教育研究》一书中充分强调了外语教育的重要性：外语教育政策不仅关系到国家的政治、经济、科技发展，而且关系到国家的安全、文化传统的传承以及国民素质的提高。外语教育政策的研究和制定一直是世界各国十分关注的课题，许多国家在此方面取得了丰硕的研究成果，了解其他国家的语言教育政策，能为制定符合我国经济、政治、社会、文化的教育方略提供一定的借鉴。本章将介绍多个国家的外语教育政策的独特之处，旨在从中汲取有益的经验，服务我国少数民族地区的三语教育。

一、德法两国的外语教育政策

德国、法国均为欧盟的主要成员国，在外语教育政策上与欧盟的总体要求保持高度一致，同时也结合本国特征，制定了具有欧盟背景和本国特色的外语教育政策。本节在欧盟语言政策的背景下，探讨德国和法国的外语教育政策的突出特征。

（一）欧盟外语教育政策

一直以来，欧盟各项公文、条约、决议中都秉承着广泛外语教育的原则，基本保证不同语言的地位平等，并通过立法、协议等形式，保证多元化的语言教育体系的确立。纵观其语言政策发展历程，欧盟及其前身欧洲共同体（以下简称欧共体）先后颁布了《欧洲文化公约》《马斯特里赫特条约》《阿姆斯特丹条约》《语言学习与欧洲公民身份》《欧洲语言学习、教学与评估共同参考框架》《欧洲语言教育政策制定指南》《促进语言学习和语言多样性的行动计划（2004—2006）》《多元化语言：欧洲的共同资产和承诺》等多份文件，逐步形成了欧盟外语教育政策的总体框架（表4-1）。

表 4-1　欧洲语言政策发展

年份	文件
1954	《欧洲文化公约》
1991	《马斯特里赫特条约》
1997	《阿姆斯特丹条约》
1998	《语言学习与欧洲公民身份》
2001	《欧洲语言学习、教学与评估共同参考框架》
2003	《欧洲语言教育政策制定指南》 《促进语言学习和语言多样性的行动计划（2004—2006）》
2008	《多元化语言：欧洲的共同资产和承诺》

1954年颁布的《欧洲文化公约》为欧共体及后来的欧盟的文化交流奠定了基础。该公约中，针对欧洲的语言教育明确指出，各成员国要积极支持和鼓励本国人民学习其他成员国的语言和文化，政府应在相关外语学习方面给予一定的政策支持。分别于1991年、1997年、1998年分别签订的《马斯特里赫特条约》《阿姆斯特丹条约》及《语言学习与欧洲公民身份》，则进一步确立了欧盟语言多元化的方针政策。2001年制定的《欧洲语言学习、教学与评估共同参考框架》为欧盟语言教育政策发展过程中纲领性的文件，这一框架为欧洲的语言教育指明了方向，并为其提供了一以贯之的标准；在这一框架下，欧盟各成员国结合本国国情开展多语教育。至2003年，欧洲理事会颁布了《欧洲语言教育政策制定指南》，为欧盟各成员国的外语教育政策制定和外语教育的进一步发展提供了更为细致的参考，同时该指南也提供了相关外语教育政策的分析工具，使得欧洲的外语教育政策在"制定—决策—分析—反思"中良性发展。同年的布鲁塞尔会议上，通过了《促进语言学习和语言多样性的行动计划（2004—2006）》，该行动计划设定了三个重要主题，分别是强化全体公民的终身语言学习、提高语言教学质量和营造良好的外语学习环境。而后，由欧洲委员会通过的《多元化语言：欧洲的共同资产和承诺》则进一步提升了外语学习在欧洲社会的重要性，其目标确定为"进一步加强对欧盟语言多样性的价值和机会的认识，鼓励移除不同文化间对话的障碍"（谢倩，2014：64）。

（二）德国外语教育政策

1. 德国的外语教育政策制定与发展

作为一个联邦制国家，德国在其教育政策的制定和决策方面，各州教育部可以结合本州具体情况，制定符合自身现状的教育政策。联邦政府无权参与各州的教育立法工作，但随着德国基本法的逐步修改，联邦政府在教育方面的权限逐渐扩大，可以在一定程度上参与协调各州的教育政策制定，从而在国家层面上促进教育的协调发展，并监督管理确保各州教育充分考虑时代和社会的发展，培养符合时代要求的人才，与时俱进，提升教育质量。因此，德国教育政策的制定注重各州教育部与联邦政府共同合作，以及宏观和微观两个层面的联动与互补。微观上，各州教育部充分结合各州的教育发展阶段和教育现状特点，制定具体的要求和实施方案；宏观上，联邦政府负责协调，并在必要时加以干预，提升教育水平，实现在国家范围内的资源合理化配置。

在德国联邦政府内，参与国家教育政策协调的共有三个机构：联邦教育与研究部、联邦与州教育规划与促进委员会以及联邦州文化教育部部长联席会议（张建伟、王克非，2009），其中联邦州文化教育部部长联席会议虽然只扮演着一个协调者的作用，但在德国的教育政策的制定上起到了显著的作用，尤其在外语教育的相关政策方面。德国首个涉及外语教育方面的政策《联邦德国州教育事业一体化协议》便是由联邦州文化教育部部长联席会议在 1955 年提出的，于 1957 年正式施行。

该协议中首次涉及在中学开设英语课程，并将其设置为学生的必修科目，同时要求学生在高中毕业时学会两门外语。自此，各州教育部也在各州的学校课程框架中加入英语、法语等多种外语科目作为必修内容，外语教育逐渐成为德国教育体系中的重要组成部分。这一协议，开启了德国现代语言教育的新篇章，同时也充分向德国社会和民众说明了外语学习的重要性。现代外语课程的开设也与 1957 年欧盟提出的欧洲一体化的诉求相契合，欧盟各成员国之间的交流和合作愈发频繁，外语人才的培养也恰好适应当时的社会需求。

而后，联邦州文化教育部部长联席会议于 1964 年通过了《柏林宣言》，进一步推动了德国外语教育的发展。该宣言进一步强调了外语教育的重要性，提出要将外语课程作为国家教育的基础课程。同年 10 月，联邦州文化教育部部长联席会议在汉堡通过了《联邦德国州教育事业一体化协议修订稿》（简称《汉堡协议》）。该协议中七分之三内容的关注点都是德国的外语教育事业，可见其对外语教育的重视程度。协议主要提出了以下要求（张建伟、王克非，2009）：

①将第一外语作为必修课，一般为英语；

②根据学校具体情况，开设第二外语作为选修课或必修课，第二外语一般为英语、拉丁语或法语；

③根据学校具体情况，开设第三外语。

除此之外，《汉堡协议》还明确指出外语课程在学校的课程体系当中，与德语、数学等基础科目一样，具有同等重要的地位。《汉堡协议》在满足了学生外语学习需要的同时，也满足了德国高速发展背景下，对具有外语能力的人才的社会需求。在《汉堡协议》的基础上，联邦州文化教育部部长联席会议多次对此协议进行修正和补充，顺应了欧盟后来提出的"语言打开门户"的发展潮流。

2. 德国外语教育的学段设置和师资培养

德国作为欧盟的主要成员国之一，一直以来秉承着欧盟语言多元化的语言教育原则，结合本国特征，在其语言教育政策的学段设置和师资培养方面都设立了详细的标准和要求。

德国的外语教育具有极强的学段特征，虽然各州有制定和安排该州外语教学的自主权，但在国家层面上仍有一定的统一要求：

小学阶段：外语教学以音乐、舞蹈、游戏等丰富多样的形式开展，旨在培养学生外语学习的兴趣。在该阶段的外语教学过程中，强调多语种，鼓励学生学习多门外语，尤其是欧洲国家的语言，从而对欧洲文化有初步的了解。

中学阶段：外语学习的实用性被放在了核心位置，该学段的外语教学强调最基本的语言技能，在课时分配上，听力课和口语课占了较大的比重。

高中阶段：外语教学的重点在语言技能的基础上增加了语言知识的内容，同时重视培养学生使用口语和书面语进行自我表达的能力。除此以外，在外语教学上初步进行相关学术训练。

在师资培养方面，德国也显示出了其教师选拔和培养的特色。在德国成为教师必须经过三个阶段：

第一阶段为考试，其内容包括心理学、教育学、学科知识、学科教学法方面的知识，以笔试、口试和学术论文三种方式结合的形式进行考核；

第二阶段是为期两年的教学实践，通过课堂旁听和试教等方式积累教学经验；

第三阶段是教师能力测试，在此测试中，参加考试的人员必须完全通过试教、口试和提交书面论文三个环节，才能获得教师资格。

整个过程当中，学科知识、教学方法、研究能力等多方面紧密结合，强调进入教师行业的人员要具有过硬的学科素养、实践能力和科研水平，从而保证师资队伍结构的优化和教学质量的稳步提升。

（三）法国外语教育政策

一直以来，法国教育部十分重视学生的外语学习，且法国学生的外语选择十分多样，教育部曾多次强调要鼓励学生在母语之外掌握两门以上的外语。为此，法国教育部在2005年8月专门设立了外语教育学术委员会，为各地区外语教育教学提供咨询服务，并为国民提供国家统一标准的评估考级体系；同时，负责外语教师的资格审核，值得注意的是，在外语教师的资格考核中，最受到重视的科目是外语口语。简言之，法国的外语教育政策主要有外语语种多样化、外语教学标准化、外语考核口语化三个特点。

第四章　国外多元化语言教育政策及外语教育发展

1. 外语语种多样化

在欧盟"多元化语言"的政策背景下，法国在外语教育方面实行多语言政策。戴冬梅曾明确指出，法国的多语政策主要包含两层含义：第一层是指语种设置的总数多，这充分体现了对"文化多样性"的尊重；第二层是指每个学生学习的语种多，以开拓学生的眼界，增强文化融汇贯通和跨文化交际的能力（戴冬梅，2014）。

在学校的外语课程当中提供多样的语种选择的同时，法国还有各式各样的外语特色学校，为学生提供了充足的外语学习平台，满足其多种外语学习的需求。目前，法国的外语特色学校主要有欧洲语言学校、东方语言学校、双业士语言学校、国际学校及地中海语言文化学校五类学校。相较于一般学校，欧洲语言学校和东方语言学校的外语课程学时设置较长，在学生具备一定的外语基础之后，部分科目直接使用外语作为教学的工具语言进行教学；双业士语言学校的毕业生可以在毕业时获取两个国家共同承认的大学入学资格，主要包括"法语+德语""法语+意大利语""法语+西班牙语"三种外语教学模式；国际学校则大多由国家教育部和其他相关国家共同协议开办，两国接收双方的国际学生，进行深入的语言文化学习。目前，地中海语言文化学校仍处在实验阶段。多样的外语语种选择对树立"语言多样""文化多样"等观念十分重要，正是由于其外语教育语种的多样性，大大促进了法语的海外传播及影响（王克非，2012）。

2. 外语教学标准化

在法国外语教育的发展历程中，由欧洲委员会提出的《欧洲语言共同参考框架：学习、教学、评估》（下文简称《参考框架》）起到了重大的导向作用。在《参考框架》的指导下，法国对各学段的外语评价标准进行了详细的规定：学生在小学毕业时，外语水平应达到《参考框架》的 A1 标准；在义务教育阶段完成时，第一外语水平应达到 B1 标准，第二外语水平达到 A2 标准；学生在中学毕业时，第一外语水平应达到 B2 标准，第二外语水平达到 B1 标准（戴冬梅，2014）。在制定具体的外语学段考核标准的同时，法国教育部要求各学校的外语教学大纲和外语教学方法都应当依据以上目标进行制定和调整。

3. 教学改革口语化

除欧洲提倡的教学标准参考框架之外，法国教育部 2006 年颁布的《关于中小学外语教学改革的通报》（下文简称《通报》）为法国外语教学改革提供了明确的改革方向和教学模式改革措施（戴冬梅，2014）：

①从教学目的上看，《通报》指出，法国外语教学的目的是为适应新时期的需要，使学生真正掌握外语，为学生到其他国家交流和国外留学做好准备。

②就教学重点而言，《通报》将提高外语口语水平作为中小学外语教学改革的重点。

③在教学模式方面，《通报》提出了若干改革措施：课堂教学上，提倡根据学生外语能力设立分组，根据学生不同的语言水平开展具有针对性的外语教学；同时，建立可变的教学节奏，以学生切实掌握为标准。

学生方面，法国教育部积极鼓励学生自学并在实践中使用所学外语；教师方面，鼓励学校聘请外籍教师，努力为学生创设最接近真实语言应用的外语场景，同时要求外语教师进行团队合作，在沟通交流中磨砺自身的教学技能，积累教学经验；组织方面，国家设立专门机构帮助各个学校联系国家之间的交流活动。从以上外语教学目的、外语教学重点、外语教学模式等多个方面可以看出，法国的外语教育改革中，重点突出外语的实用性，并在此方面侧重培养学生的外语口语能力。

二、美国的外语教育政策

在以英语为主要外语的国际教育大背景下，美国作为一个英语国家，外语教育的起步和发展具有其自身的独到之处，其外语教育政策的演变路径具有较强的阶段性；同时，其政策内容也体现出极强的实用性。

（一）美国外语教育政策的发展阶段

纵观美国外语教育的发展历史，其外语教育政策的制定深受各时期国际局势和国内政治、经济、文化等多方面因素的影响，具有极强的时代特征。罗辉（2018）曾将第二次世界大战后美国的外语教育政策的发展划分为三个阶段：基于国防安全的外语教育政策阶段、基于多元文化的发展阶段和基于全球视野下的发展阶段。究其本质，其外语教育政策发展的内在动力演变轨迹可归纳为：国家安全—民族稳定—国家发展—个人需求（图 4-1）。

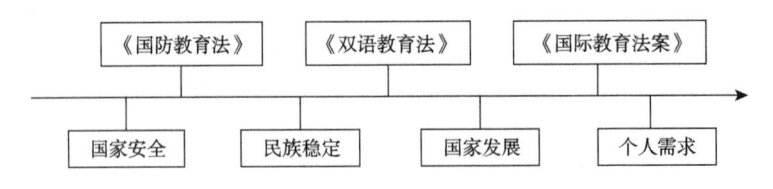

图 4-1 美国外语教育政策发展的内在演变轨迹

1. 以国家安全为内在动力的外语教育政策

美国独立初期，在林立的大国中相对弱势，为确保国家安全稳定，避免陷入复杂的国家纷争，美国施行独立政策，谋求国家自身的经济发展和社会稳定，减少与其他国家的往来。美国外语教育在此阶段未能得到发展主要有两个原因：第一，独立政策遏制了社会发展对外语人才的需求；第二，独立初期，国家集中精力提升国家经济实力，联邦政府对外语教育发展相对轻视。但这一状况并没有持续太久，随着第二次世界大战的爆发，美国在军事上亟需与诸多国家交涉，此时，储备外语能力人才就显得尤为重要。美国政府迅速采取了措施，委托多所高校制定了针对军队需求的专项培训计划，美国在发展历程中初次认识到了外语教育对保障国家安全的必要性，随后通过法律形式确认了美国外语教育的重要性。

美国国会在1958年讨论通过《国防教育法》，要求在国内各所高校建立外语教育中心，并对语言教学相关研究给予资助。基于美国国家安全保障需求，这一法律文件明确指出了需要特别关注的外语教育语种，其中包括阿拉伯语、俄语、汉语、葡萄牙语、日语、西班牙语和乌尔都语等外语。这一阶段，美国外语教育政策制定的主要目的是保障国家安全，同时也在实践上促成了美国外语教育的迅速发展。

2. 以民族稳定为内在动力的外语教育政策

美国是一个多元文化的社会，广泛接纳具有不同社会文化背景的群体，这无疑会带来种族、宗教、语言等多方面的碰撞和冲突。有学者曾这样形容过美国的多元文化："美国各种文化的'大熔炉'并不是让各种文化和平共处、相互融合，它只是让移民把自己的文化融合到'盎格鲁—撒克逊'这一主流文化之中。"（罗辉，2018：54-59）在融合过程中，少数民族群体的身份认同和文化认同要得到保障，就要求多种文化和民族在碰撞和冲突当中寻求融合与协调。

为了确保民族稳定，美国国会多次修订《双语教育法》，这一法案的实施为母语为非英语的学生提供了一个语言学习的缓冲地带，在他们的英语达到学习要求的水平之前，都可以继续参与到双语学习的课堂中去。事实上，这一政策的目的并非在真正意义上开展双语教学、培养双语人才，而是为母语为非英语的学生提供一个外语学习的过渡阶段，使他们在双语环境下进行学科知识的学习，具备一定的知识储备后，再进入到英语作为单一教学工具语言的学习环境当中。在这一阶段，通过为不同种族的群体提供一定语言学习的便利，美国的外语教育政策得以进一步丰富和充实。

3. 以国家发展为内在动力的外语教育政策

在全球化的大背景下，美国国家实力逐渐增强，其社会发展对外语人才的需求也逐渐增大，但在该阶段，美国民众对别国语言和文化的了解情况不容乐观。美国前国务卿克林·鲍威尔（Colin Powell）曾在其讲话中提到，为了解决国家所面临的诸多社会问题，每一个美国人都应当学习和了解其他国家和民族的语言和文化。

1946年，联合国教科文组织提出了国际教育的教育发展理念，这一理念的核心就是提升外语交际能力和增进多元文化理解。在联合国的引导下，美国国会讨论通过了《国际教育法案》，该法案的主旨是增进国家之间的相互理解，并针对美国青年群体开展国际教育，力图培养具有国际视野的领导人。但在当时，美国的这一愿景未能在美苏争霸的背景下得以实现。

随着国际局势逐渐平稳，美国国防安全得到保障，联邦政府重新将教育改革的重心拉回外语教育方面，旨在培养适应国家发展需要的关键外语人才。这一时期，联邦政府在外语教育方面加大资金投入，聘请关键外语语种国家的外籍教师开展外语教学工作，尽可能地为学生提供真实的外语交流氛围，使其在学习语言的同时更充分地感受文化的碰撞和交融。

4. 以个人需求为内在动力的外语教育政策

在国家强烈的行政干预下，美国关键语种的外语教育发展在短暂的高潮后走向低迷。在美国各大高校中，选择国家指定的"关键外语"作为选修课程的学生寥寥无几。据蔡永良和王克非的调查发现：美国高校依旧有 92%的学生游离在外语教学之外，广大民众不仅对外语教育不感兴趣，而且还有强烈的抵触情绪（蔡永良、王克非，2017）。

在美国关键外语的教育政策导向下，学生的外语学习情况主要分为两种：一种是秉持单一语言的传统，认为英语足以满足个人的生活需要和职业发展需求，彻底地抗拒外语学习；另一种则是认识到了外语学习的重要性，主动选择学习汉语、日语、阿拉伯语等外语，在国家的教育政策导向下，关注个人的外语能力、全球视野等多方面的素质提升。虽然美国关键外语项目的相关举措未能从根本上改变国民对外语的认识，但为民众提供了充分的资金支持和自由选择空间，某种程度上，秉持了美国一直以来尊崇的个人意志主导下的人生发展道路。

（二）美国外语教育政策目标

在美国的语言教育史上，《21世纪外语学习目标》堪称里程碑式的外语教学指导文本，涵盖了美国从中小学外语教育直至大学外语教育的各个学段。文本指出，语言是人类交流和人类经验的核心，同时明确了其外语教育宗旨："美国政府必须培养其学生，使之在语言和文化上均能胜任多元文化的美国社会和国际社会中的交流"（谢倩，2014：110）。该标准将美国的外语教学目标归纳为五个以字母 C 开头的单词，即 Communication（交流）、Cultures（文化）、Connections（贯连）、Comparisons（比较）、Communities（社区），因此也被称为"5C"目标，现对这五个目标进行简要介绍。

Communication：要求学生能够使用除英语之外的其他语言进行交际和沟

通，重点强调情感表达、观点表述和信息传递三个方面。事实上，交际是语言教育和语言学习的核心，其他相关知识的拓展和文化意识的培养都必须建立在最基本的语言交际之上，因此，这一目标与其他四点紧密相连。

Cultures：要求学生在学习外语的同时，增进对国外的文化现象和产物的认识，并且在实际的交流当中，能够充分理解不同文化的差异。

Connections：为学生提供了一个拓展其他学科知识视野的途径，该目标要求学生能够通过学习外语，获取多方面的学科知识，同时充分认识到外语学习为拓展知识视野带来的益处。

Comparisons：通过所学外语与母语比较，加深对不同语言、不同文化的理解力和洞察力。

Communities：鼓励学生在各类活动或环境中使用外语，感受外语使用带来的愉悦和便利，加深对外语学习重要性和必要性的认识，产生内在的学习动力。

以上五个目标充分体现美国的外语教育政策十分注重语言使用、文化理解，以及外语教育的外延作用，让学生充分认识到学习外语在生活和学习方方面面的作用。这五个维度的目标相互依赖、紧密联系、相互促进，充分地体现了外语教育所崇尚的新理念（图 4-2）：在外语运用中习得交际，在外语交际中体验文化，在外语学习中习得知识，在外语应用中服务社区（社会），最后成为终身的外语学习者。

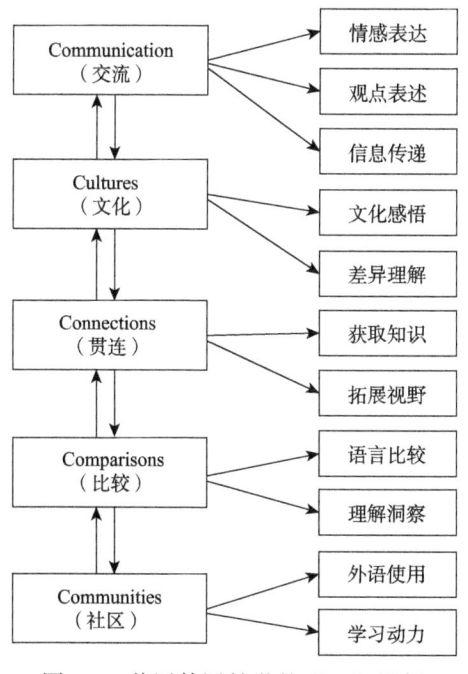

图 4-2　美国外语教学的"5C"目标

《21世纪外语学习目标》最初是为了服务美国的外语教育事业，培养具备多元文化交际能力的外语人才，但随着后期的不断修正和补充，这一标准也在潜移默化中影响着美国外语教师的角色定位和身份认同。

这一政策的制定，使美国的外语教师逐渐从"教书匠"这一传统教师角色中解放出来，教师们不再简单地传授语言知识，而是更多为学生们营造外语使用环境，传递精彩纷呈的世界文化。从教师自身而言，也逐渐向专业化、研究型教师发展。在外语课程目标的引导下，美国的外语教师的教学观念也得以更新，要求教师除了掌握所教授的语言以外，还需要学习和掌握如下知识和内容：关于学习者和学习的知识、关于课程与教学的知识、关于教育的社会基础知识、关于任教学科的知识、人文知识等（谢倩，2014）。通过培训武装教师的大脑，更多地是成就"教育者"，而非"教书匠"。

事实上，外语教育者应时刻秉承着加强外语沟通、悦纳多元文化、增进文化理解、拓展国际视野的教育理念，才能让外语教育成果在学生的学习生活中真正发挥作用。

三、日本的外语教育政策

英语教育是现代日本社会普遍承认的外语教育的主要形态，随着全球化程度的加深，这一趋势也在逐渐深化。2002年，日本提出了"培养具有英语使用能力的日本人"的外语教育构想和相应的行动计划，而后又启动了"Super English"项目。宏观上，形成了上下齐心、全民学习的英语学习环境；微观上，以技术、方法和师资为抓手，开展英语教育改革。

（一）日本的英语教育改革

日本的英语教育改革主要由融合现代技术、革新学习形式、提升师资力量三方面组成，这三个方面共同作用，形成合力，努力推进日本的英语教育改革。

1. 融合现代技术

日本民众在英语学习上的主要障碍在于听说能力的不足，针对这一问题，日本各教育部门主张增加用于外语视听教育的电子教育设备，从硬件上为英语教学提供基础和保障。日本的各个学校基本都配有语音教室，专门用于学生的英语听说训练，相关课程的任课教师也主要为外籍教师。语音教室为学生提供了良好的语言学习环境，以英语为母语的外籍教师则更多地在学生的听说练习过程中进行引导和纠正。

除此之外，日本在英语教育的现代教育技术融合方面，还增添了多种多样的视听电子设备，如计算机、实物投影机等等。学生在课堂上可以通过 PC 端播放的影音材料进行阅读、听力等方面的训练，同时可以通过网络进行实时的英语聊天，从而加强口语练习。

2. 革新学习形式

日本的英语教育改革在英语教学形式上进行了多方面的调整。在学习目标上，因材施教，充分结合不同学段学生的发展特征，将教学目标细化至各个学段，并在此目标的指导下，广泛开展小班教学和分组教学。在教学活动上，摒弃"填鸭式"的教学方法，尽可能地为学生创设真实的语言交际环境，调动学生语言使用和语言学习的积极性，例如，组织学生以英语为工具语言拍摄主题短片，营造轻松活跃的课堂氛围。在课外活动上，为学生提供多种去往海外组织机构进行学习、实习、研修及参与志愿活动的机会；同时，鼓励在学校范围内设置英语广播站，增加学生在学习生活中接触英语的途径和平台。

3. 提升师资力量

日本在提升英语师资力量上主要从严格选聘入口、加强职业培训两个方面进行。在教师的选聘上，由基层教育行政组织推荐优秀的教学人才，并经过各级教育部门的层层选拔才能进入教师队伍。确保选拔流程严格规范的同时，开放教师的从业资格，有意进入教师行业的人员并不需要是"科班出身"，具有一定海外经历的社会人士也可以参与到选拔当中，以确保优秀的人才能够进入到教师行业当中，以提升师资队伍的质量。

在教师职业培训方面，日本教育部门并不局限于定期的集体培训，而是从教师的职业发展层面上综合考虑，为其提供多样的学习机会，主要有以下几种形式（张文友，2001）：

①坚持新任英语教师第一年培训制度；
②鼓励教师参加托业、托福考试，提升自身的外语水平；
③加强地域之间的教师交流，在沟通和合作中共同提升自身的教学技能；
④外语类及师范类的高校及研究机构均为教师提供一定的职业培训课程；
⑤完善教师留学制度，派遣中学英语教师赴海外研修；
⑥面向教师开展各类英语教学及英语教育相关的讲座；
⑦实施英语教师"脱产进修制度"。

从以上培训形式可以看出，日本的英语教师培训措施从语言能力、教学技能、研究水平等多方面入手，旨在通过提高师资水平提升国家英语教育质量。

（二）提升英语交际能力

在英语教育改革的同时，日本教育当局启动了"Super English"项目，在100所中学进行试点。此项目中，英语除了作为学生在校的一门必修课程以外，还成为其他学科的授课语言，在相当一部分中学中逐渐形成了日英双语教学模式。从学段上看，日本的英语教学内容安排与德国类似，在小学阶段重点帮助学生体验使用英语交流的乐趣，体会语言的丰富性和文化的多样性；在中学阶段逐渐渗透语言交际能力的训练，其初中英语教学总目标即为培养学生基本的实用交际能力，尤其强调听说能力和学生积极交流观的培养。

在此基础之上，日本政府于2003年颁布了《提升日本国民英语交际能力》的教育战略文件，其序言指出"英语交际能力是国家理解和合作之必须；是接受和传播知识之必须"（牟宜武，2016：54-61），进一步明确了培养英语交际能力在日本英语教育中的核心地位，并为不同学段的英语学习制定了具体的标准。初中阶段，学生应当学会在问候等日常交际话题情景中的英语表达，并具备基本的交际能力；高中阶段，学生应当能够使用英语进行关于日常生活中各类话题的自然流利的交流；大学阶段，学生应当能够自如地使用英语进行个人从业岗位所需的各类话题的交际活动。

结合"Super English"项目对不同学段学生提出的英语学习要求，日本的英语教育政策的主要特征有二：其一，以培养国民英语交际能力为终极目标；其二，交际能力培养贯穿始终，并为不同学段设定符合年龄特征的英语交际目标（图4-3）。

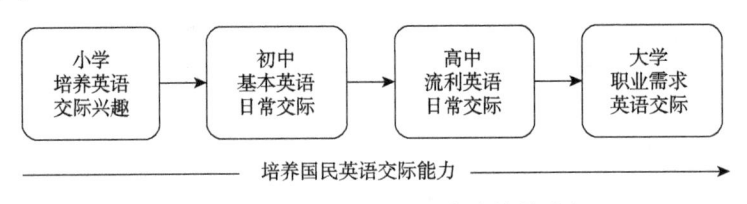

图4-3 日本国民英语交际能力培养路径

一直以来，日本政府及其教育部门都十分重视日本国民的英语教育问题，但日本英语教育的现状一直不能让国民满意，其语言能力的短板主要体现在日本国民的英语听说能力，也就是英语交际能力。为此，政府加大国家财政投入，例如：2003年，文部科学省为聘请社区中的外国人到小学协助英语授课的经费预算达到了1.7亿日元；日本政府每年都会聘请6 000名母语为英语的外籍教师赴日进行Team-teaching的课堂教学。日本政府指出，英语教育是21世纪国民素质提升的重要组成部分，同时，很大程度上影响着国家世界地位的提升。

四、新加坡的语言教育政策

与上文所谈及的国家不同,新加坡本身就是一个多语言国家,其官方语言有英语、汉语、马来语和泰米尔语四种。新加坡的语言政策发展可以分为全面单语教育、英语独尊,部分双语教育、英语独尊,全面双语教育、英语独尊,通用英语、多语并重四个阶段,如图4-4所示。

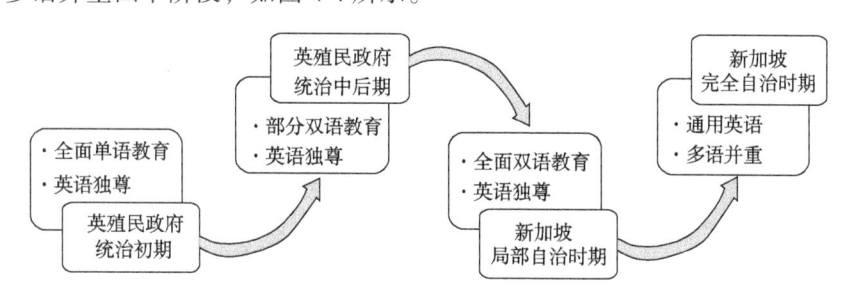

图 4-4　新加坡语言政策发展阶段

1. 全面单语教育、英语独尊

英国殖民政府统治初期,新加坡的语言政策和语言教育突出表现为"全面单语教育、英语独尊"。在该时期,英语是政府进行一切行政管理的唯一工作语言,同时,允许学校设置本族群的语言语文科目,但这并非提倡多语教育,而是为了"将不同族群的人分隔开来"(吴元华,2004:47)。在这一时期,英文学校与华文学校界限分明,英文学校学生不学习华文,华文学校也不开展英文教学。李光耀曾将当时新加坡的语言状况表述为"南腔北调,各说各话"(吴元华,2004)。这一语言政策直接导致了该时期各民族学生仅知晓本民族语言,不同民族之间的沟通和交流显得尤为困难。

2. 部分双语教育、英语独尊

英殖民政府统治中后期,由于各民族沟通的不便对殖民政府的管理造成了一定的阻碍,殖民政府逐渐意识到了双语教育的必要性,但这一时期的双语教育的目的并非鼓励学生掌握两种语言,而是为了进一步巩固英语的独尊地位。英殖民政府在学费、入学要求等方面设置优厚条件,鼓励学生在英文学校接受教育,英文学校并不教授其他语言;同时,在其他语言学校实行双语教育,在本民族语言的基础上开展英语教学,为学生后期进入英文学校打好语言基础。在这一语言政策之下,新加坡的语言教育形态基本为政策上实行双语教育,本质上进一步巩固英语的地位。

3. 全面双语教育、英语独尊

20 世纪 50 年代中期，新加坡取得局部自治，在不同民族群众的呼吁下，劳工阵线政府对国家的语言教育政策做出了重大调整。虽然英语仍然为主要语言，但此时期的语言政策明确主张平等对待各大语文源流，建立混合学校，并逐步在中小学开展双语教育，三语教学形态也在此阶段逐步出现在新加坡的部分中学教育体系中。

4. 通用英语、多语并重

20 世纪 50 年代末，新加坡获得完全自治后，国家多元种族的人口组成使语言教育政策改革刻不容缓。时任总理李光耀明确指出，"如果利用四种不同的教学媒介语，教授学生四种不同辨别是非的标准、为人处世的哲学及道德行为，那我们将会教出四种不同的人，而不可能有一个统一融洽的社会，所以新加坡必须在几种主要的母语当中，决定推行两种语文（母语和英语）的政策"（孙一尘，1987：210）。自此，新加坡的语言教育政策框架逐步确立，学界对这一语言形态观点不一，有人将其定义为双语政策，有人认为是多语政策，黄明则指出，两种说法均可，是同一概念的两个层面，多语政策是指国家层面的四种官方语言平等并行，双语政策则是在各民族层面上，每个民族都进行两种语言的学习，即母语与共同语（英语）（黄明，2012）。

虽然新加坡推行多语政策，但事实上在教育方面，英语是唯一的教学语言，仅有华文课等个别科目用其他语言讲授。一直以来，新加坡推行以英语为主的多语政策，且自 2010 年实施英语教学改革之后，一直以"有效的语言交际"为英语教学的核心原则，英语教学内容主要由语言使用、学习成果、语段语篇及语法四部分构成，社会因素和情感态度辅之。在教学过程中，重点强调语言运用和启发引导，教师通过营造真实的语言环境，为学生提供具有实用性的交际语境；同时，教师不进行明确的教授，主要通过提问等方式引导学生自行发现语言的规律和使用的技巧。

此外，新加坡教育部对教师资格允准和师资培训都有着严格的要求。在新加坡，有意成为教师者必须统一在国立教育学院参与一至两年的教育专业文凭课程培训，其中主要包括教育研究、课程研究、学科知识、课堂语言表达、教育实习五项内容。通过考核的人并不能都进入教师行业，教育部会从当年拿到专业文凭的学员中选取成绩排名前 30%学员进入面试环节，进行二次筛选，以确保教师团队的高质量。在培训方面，除业务培训之外，为确保教师这一职业的吸引力，教育部会结合教师的个人专业发展及规划，提供专业教师、行政领导和高级专科三种培训类型，对应三种不同的发展路径：专业教师发展路线、行政领导发展路线

第四章 国外多元化语言教育政策及外语教育发展

和高级专科发展路线（具体发展路径见图 4-5）。

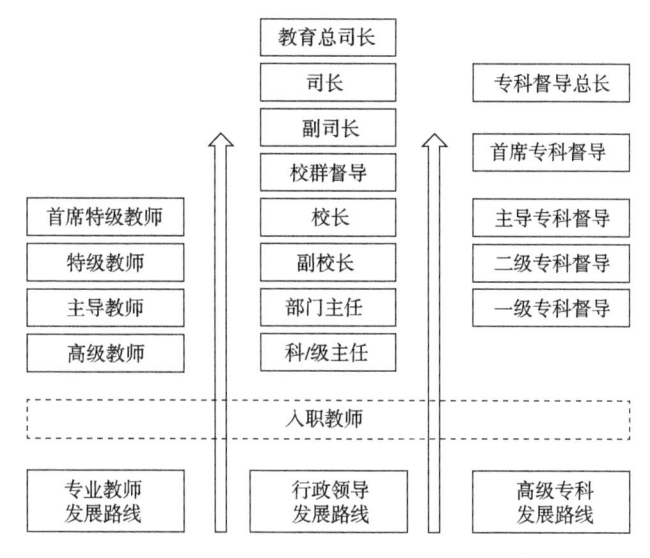

图 4-5 新加坡教师发展路径

这样一来，教师个人专业发展的方向性更加明晰，有助于引导教师在教学工作中找到自我效能感和为教育事业奋斗的动力。

第二节 国外外语教育政策发展演变逻辑

纵观国外外语教育政策的发展历程，其政策与措施各有特色，但其中的演变逻辑不谋而合，本节将从国外外语教育政策发展演变的动力机制、目标取向、师资培养等三个方面进行讨论。

一、以社会需求为核心的动力机制

国家外语政策的发展大多以国家经济发展及时代发展为转移，外语作为人们沟通的桥梁，如何在全球一体化的进程中培养出具有与世界沟通的语言能力的人才就显得十分重要；反过来看，国家外语教育政策的变化，也凸显出一个国家政治、经济、社会、文化等多方面的特征。

就法国和德国而言，时代的发展充分影响了其外语教育中语种的选择。这两个国家，同作为欧盟成员国，遵循着欧盟所提倡的多元化语言政策，在各个学校开设了英语、西班牙语、法语、德语、汉语、阿拉伯语等多门语言课程，但是英语作为世界通用语，其在语言多元化的政策下，仍占据着不可取代的地位。在日本和新加坡，英语在外语教育中的主导地位更为凸显。日本在相当一部分学校推行日英双语教育，新加坡更是将英语作为主要的教学语言。这充分体现了在全球一体化的时代背景下，社会对人才培养提出了语言沟通上的新要求，要求其具备国际意义上的沟通交流能力，外语学习必然成为教育的热点，其中英语作为较为广泛使用的国家沟通语言，成为许多非英语国家的外语教育的主要语言科目，但英语国家也并未因此放松对本国学生在外语方面的教育。美国在要求学生掌握母语（英语）的同时，也对学生的外语学习提出了一定的标准和要求，如重点强调学生掌握外语的沟通交际能力、拓展视野、注重文化体验、拓宽求知途径等。让学生在外语学习中切实感受到掌握外语所带来的变化，激发内在学习动力，从本质上培养学生的国际沟通能力，使学生的未来发展不会因为语言能力不足而受到限制。

二、以交际能力为重点的目标取向

语言是人类沟通交流的重要工具，掌握一门语言的核心便是具备使用该语言进行沟通交流的能力。对于外语教育而言，培养学生的外语交际能力的重要性不言而喻，这一点在各国的外语教育政策上也有所体现。

外语听说能力是外语交际能力的基础，德国在 1964 年签订的《汉堡协议》中曾明确指出，外语教育要在以听力理解能力为基础的前提下，口语优先；法国在 2006 年颁布的《关于中小学外语教学改革的通报》[①]中强调外语教学的重点是提升学生的口语能力；美国外语教育的"5C 目标"中，Communicaiton（交流）被列在第一位，并被认为是其他四个目标实现的基础；日本则十分明确地将外语教育目标确定为"培养具有英语使用能力的日本人"。从以上外语教育政策的表述中，各国教育部门在外语教育方面对外语交际能力的重视可见一斑。培养具有以外语听说能力为基础的外语交际能力的学生是各国外语教育政策的共同目标。为实现这一目标，教师的听说能力显得尤为重要，严格把关教师的外语交际能力，才能更好地为学生提供使用外语沟通的机会，创设使用外语交流的情景。

三、以能力工具为导向的师资培养

在师资培养和考核方面，各国政策突出的特点是以教师能力为准绳，严把行业入门关，充分尊重教师的专业发展规划。法国与新加坡都设有国家统一认定的教师培训学院，有意从事教师行业的人必须在该学院进行一至两年的培训，通过考核后才能够获取教师资格。两国的培训方式都是专业培训与教师实习相结合，

---

① 资料来源：法国教育部网站：http://www.education.gouv.fr/。

从理论和实践两个方面综合提升从业人员的专业能力。从考核合格的人员中选取优秀学员从事教师行业，确保从业教师的专业素养和教学能力。同时，两国为了确保教师这一职业的吸引力，其薪资待遇也较为优厚，并在专业发展上提供多样化的选择，同时有倾向性地加以培养。

在外语教学师资队伍中，各国均主张增加外籍教师比重，并强调本国教师与外籍教师在教育教学、学科研究等方面的合作，在辅导学生的同时，增强教师之间的沟通，激发教师团队力量，提升外语教育质量。

另外，多个国家的教育部门都提出了"终身学习"的教育理念，并逐步落实。以新加坡国家教师培训学院为例，曾在该学院培训的学员，终身均可以学员身份参与各式各类相关技能的培训。这些培训不仅限于长期专业培训，还包括了诸如课件制作、课程设计等小型的、短期的技能培训，这有助于教师在具体的教学实践当中查漏补缺，并逐步进行自我完善和自我提升。

第三节 国外语言多元政策及外语教育政策对我国三语教育的启示

中国外语学习者人数众多，但正如王克非（2012）所言，"哑巴英语"和"费时低效"等问题仍旧是中国人学习外语最大的"瓶颈"，在我国少数民族地区，外语交际能力薄弱这一问题表现得更为突出。本节从各国语言多元化理念和外语教育政策，以及其发展演变逻辑出发，尝试从国外的外语教学经验当中汲取有益养分，服务于我国少数民族地区的三语教育。各国的外语教育在宏观上以时代变迁为转移，微观上则赋予了各地区较大的自主权，使得地区或学校等能够充分根据自身特点开展外语教育工作；同时，国外的师资培养相对全面、相对持久，对我国少数民族地区的三语教育具有一定的启发意义。

一、三语教学本土化

少数民族地区的学生由于地区特点、语言差异等多方面的原因，在英语学习上面临着各式各样的障碍，民族语言、汉语和英语三种语言在学习理解过程中复杂的迁移和影响，使得英语学习对少数民族学生而言，显得更为困难。究其本源，在少数民族地区开展三语教学，必须充分考虑其独特的地域特征和民族特色，从教学目标制定、教学资源开发等方面都应因地制宜。

从教学目标来看，对少数民族地区学生而言，良好的三语生态环境尚未形成，缺乏使用英语的语言环境，因此应在教学上着重培养学生的语言使用能力，尤其是语言理解能力和语言表达能力，重点加强学生的英语听说的练习和应用，帮助学生最终能够准确理解和把握说话人的说话意图，同时能够流畅地运用英语中的多种表达方式进行表述自然、表达准确的沟通和交流。除此之外，在覆盖了语言知识、语言能力、文化意识等语言相关的知识与技能的同时，应在教学当中着重培养学生健康的语言心理和多元文化意识。对于少数民族地区的学生而言，三种语言接触所带来的文化共存意识也应当加以培养。三语接触环境下的民族外语课程应该有多元的目标追求，在强调外语语言能力、语言知识和文化意识的基础上，应将培养学生多语语言心理和多元文化意识纳入课程目标范围（刘全国，2013），充分体现我国少数民族地区的本土特点，使学生更好地适应三语学习环境。

就教学内容而言，我国少数民族地区的三语教育应当充分结合其地域优势，发挥地方文化特色，激发多元文化情景下外语教育的育人功能。就三语教育当中的单种语言的功能而言，作为第一语言的少数民族语言是当地使用最为普遍的语言，其相应的语言思维方式和表征方式都相对固定，这一语言作为少数民族文化的重要载体，应当在三语的教学内容中凸显其经由历史沉淀后保留的独特文化图式。而第二语言（在我国少数民族地区主要为汉语）随后加入到少数民族的语言图景当中，其重要功能为培养具备多语能力和多元文化意识的人才。在第二语言的学习当中，应充分体会文化的传播和融合作用，具体而言，具备民族语言和汉语应用能力的少数民族人才肩负着继承和弘扬本民族文化的重任，同时也担任着汲取先进文化精华、更新本民族文化的历史使命。

在教学资源开发方面，少数民族地区也应当力求本土化。目前，我国少数民族地区大多使用的是全国统编教材，统编教材当中所涉及的很多内容与少数民族地区学生的生长环境、成长经历并不相同，这无疑是在学科本身的难度之上增加了文化差异和生活差异所带来的理解难度，因此，根据少数民族地区的具体情况，开发适合少数民族地区的课程教材不失为一种解决方式。刘全国（2013）在《三语教育与三语教学》一书中建议少数民族地区在教材开发上实施民族内统编、民族间参照、地区间协编、年级间分流的原则。民族内统编教材能够充分考虑不同母语的少数民族学生的语言情况和生活环境，结合民族内具体情况编制易于少数民族学生理解的内容，合理配置资源；民族间参照编制教材则有利于各民族之间的三语教育的协调发展和联动发展，从而逐步提升整体水平；地区间协编有助于建立统一的教学评价体系；年级间分流有利于对学生的不同认知发展水平等因素进行综合考虑，符合语言学习的渐进性原则。

二、师资培养立体化

我国少数民族地区三语教师的师资培养应立体化发展，力求点、线、面结合，将近期需求与长远规划有机融合起来，拓展培养形式，建立真正适合少数民族地区三语教育状况的的三语教师培养方式。

（一）职前培养与职后培养相结合

对于在少数民族地区任教的三语教师而言，不仅需要具备基本的学科专业知识、心理学知识和教育学知识，还应当具备一定的语言迁移方面的研究能力和应对多元文化冲突产生的心理问题的知识储备，因此，在三语教师的职前培养内容上，应当从学科专业培训、教师素养培训、教育实习培训三个方面展开。学科专业培训上，着重提高其三语语言能力和三语执教能力，教师应当具备较为平衡的三语能力，才能在教学实践当中从容应对语码之间的相互转换，更好地指导学生提升三语能力。此外，还应当加强对职前三语教师的学术研究的培训。少数民族地区的三语教育因其民族性和地域性情况较为复杂，具备一定的科研能力有助于三语教师立足于班级、学校具体情况，发现、分析并解决相应问题。教师素养培训上，建议在心理学、教育学等理论知识学习的基础上增加语言学理论知识的学习。深入了解语言习得和语言迁移等方面的理论知识，有助于三语教师立足少数民族三语教育情况，开展三语教学，同时也能够优化职前三语教师自身的能力结构。在教育实习培训上，应当进一步健全实习制度，避免教育实习浮于表面、流于形式，应当让职前三语教师在真实的三语教学环境当中开展教学工作，及时发现自身的不足，在查漏补缺的过程中实现自我提升和自我发展。

三语教师的职后培养应当保证其时间的灵活性和内容的多样性，具体培训课程应当根据语言教育教学理论和教师教育实践的发展及时调整和更新。职后培养可以利用寒暑假时间对教师进行集中的培训，同时也可以依托网络远程教育等方式，充分发挥其灵活性，点、线、面结合，教师可以根据自身情况选择学习如微课制作等某种具体的教学实施技能，在教学实践中随时发现自己需要补充的技能，并在课余时间及时学习。

（二）理论与实践相结合

目前，职前培训基本能做到理论与实践相结合，通过教学实习等形式帮助职前教师更好地熟悉教学环境和教学节奏，在提升职前教师的教学技能等方面发挥了较为明显的作用。然而，大多教师的职后培训停留在理论培训上，对于一些新型的教学模式和方法停留在讲授吸收的层面上。事实上，应当增加课程观摩、教师科研工作坊等实践性的培训内容，并在此基础上增强区域合作，使得不同民族、不同地区的三语教师能够进行较为充分的沟通，也使少数民族地区的三语教师与内地的教师进行教学技能和教学方法上的交流。同时，加强与发达地区的高校或科研机构的合作,努力建立从学术研究到实践教学的一体化流程,通过教学研究降低教学实践的盲目性,逐步实现三语教育科学化、可持续化发展。

(三)教学培训与职业发展相结合

教师培训内容主要集中在具体的教师教学方面,应当适当增加关于教师本身职业发展的相关内容。对于我国少数民族地区的三语教师而言,由于地域偏僻等原因,一些教师难以及时获取职业发展的政策信息,可以通过集中的职业发展培训,帮助少数民族地区的教师了解最新政策动向。

另外,由于教师行业本身的特殊性,教学内容在一定时间和范围内会相对重复,容易引起教师的职业倦怠。在少数民族地区,由于经济发展不充分等原因,这一点体现得更加明显。就此问题,可以借鉴新加坡教育部的做法,以教师的职后培训为契机,充分结合教师本身的能力结构和发展意向,有侧重地对教师开展职业发展的相关培训,帮助教师树立不同阶段的职业奋斗目标,有利于他们更好地投入到教学工作当中。

本章简要梳理了德、法、美、新加坡、日等国家的语言多元化政策及外语教育政策,并对其发展演变逻辑进行了归纳和总结。在此基础上,根据我国少数民族地区三语教育的具体情况,从三语教学本土化和师资培养立体化两方面提出了意见和建议。我国少数民族地区的三语教育在教学上应当考虑当地的教育教学现状,制定符合本土情况的教学目标,同时充分发掘具有本土特色的内容和信息,编制适合本土三语教学的课程教材及资源。在师资培训上,首先,应当促进职前培训与职后培训相结合,构建点、线、面结合的教师教育培训体系;其次,还应注重理论与实践相结合,在教师教学专业内容之外,增添科研实践、教学观摩等多种形式的培训内容,加强与高校及科研机构的合作与交流,提升三语教学的科学性;最后,除了教学专业培训之外,还应当增加教师职业发展的相应培训内容,帮助教师增强自身的内在驱动力,更好地投身于教育教学工作。

第五章 我国藏汉英三语教育的实践形态

三语教育是我国民族教育的重要组成部分，也是我国少数民族地区外语教学普遍采用的教学形式之一，刘全国（2013：4-6）在《三语教育与三语教学》一书中对我国三语教育的存在形态进行了研究，并对第三语言教学和狭义的三语教学两个概念进行了界定和区分："第三语言教学是以第三语言为课堂教学目标语言的教学，而狭义的三语教学是使用三种语言实施的课堂教学，其教学目标不是让学生学习一门语言，而是运用三种语言获得相应的学科知识。"究其本质，两者区别在于教学工具语言和教学目标内容的不同（图5-1）。

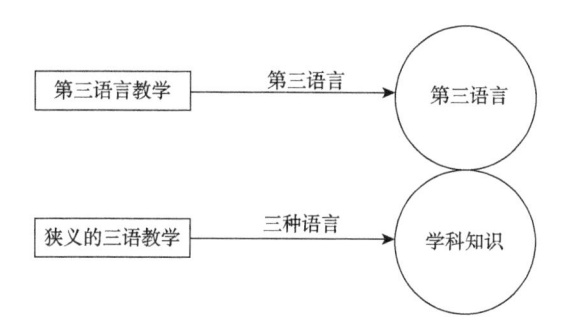

图 5-1 第三语言教学与狭义三语教学的区别

在明确了第三语言教学及狭义的三语教学概念的基础上，本节就具体的教育教学实践形态予以探讨。因各地区政治、经济、教育等发展水平差异，其三语教育实践形态也有所不同。因此，这两种类型又进一步被划分为四种三语教学形态（刘全国，2013：5）（表5-1）。

表 5-1 第三语言教学与三语教学形态分类

三语教学形态		教学工具语言	教学目标语言（L3）	三语教学属性描述			实施对象
				添加性	保留性	淹没性	
第三语言教学	形态1	L_3	+	−	−	+	接受第三语言教育的双语移民
	形态2	L_3	+	+	+	−	接受第三语言培训的双语人
三语教学（狭义）	形态3	L_1，L_2，L_3	−	+	+	−	除第三语言外的三语学科教学

续表

三语教学形态		教学工具语言	教学目标语言（L₃）	三语教学属性描述			实施对象
				添加性	保留性	淹没性	
三语教学（狭义）	形态4	L₁，L₂，L₃	+	+	+	-	以第三语言为目标的三语学科教学

注：1. L₁、L₂和L₃分别代表第一语言、第二语言和第三语言

2. 教学目标语言和三语教学属性描述中，"+"代表"是"，"-"代表"否"

资料来源：刘全国，2013：5

形态1：

以第三语言为教学工具语言，以第三语言发展为目的的非添加性（削减性）第三语言教学。一般情况下，这种教学形态具有一定的削减性，也就是说，其教育目的是用第三语言逐渐取代双语使用者的第一语言和第二语言。其教学工具语言通常全部使用第三语言，因此呈现出一定的淹没性。

形态2：

在这一形态里，第三语言在具备教学工具语言属性的同时，也具备教学目标语言属性。这种形态的教学一般是在保留接受第三语言培训者的双语基础上，增加第三语言的教学，具有强烈的添加性和保留性。

形态3：

在狭义的三语教学范畴内，存在第三种教学形态，即三种语言共同作为教学的工具语言，但第三语言在这一形态内并不具备教学目标语言的属性。三种不同语言被应用于除第三语言科目之外的其他学科的教学实践当中，帮助学生学习和消化其他学科知识。

形态4：

第四种三语教学形态同属于狭义的三语教学范畴，与形态三的显著区别是：在将三种语言共同作为教学的工具语言的同时，将第三语言本身作为教学的目标内容。在使用第三语言进行教学的基础上，使用学生更为熟悉的第一语言和第二语言，使学生能够更好地理解第三语言的语言知识和其背后的文化内涵，促进其第三语言能力的提升。

这一划分方法初步以教学工具语言和教学目标内容对三语教学实践形态进行了划分，为三语教学实践形态的相关研究的进一步深入打下了坚实的基础。在四川师范大学外国语学院主办的"第四届中国少数民族地区三语现象与三语教育国际学术研讨会"上，冯安伟教授归纳总结了四种主要教学模式：增积模式、平衡模式、过渡模式和削减模式，并指出不存在一种绝对模式适合所有的少数民族地区三语教育，只有通过实践与研究，才能获得合适的三语教育模式（王慧、金黛莱、孔令翠，2013）。冯安伟（2014）就上述中国的三语教育模式做了进一步阐

释，虽然主要的增积模式（accretive model）、平衡模式（balanced model）、过渡模式（transitional model）和削减模式（deprecisative model）能够覆盖大部分三语教育形式，但仍存在许多其他形式的三语教育可供探索和研究。

由此可见，从宏观上看，三语教育形态有较为统一的模式与形态，但由于各民族地区经济发展极不平衡，民族呈大杂居、小聚居分布以及少数民族语言系属众多等特点，导致了少数民族三语教育及三语教育研究具有一定的复杂性和多样性（冯安伟，2014）。为进一步充实该领域的研究，本章基于我国藏族地区的总体语言教育情况，以西藏自治区、青海省藏区、甘肃省藏区、四川省藏区和云南省藏区五大藏区作为重点，辅以内地西藏班（校）的教育情况，详细阐释我国主要的藏汉英三语教育实践形态。

第一节　我国藏族地区语言教育政策沿革

西藏和平解放后，国家高度重视藏区的藏语文的使用和教学情况，并制定和颁布了多项政策，以确保藏族地区的语言教育质量，同时促进藏族地区的语言生态和谐发展。1951年9月，教育部召开第一次全国民族教育会议，讨论制定新中国民族教育方针，并在会议报告中明确指出：凡有通行通用文字的民族小学、中学必须用本民族语文教学，可按当地需要和自愿开设汉文课。[①]在新中国成立初期，国家在教育方面大力支持使用本民族语言作为教学的工具语言，在此基础之上，可根据各地区具体情况开设语文课，这不仅确保了少数民族语言的传承，也从某种程度上，使得少数民族地区文化的特色得以保留，成为中华民族瑰丽文化中的重要组成部分。

而后，中国教育事业进一步发展，为适应社会发展节奏，满足少数民族地区人民的语言交流需要，1980年，教育部与国家民委联合发布了《关于加强民族教育工作的意见》，强调："发展民族中小学教育，一定要在教育体制、教学内容和教学方法等方面，适合少数民族的特点。最重要的是，凡有本民族语言文字的民族，应使用本民族语文教学，学好本民族语文，同时兼学汉语汉文。为此，必须加强民族文字教材的编译出版工作。民族文字教材内容一定要注意民族特点和地区特点，要适应多种形式办学的需要。没有本民族文字而有独特语言的民族，也应以本民族语言辅助教学。"民族文字教材建设基础薄弱，问题较多，而且涉及一些政策问题，因此必须加强对这项工作的领导（孟作亭、孟福来，2011：232）。面对民族文字教材建设的问题，国家制定并通过相关法律条款，保证了

[①] 资料来源：中国教育新闻网：http://www.jyb.cn/china/jyssdjt/201409/t20140922_598858.html。

藏语文在教材编写工作和教学过程中的地位。

　　自此以后，藏族地区的教材编译工作进入了快速发展阶段，相应地，以藏语为教学工具语言的汉语文教学也逐步发展为以藏汉双语为教学工具语言，初步实现了藏汉双语教学。西藏自治区、青海省、甘肃省、四川省及云南省的藏语文教材建设和双语教学在这一时期都得到了国家的大力支持，并蓬勃发展起来。青海省成立了青海教育出版社，负责出版藏文课本和相关教材。就西藏自治区而言，至 1983 年，西藏地区所编译的基础教育各科教材已基本满足当地教育需要，并在各中小学、技术院校、专业院校内初步实现了藏汉双语教学。为了切实提高语言教育质量，各藏族地区紧密结合地区语言生态环境和语言教学情况，对其语文科目的学段设置进行了"因地制宜"的安排，此处以西藏自治区、甘肃省甘南藏族自治州、四川省阿坝藏族羌族自治州、云南省藏族地区为例予以说明，如表 5-2 所示。

表 5-2　我国部分藏族地区语言教学学段设置

地区	学段	语文科目设置		语言教育形态	
		藏语文	汉语文	藏语教学	汉语教学
西藏自治区	少数民族小学 一、二年级	+	−	+	−
	少数民族小学 三年级起	+	+	+	+
	汉族小学 一、二年级	−	+	−	+
	汉族小学 三年级起	+	+	+	+
甘肃省甘南藏族自治州	一至三年级	+	−	+	−
	四年级起	+	+	+	+
四川省阿坝藏族羌族自治州	民族小学	+	+	+	+
云南省藏族地区	乡级及以上小学	+	+	+	+
	乡级以下小学 一至四年级	+	−	+	−
	乡级以下小学 五年级起	+	+	+	+

注："语文科目设置"及"语言教育形态"两列中，"+"代表"有"，"−"代表"无"。

　　由表 5-2 可知，我国不同藏族地区对藏语文和汉语文两门科目的开设年级进行了规划，并明确了相应的教学工具语言。

　　第一，西藏自治区根据其地区学校间的差异，在少数民族小学和汉族小学分别进行了不同的语文科目设置安排，并使用不同的教学工具语言。在少数民族小学内，一至二年级学段开设藏语文课程，并使用藏语进行教学，三年级起，增设汉语文课，并逐渐开展藏汉双语教学；在汉族小学，一、二年级学生仅进行汉语文课程的学习，并使用汉语单语进行教学，三年级后开设藏语文课，并实施以汉语为主的藏汉双语教学。

第二，甘肃省甘南藏族自治州，小学阶段在一至三年级使用藏语开展教学活动，同时仅开设藏语文科目；学生从四年级开始学习汉语文，语言教学形态也从藏语单语教学转变为藏汉双语教学。

第三，根据四川省教育厅的相关规定，在四川省阿坝藏族羌族自治州的民族小学范围内，全部开设藏语文和汉语文课程，同时，普遍使用藏汉双语组织教学（孟作亭、孟福来，2011）。

第四，在云南省藏族地区，则根据地域差异，结合学生的语言能力，在乡级及其以上的小学开展双语教育，乡级以下小学则呈四二分段。一至四年级阶段，学生仅需要学习藏语文课程，同时，教师使用藏语进行教学；五年级之后，则普遍同时进行藏语文和汉语文的教授，并使用藏汉双语开展教学。

考虑到地理、历史等多方面因素，我国藏族地区的现代教育水平有待进一步提高，为切实提升我国藏族地区教育教学质量，国家全面实施教育援藏战略，为其提供教育发展的经费保障，并培养和选派了优秀的师资参与到藏族地区的教育事业当中，同时逐步开始践行内地办学政策，并在改革开放后，逐渐作为一项国家长期的内地办学方针确定下来，我国藏族地区的教育事业呈现出良好的发展态势。

双语教育发展逐步稳定之后，国家依旧将我国民族地区的语言教育发展作为重要关注发展对象。2002年颁布的《国务院关于深化改革，加快发展民族教育的决定》明确提出，在民族中小学逐渐形成少数民族语和汉语教学课程体系，在有条件的地区开设一门外语。[①]我国少数民族地区的外语教育初步发展，但由于社会经济发展等多方面因素，民族地区外语教育起步晚、底子薄，发展程度相对滞后，从课程资源、师资力量等多方面都相对落后于内陆和沿海地区（王革、张平，2018）。

2016年，教育部、国家语委发布了《国家语言文字事业"十三五"发展规划》（以下简称《规划》），以"创新、协调、绿色、开放、共享"五大发展理念为指导，并提出未来五年"一个普及、两个全面"的发展目标："到2020年，在全国范围内基本普及国家通用语言文字，全面提升语言文字信息化水平，全面提升语言文字事业服务国家需求的能力。"同时，《规划》在深入分

[①] 资料来源：关于深化改革加快发展民族教育的决定. 2003.教育部民族教育司. 国家民委教育科技司编. 走向辉煌的中国民族教育：第五次全国民族教育工作会议材料汇编. 北京：民族教育出版社.

析我国语言文字事业发展所面临的机遇和挑战的基础上,提出要弘扬传播中华优秀语言文化,包括推进中华优秀语言文化传承发展,科学保护各民族语言文字,深化内地和港澳、大陆和台湾地区语言文化交流合作,加强语言文化国际交流与传播①。

从《规划》可以看出,随着社会快速发展,全球化程度不断深入,国家高度重视语言对国家发展的服务作用,同时强调对中华优秀语言文化的保护、传承和传播。对我国少数民族地区而言,要在保护本民族语言的前提下,进一步进行汉语普及,并在此基础上,提升外语水平,加强语言文化的国际交流。同汉语一样,少数民族语言作为中华语言文化的重要组成部分,要在妥善保护的基础上加以传播,这就要求加强少数民族的三语教育,提升其三语能力,做好语言文化的传承。

在国家各项方针政策大力支持下,我国少数民族地区的三语教学得到了初步发展,但因为起步较晚、基础较薄,在发展过程中仍存在一些问题。为进一步深入探究我国藏族地区三语教育形态,现以我国西藏自治区及内地西藏班(校)、青海省藏区、甘肃省藏区、四川省藏区和云南省藏区为例,重点对我国藏汉英三语教育实践形态进行介绍。

第二节　西藏自治区藏汉英三语教育

西藏自治区,简称藏,位于我国西南边陲、青藏高原的西南部,北邻新疆,东北紧靠青海,东面与四川省相接,东南与云南省相连,南部与西部还与不丹、缅甸、印度、尼泊尔等国家和地区接壤,占据着我国西南边陲的重要战略位置。就行政区划而言,西藏自治区下辖拉萨市、日喀则市、昌都市、林芝市、山南市、那曲市6个地级市,1个地区(阿里地区)。

根据《西藏自治区 2010 年第六次全国人口普查主要数据公报》,西藏自治区常住人口中,藏族人口数为 2 716 389 人,汉族人口 245 263 人,其他少数民族人口为 40 514 人。由此可知,西藏自治区少数民族人口占其常住人口的 91.8%,其中藏族人口占 90.48%,其他少数民族人口占 1.35%,而汉族人口占 8.17%。(图 5-2)

---

① 资料来源:国家语言文字事业"十三五"发展规划:http://www.moe.gov.cn/s78/A18/A18_ztzl/ztzl_ssw/201610/t20161008_283161.html。

第五章　我国藏汉英三语教育的实践形态

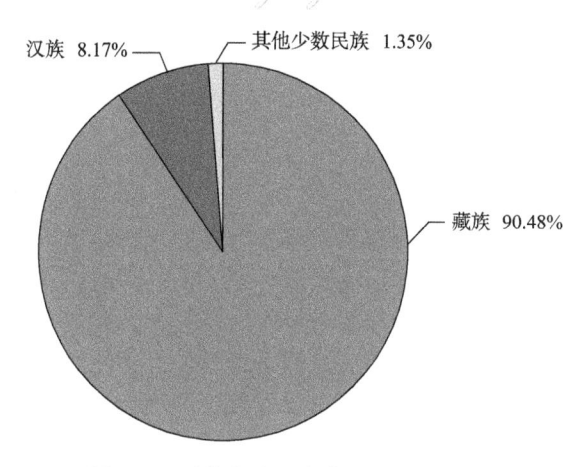

图 5-2　西藏自治区常住人口民族分布

西藏自治区除藏族之外，还有门巴族、珞巴族、蒙古族、回族、怒族、纳西族、独龙族等多个少数民族。这些少数民族中，部分民族有自己的语言，由于与藏族人民有着长期密切的交往，大多通晓藏文；还有部分民族只有语言，没有文字，也基本使用藏文。

以上数据表明，一直以来，藏族都是西藏自治区的主体民族，全区通用藏汉两种语言文字。其中，藏语是西藏自治区主要使用的语言。藏语属于汉藏语系藏缅语族藏语支，有卫藏、康巴、安多三种方言，各种方言之间差异并不大。藏文是一种拼音文字，自左向右书写，包含 4 个元音字符和 30 个辅音字符，字体主要有"有头字"（楷体）和"无头字"（草体）两种，通用于整个藏族地区。藏语和汉语同属汉藏语系，语言距离较近，因此对于藏族学生来说，相对于学习其他语系的语言，学习汉语难度较小；同时，藏文语法接近于屈折语语法，这有利于藏族学生理解英语语法规则，因此藏族学生学习汉语和英语都有其便利条件。

为进一步推动西藏地区的教育发展，国家鼓励藏族地区培养藏汉兼通的双语人才，并支持西藏地区学校创造条件开设英语课程。在国家语言教育政策的指引下，西藏地区的中小学都相继开设了英语课程。随着西藏地区九年义务教育的逐渐普及，英语课程作为当地的主要外语课程的地位得到进一步巩固和确立。城镇中小学大多采用交互式的汉民双轨制教学体系，为减少理解障碍，英语课授课以汉语为主。在"民汉兼通"的基础上增学一门英语，旨在实现民族人才、现代人才和国际人才的统一和结合。

我国西藏自治区的藏汉英三语教育是基于藏汉双语教育而逐渐形成的。自 20 世纪 90 年代以来，西藏各主要中学先后开设了英语课程，同时各小学也逐渐增设了英语课程。与此同时，西藏各高校把英语作为大学必修课程，自此西藏自治区形成了藏汉英三语教学的初步格局（边巴、白玛曲珍、次仁桑珠，2016）。经过多年的发展和完善，西藏自治区的三语教育取得了令人瞩目的成绩，同时，也形成了西藏自治区特有的藏汉英三语教育模式。

一、三语教育发展历史回顾

和平解放初期，随着大批的进藏部队和干部进入西藏自治区，为了民族的融合和工作的需要，许多汉族干部都自觉地学习藏语，同时，许多藏族同志也开始学习汉语。当时在昌都、拉萨、日喀则等地创办的一大批中小学里，藏汉等各族教师密切合作，相互学习，采用藏汉两种语言教学，充分发挥了母语的优势，取得了可喜的成绩。当时的双语教学以藏族母语（藏语）为主，政府没有作硬性的规定。由此不难看出，当时的西藏教育以"以藏语教学为主，兼顾汉语教学"的藏汉双语教学模式展开（史民英、肖铖，2009：75-79）。

《中华人民共和国民族区域自治法》中明确规定："民族自治地方的自治机关根据国家的教育方针，依照法律规定，决定本地方的教育规划，各级各类学校的设置、学制、办学形式、教学内容、教学用语和招生办法。"

20世纪80年代中后期，有关部门制定了在全区各级各类学校中加强藏语文教学的政策和措施，并将藏语文的使用提高到具有法律效力的社会地位上来。1987年西藏自治区人民政府颁布《西藏自治区学习使用和发展藏语文的若干规定（试行）》，第二年又颁布了《西藏自治区学习使用和发展藏语文的若干规定（试行）的实施细则》，使藏语文的学习使用受到了全社会的高度重视（田家乐，2001）。

20世纪90年代以后，西藏地区的藏汉双语教育得到进一步加强，并在藏汉双语教育基础上逐渐形成了藏汉英三语教育。1994年，中共中央、国务院第三次西藏工作座谈会提出了"重视藏语文教学，积极推行双语教学，做到藏、汉兼通，创造条件开设外语课"的语言教学方针。1999年，西藏自治区教育委员会提出各地应根据自身的实际情况选择合适的语言教学。20世纪90年代以来，西藏主要地市级的中学都开设了英语课，部分县级中学和小学也相继开设了英语课程。同时西藏的所有高校都开设了外语（英语）的课程，将汉语文、藏语文和外语（英语）作为必修的基础课程，使得外语（主要是英语）教学在各级各类学校开展并逐步普及开来（史民英、肖铖，2009）。

教育部网站2002年发布的《西藏自治区教育概况》中，在教育教学改革部分明确指出，要继续大力推进素质教育，培养学生创新精神和实践能力，认真执行西藏自治区中小学课程计划，积极推进素质教育；进一步调整课程结构，切实加强"三语"教学。根据该概况介绍，至2002年，我国西藏自治区全区所有小学从一年级起开设了汉语文课，大部分乡镇完全小学从三年级起开设了英语课，三语教育逐渐普及。同时，自治区教育行政部门还十分重视自治区教育交流与合作，利用各种有效渠道，宣传全区改革开放政策和教育发展成就，拓展教育合作交流渠道，加大留学生管理力度。2002年，审批公派及自费出国留学生32人，接收国外留学人员51人，聘请外国文教专家9人，选派短期留学人员8人，接待国内教育考察团队50多个。认真落实外援项目，加强项目管理与监督。继续与美国英语学会合作，培训中学教师和高中学生400余人；成功承办中国－联合国儿童基金会合作项目经验交流会西藏会议；职业教育德国援助项目全面展开，落实合作资金1500万元。①

二、三语教学实施

西藏自治区的藏汉英三语教育已经历了20多年的发展历程，但自治区内的三语教学体制并不统一。区内的相关教育行政管理机构还没有制定出完善的、统一的三语教学管理制度，尤其是英语教学的管理制度（史民英、邢爱青，2011）。

英语课程的设置及开设时间在区内各中小学呈现出极大的差异。有的从小学三年级就开设英语课程，有的整个小学都不开设英语课程，尤其是偏远的农牧区，有的学校进入初中甚至高中才开设英语课程。当然也有部分地区由于紧邻民族高校或地处政治、经济、文化中心，从幼儿园大班就开设有类似少儿英语的兴趣课程。同时，三语教育中英语课程的开课时限、教学内容、评价机制和教师选拔要求也大相径庭（黄信、张丽，2013）。

2001年，西藏自治区教育厅研究员田家乐（2001）曾在《西藏三语教学的昨天、今天和明天》一文中对西藏自治区藏、汉、英三种语文的教学历史进行了回顾，并简要介绍了西藏自治区藏语文、汉语文和英语三门课程在西藏自治区的设置情况。笔者对这一系列情况进行了简要梳理（表5-3）。

表5-3 西藏自治区藏汉英三种语文课程开设情况

学段	班别/学校	藏语文	汉语文	英语
小学	藏族班	+	+	±
	汉族班	±	+	±
初级中学	藏族班	+	+	+
	汉族班	±	+	+
高级中学	藏族班	+	+	+
	汉族班	±	+	+

---

① 资料来源：教育部网站. 2002. 西藏自治区教育概况：http://old.moe.gov.cn//publicfiles/business/htmlfiles/moe/moe_431/200501/5487.html。

续表

学段	班别/学校		藏语文	汉语文	英语
中等专业学校和职业学校	西藏大学医学院		+	+	+
	拉萨市师范学校		+	+	+
	自治区综合中等专业学校		+	+	+
	自治区警察学校		+	+	±
	自治区财经学校		+	+	±
	日喀则地区职业技术学校		+	+	±
	其他		+	+	−
高等院校	西藏大学		+	+	+
	西藏民族大学		+	+	+
	西藏农牧学院		+	+	+
	西藏藏医学院	藏医本科班	+	+	+
		藏医专科班	+	+	+
		藏医成人班	+	+	−

注：表格中"+"表示"已开设"，"−"表示"未开设"，"±"表示"部分开设"。

就三种语文课的开设情况而言，在我国西藏自治区，汉语文课程设置已经基本普及；除了部分中小学的汉族班未开设藏语文课以外，各级各类学校均将藏语文作为主要的语言科目进行教授；而英语课程的开设则因为教育水平、教学需要等原因具有较为明显的学段特征和一定的学校差异。

1. 小学阶段

遵循学生语言认知水平和能力发展规律，大部分小学在三年级以后加设英语课程；部分农牧地区的小学，由于经济发展、师资配备等多方面原因，尚未开设英语课程。个别学校由于缺乏能够承担英语教学任务的教师，仅在三年级后，进行字母的讲授。

2. 中学阶段

在我国西藏自治区的初中和高中，英语课程基本已经普及，并作为与藏语文、汉语文同样重要的主要科目组织教学。

3. 中等专业学校和职业学校

在西藏大学医学院（原自治区卫生学校）、拉萨市师范学校，以及自治区综合中等专业学校都开设了英语课程；自治区警察学校和自治区财经学校则根据具体的专业情况，在部分专业开设了英语课程；日喀则地区的职业技术学校中，部分学校由于自身专业设置及英语师资缺乏等原因，尚未开设英语课程；除以上学校以外，其他中等专业学校和职业学校大多以藏语文和汉语文作为主要的语言科目，尚未开设英语课程。

4. 高等院校

西藏大学、西藏民族大学和西藏农牧学院均开设了藏语文、汉语文和英语课程，并将这三种语言课程设置为主要的必修科目；西藏藏医学院则根据本校学生的具体情况进行了一定的调整，在藏医专科班和本科班均开设了英语课程，藏医成人班的学生则只需要完成藏语文和汉语文两种语言课程的学习。

目前，西藏自治区的中小学中，汉藏双语学校所占比重较大。就总体而言，城镇中小学实行交互式的汉民双轨制教学体系。小学阶段，民族班以藏语为教学用语，三年级开设汉语文课。汉族班的学生以汉语授课为主，三年级开设藏语文课，藏语文课教学的具体要求要比藏族班学生低一些；升入初中后，藏语文课依然作为一门主课进行开设。在基础教育阶段，汉语文课与民族语文课并行发展，形成民族语文与汉语文相互渗透、并行发展的交互性格局。民族班在初中阶段开设英语课，课时由少到多。高等教育阶段，大中专院校中除藏语言文学、藏医等专业课程和公共藏文课外，其他专业课、专业基础课、公共课都用汉文教材，并运用汉语进行教学；汉族和其他母语为非藏语的少数民族学生都必修公共藏语课。英语为必修课，教学用语为汉语。这一教学模式结合了民族传统教育和现代教育，从语言上达到了"民汉兼通"，并在"民汉兼通"的条件下学习一门外语，从而实现了人才规格上民族人才与现代人才的统一结合（刘全国，2013）。

随着外语教育在西藏自治区的逐渐发展和普及，2003年，由西藏自治区教育厅与拉萨市人民政府批准成立了拉萨外语学校，该学校为拉萨市教体局直属的高级中学，主要为拉萨市农牧区学生提供高中阶段的教育。在实施六年一贯制教学的基础上，突出英语特色教育，有针对性地提高农牧区学生的英语水平和使用能力。在国家援藏战略和政府各项政策的大力支持下，该学校与南京外国语学校结成了"手拉手兄弟学校"，每年拉萨外语学校都会派本校教师去往南京外国语学校进行学习交流，不断革新教育教学理念和方法；相应地，南京外国语学校也会定期派教学骨干指导拉萨外语学校的教育教学工作。2011年，该校又与西藏大学旅游与外语学院、文学院、艺术学院相互挂牌，结为教科研共建单位，在教师培训、教学研讨、学生实习等多方面形成合作[①]，逐渐成为西藏自治区三语教育的特色学校。

随着对语言教育重视程度的不断加深，以及对学生综合素养培养意识的不断提升，西藏自治区的基础教育得到了稳步发展，这得益于国家政策的大力支持，其中，开办内地西藏班的举措为西藏自治区的人才培养起到了巨大的辅助作用。

---

① 资料来源为拉萨外语学校。

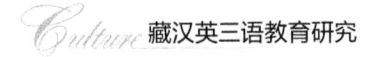

第三节　内地西藏班藏汉英三语教育

一、内地西藏班的开办及发展

1984年初召开了第二次西藏工作座谈会，会上讨论了西藏教育发展存在的主要问题，并详细分析了西藏教育事业发展的限制因素，会议提出"要发展西藏教育，加速培养西藏人才，单纯以西藏的力量和内地派人进藏就地办学还是很不够的，必须打破封闭状态，实行立足本地力量辅以内地志愿的多渠道办学方式"（周润年、塔娜，2017：175）。内地西藏班开办初期，其组织原则是集中与分散相结合，即在部分省市集中创办西藏学校，其他具备一定培养条件的省市开办内地西藏班。经过国家多个部门及相关省市的共同协商，决定在北京、成都、兰州或西安筹建三所西藏学校，在上海、天津等 16 个省、市开办内地西藏班，由西藏选送 10 至 12 岁的小学毕业生，在内地西藏班接受初中学段的教育。于 1985 年，内地西藏班首批招生落实，招收西藏小学应届毕业生共计 1 300 名。

进入内地西藏班学习的小学应届毕业生由西藏教育委员会负责考核和选拔，1985 年首批选送的 1 300 名学生分别来自西藏自治区的拉萨市、日喀则地区、昌都地区、山南地区、那曲地区以及阿里地区，其人数分布比例如图 5-3 所示。

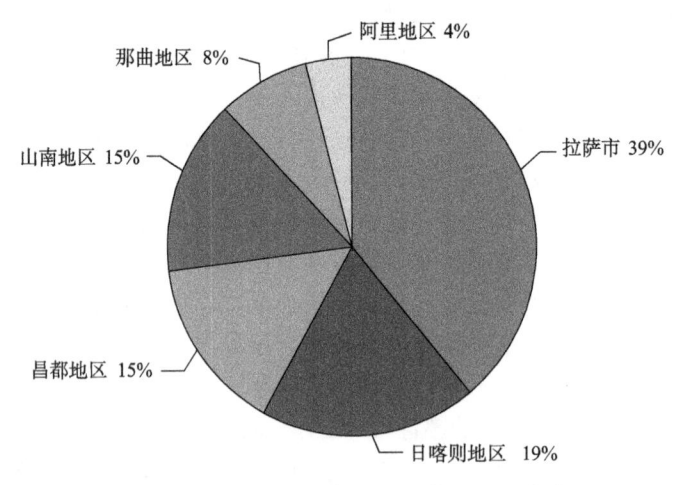

图 5-3　首批内地西藏班选送学生生源分布

其中拉萨市选送 500 名，约占总人数的 39%，主要送往上海市、重庆市、山西省、江西省、浙江省、安徽省和湖南省；日喀则地区选送 250 名，约占 19%，分别送往山东省、河南省和云南省；昌都地区和山南地区分别选送小学毕业生 200 名，大约各占到总人数的 15%，昌都地区学生主要送往河北省和湖北省，山南地区的学生送往辽宁省和江苏省；那曲地区选送 100 名，约占 8%，送往天津市学习；阿里地区选送 50 名，约占 4%，进入到山西省内地西藏班进行学习①。

1987 年，北京市、成都市和兰州市的三所西藏学校开始招生，这三所学校主要面向藏族初中毕业生，在其完成初中学业后进入到内地西藏学校开始高中阶段的系统学习。两年后，内地逐步开办了西藏高中班和中专班。

内地西藏班的办学规模逐渐扩大，参与筹建藏族学校和开办内地西藏班的省、市逐渐增加。喻永庆、孟立军（2016）曾对 1985—1992 年教育部所颁布的内地西藏班招生计划进行了统计，梳理出了该阶段开办内地西藏初中班的学校，如表 5-4 所示。

表 5-4 1982—1992 年开办内地西藏初中班的学校统计

省/市（开办时间）	学校名称	省/市（开办时间）	学校名称
山西（1985 年）	山西大学附属中学校	天津（1985 年）	天津市红光中学
河北（1985 年）	河北师院附属中学	河南（1985 年）	郑州第四中学
辽宁（1985 年）	辽阳市第一中学	江苏（1985 年）	常州西藏民族中学
湖北（1985 年）	荆州市沙市第六中学	浙江（1985 年）	绍兴市第一中学
湖南（1985 年）	岳阳市第一中学	安徽（1985 年）	合肥市第六中学
陕西（1985 年）	华清中学	上海（1985 年）	上海市回民中学
江西（1985 年）	南昌市第十七中学	山东（1985 年）	济南第十四中学
重庆（1985 年）	重庆市第三十一中学	云南（1985 年）	云南师范大学附中
北京（1987 年）	北京西藏中学	四川（1989 年）	成都西藏中学

资料来源：喻永庆、孟立军，2016：179-188

截至 2001 年，全国共有内地西藏初中学校 21 所，内地西藏高中班（校）9 个，中等师范校 2 所，以及各类中专班，遍及我国 28 个省、市和地区②。事实上，这一办班、办学规模还在随西藏人才培养需求的增加而不断扩大。笔者根据 2018 年公布的内地高中西藏班招生计划，对内地高中西藏班设置学校及地区进行统计，如表 5-5 所示。

表 5-5 2018 年开办内地西藏高中班的学校统计

省/市	学校名称	省/市	学校名称
北京	北京市第八十中学	河南	河南省实验中学
	北京工业大学附属中学		郑州市第一中学
	北京师范大学燕化附属中学		郑州市外国语中学

---

① 数据来源：周润年，塔娜. 2017. 西藏教育六十年. 甘肃教育出版社：175。
② 数据来源：周润年，塔娜. 2017. 西藏教育六十年. 甘肃教育出版社：177。

续表

省/市	学校名称	省/市	学校名称
天津	天津市第二南开中学	河南	郑州市第四中学
	北京师范大学天津附属中学	湖北	湖北省孝感高级中学
	南开大学附属中学		武汉市洪山中学
	天津市第七中学		武汉市第四十九中学
山西	山西大学附属中学校	湖南	湖南岳阳市第一中学
辽宁	沈阳市第十一中学		望城县第一中学
	营口市第二高级中学	广东	中山市实验高级中学
上海	复旦大学附属中学		佛山市实验中学
	上海市复兴高级中学		惠州市华罗庚中学
	上海市新中高级中学		珠海市第四中学
	上海市晋元高级中学		佛山市第一中学
	上海市复旦中学	重庆	重庆市第一中学
江苏	江苏省奔牛高级中学		重庆南开中学
	江苏省南通中学		重庆市第八中学
浙江	湖州市菱湖中学		重庆市第七中学
安徽	铜陵市第五中学	四川	四川省温江中学
	芜湖市田家炳实验中学		四川省成都市新都第一中学
福建	漳州市第三中学		四川省双流中学
	漳州市第一中学		四川省双流棠湖中学
江西	进贤县第一中学	陕西	西安高级中学
山东	泰安市第一中学		西安市第八十三中学
	泰安市第二中学		陕西省西安中学
	山东省潍坊第一中学		华清中学
	山东淄博实验中学		

由表 5-5 可知，至 2018 年，内地藏族高中班分布在我国北京、天津、山西、辽宁、上海、江苏、浙江、安徽、福建、江西、山东、河南、湖北、广东、重庆、四川、陕西等 18 个省市的 53 所高中。事实上，不仅内地西藏班开设数量增加，内地西藏学校的数量也明显增长，以高级中学为例，截至 2018 年，我国内地西藏高级中学共计 12 所，分别位于我国北京、天津、河北、山西、上海、江

苏、合肥、河南、湖北、湖南、重庆及四川等 12 个省市，相比 2001 年增加了 3 所，具体信息如表 5-6 所示。

表 5-6　2018 年内地西藏高级中学信息统计

省/市	学校名称	省/市	学校名称
北京	北京西藏中学	合肥	合肥第三十五中学
天津	天津红光中学	河南	郑州第四中学
河北	河北师范大学附属民族学院中学	湖北	武汉西藏中学
山西	山西大学附属中学	湖南	湖南岳阳第一中学
上海	上海珠峰中学	重庆	重庆西藏中学
江苏	南通西藏中学	四川	成都西藏中学

随着内地开班、建校规模的不断扩大，从西藏自治区进入到内地西藏班的学生数量也随之增多。喻永庆、孟立军（2016：179-188）在对我国内地西藏班开班30 年发展历程进行回顾时，就 2000—2009 年内地西藏初中班、高中班及大学招生人数进行了梳理和统计，如图 5-4 所示。

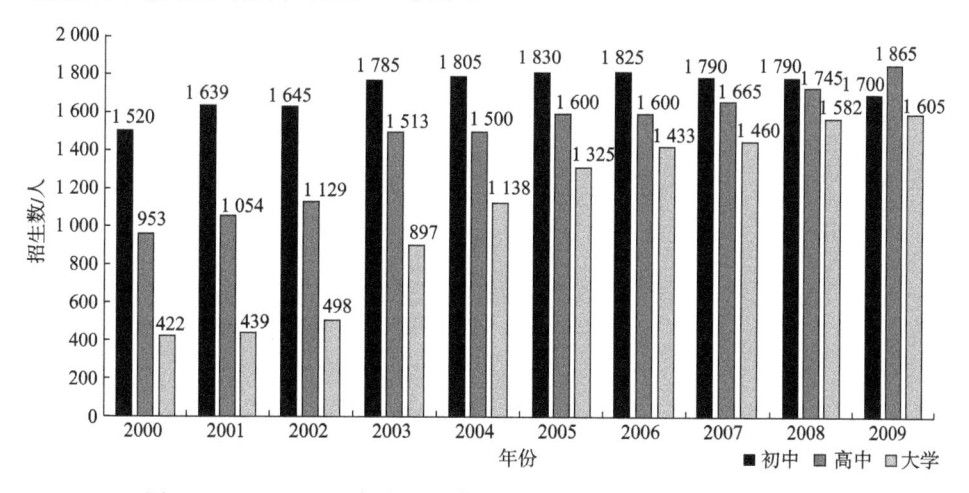

图 5-4　2000—2009 年内地西藏初中班、高中班及大学招生统计
资料来源：喻永庆、孟立军，2016：179-188[①]

由图 5-4 可知，内地西藏初中班自 2000 年至 2005 年招生数量逐年增长，于 2005 年达到最高值，自此之后，缓慢减少；内地西藏高中班招生数量呈波浪式增

---

① 图片引用时版式有所调整。

长，2009年招生数量最多，达到了1 865人；内地西藏大学招生数量在2000年至2002年增长较慢，自2003年起增长速度明显加快，由最初的400余人增长到了1 600余人，表明内地办学扩模逐渐扩大，就读学生学历层次逐渐提高。

以2002年为例，当年内地西藏班（校）有各级各类在校生13 657人，其中初中生6 995人，高中生3 178人，中等职业学校学生1 517人，本专科生1 967人。当年初中招生1 645人，高中招生1 129人，师范小教大专班招生270人，中专招生160人。完成了50名珞巴、门巴、僜人等区内少数民族报考内地西藏初中班的招生录取工作[①]。

就内地西藏高中班（校）而言，开设内地西藏高中班的学校共计53所，独立内地西藏高级中学12所，其招生数量也在不断增长。以内地西藏高中班为例，2018年计划招收西藏地区完成初中阶段学习进入高中阶段的学生1 843名，具体内地西藏高中班分布及各省市招生人数如图5-5所示。

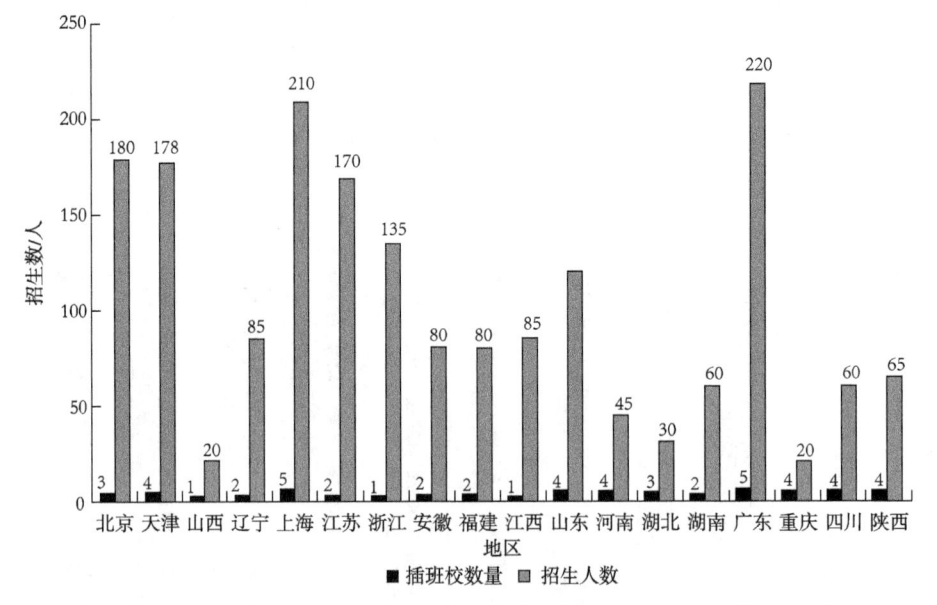

图5-5 2018年内地西藏高中班地区分布及招生统计

除此之外，表5-6中所提及的12所内地西藏高级中学于2018年也招收了西藏地区初中毕业进入到高中学习阶段的学生，共计1 535名，各学校招生名额分布如图5-6所示。

---

① 资料来源：教育部网站. 2002. 西藏自治区教育概况. http://old.moe.gov.cn//publicfiles/business/htmlfiles/moe/moe_431/200501/5487.html。

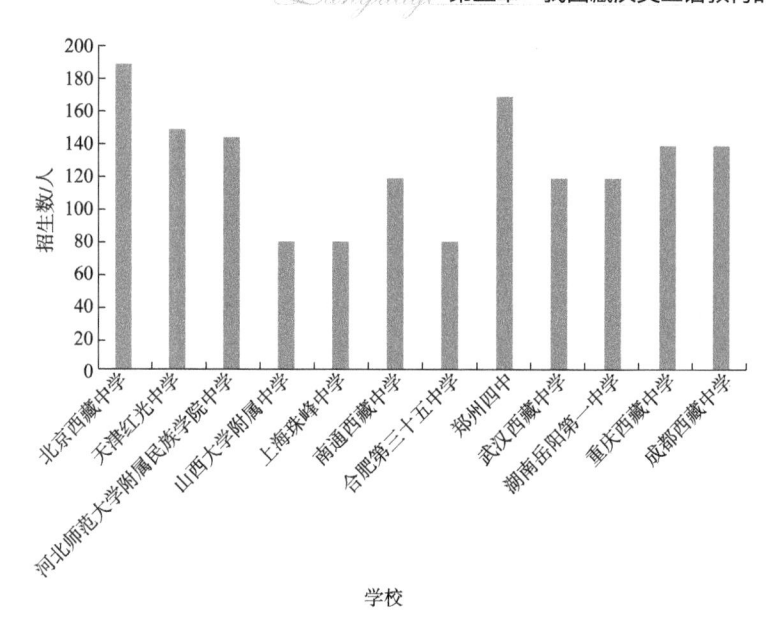

图 5-6　2018 年内地西藏高级中学招生统计

结合图 5-5 及图 5-6 中的数据可知，2018 年，我国内地西藏高中班及内地西藏高级中学共计招收学生 3 378 名，相较于 2009 年的 1 865 人，增长了大约 81.12%。

随着内地西藏班（校）开办经验的积累，及其管理力度不断加大，西藏自治区政府除了重视教育质量以外，考虑到贫困农牧民学生的经济状况，也给予其一定的进藏出藏路费的补助，帮助学生顺利完成学业。

自内地西藏班（校）开办以来，至 2016 年 11 月，累计完成招生 11 万余人，为西藏培养和输送中专以上人才 2.6 万余名，成为我国西藏自治区教育的重要补充形式，各地的内地西藏班（校）也成为西藏人才培养的重要基地，缓解了西藏地区人才相对紧缺、教育基础相对薄弱的问题。致力于内地西藏班教学模式研究的许丽英曾对国家开办内地西藏班的政策给予高度评价："作为我国民族教育政策的一项特别举措，内地西藏班对加速西藏人才培养、促进民族交流和民族团结、推动西藏经济社会发展起到了重要作用。"[1]

二、内地西藏班（校）三语教育实践形态

内地西藏班（校）的设立和筹建，是对西藏人才培养的极大补充，其语言教育方面不同于各藏族聚居地区，在学制安排及藏、汉、英三种语言的课程安排等方面都具有其自身的特征。

---

[1] 资料来源：人民网：http://xz.people.com.cn/n2/2016/1123/c138901-29355267.html.

（一）加设预科教育的学制安排

在设立内地西藏班及筹建内地西藏学校的发展过程中，结合藏族学生的语言能力和学习水平，民族预科教育政策也在随教育发展而不断调整，为内地西藏教育事业和人才培养作了有益的补充。

西藏学生在藏区完成小学阶段的学习，由西藏自治区教育委员会统一考核通过后，选送至内地西藏初中班（校）。起初，内地西藏初中班（校）的学制有别于普通初级中学。内地西藏初中班（校）在初中三年学习之前，加设一年预科学习，帮助学生从语言、文化、生活等方面更好地适应在内地西藏班（校）的学习和生活，为正式的初中学习打好基础、做好准备。而后，随着西藏地区汉语的不断普及和基础教育水平的不断提升，初中预科学习制度于2010年正式取消，此后，进入内地西藏初中班（校）学习的小学毕业生无需再进行为期一年的预科学习，其学制与普通初级中学无异。这一举措加快了西藏学生的学习进度和西藏初中班的教学进度，大大提升了教学效率。

但是，从藏区初中完成学习，进入到内地西藏高中班（校）学习的学生由于长期处于西藏以藏语为主的语言和生活环境当中，对汉语的掌握程度不够熟练，直接进入到高中阶段的学习面临着诸多困难。另外，我们必须站在客观的角度上看待西藏地区与内地在教育教学水平上的差距，尤其是语文、数学、英语三门基础学科。

因此，自2013年秋季学期起，根据教育部的相关规定，内地西藏高中班（校）的学制由三年改为四年，加设一年预科学习。在这一年预科学习阶段当中，其教学重点放在了夯实基础方面，尤其是语文、英语等语言科目，其益处有三：

其一，帮助学生提升其汉语和英语能力，积累相关语言知识；

其二，帮助学生顺利完成语言过渡，增进学生们在各个科目的学习过程中的知识理解，从而提高其综合知识的掌握水平；

其三，适当地延长了高中阶段必修模块的教学时间，有益于学生夯实基础，并以扎实的基础继续后期的学习。

（二）内地西藏班（校）的藏汉英三语教育

从宏观的课程设置和考核标准上讲，除预科教育以外，内地西藏班（校）的课程安排与内地普通中学无异，均须在自身学制时长内完成中学阶段各个科目必修及选修模块的学习，但由于进入内地西藏班（校）的学生自身语言条件的特殊性，其藏语文、汉语文及英语的教学实施与藏区学校存在一定的异质性，现就其藏汉英三语教学实践形态予以说明和阐释。

第五章　我国藏汉英三语教育的实践形态

　　1984年，由教育部、国家计委发布的《关于落实中央关于在内地为西藏办学培养人才指示的通知》中，附件《关于在内地筹建西藏学校和举办西藏班培养人才的意见》（以下简称《意见》）对筹建内地西藏学校和开办内地西藏班在规模、管理、师资、招生等多个方面做出了明确的要求。

　　《意见》在语言课程的教学实施上对内地西藏学校和内地西藏班作出了一定的区分，根据不同办学（班）的组织特征对教学用语进行了明确的规定：对于内地西藏学校而言，《意见》中指出："西藏学校要积极创造条件，初中逐步实行以藏语文教学为主，加授汉语文；高中以汉语文授课为主，加授藏语文，同时学习一门外国语"；对于内地西藏班，则要"以汉语文教学为主，也可以视情况加授藏语文和英语"[1]。

　　除此之外，为了保证内地开班办学的藏语文教学质量，同时提升藏区教师教学水平，《意见》进一步指出："为西藏办班的学校，要充分挖潜、利用本校的师资力量和设备。藏语文教师要由西藏选派，每校5人（其中教师3人，行政管理人员2人），共130人，实行定期轮换，其任务除进行藏语文教学外，还要管理学生生活，进行思想工作，同时还可进修提高业务水平。"[2]

　　由此可见，对内地西藏初级中学的教学用语的要求与藏族聚居区的民族学校相仿，其教学工具语言主要为藏语，其主要学习的语言科目也是藏语文，在此基础上加授汉语文；内地西藏高级中学则要求教学工具语言以汉语为主，并且以汉语文作为语言教学的基础科目，然后加授藏语文，同时学习一门外国语（主要为英语）。对于内地西藏班而言，其语言教学形态主要向内地普通中学看齐。内地西藏班主要分为散插班、汉语班及藏语班三种：

1. 散插班

　　部分汉语掌握较为熟练的学生，插班进入内地普通中学，与普通中学的学生一同学习，其语言教育形态主要为在汉语的基础上加授英语。

2. 汉语班

　　部分汉语掌握程度较好的学生进入内地西藏班的汉语班，其语言教学以汉语文教学为主，并在此基础上加授英语。部分汉语班开设藏语文课程。

---

[1] 资料来源：中华人民共和国国家民族事务会委员网站《教育部、国家计委关于落实中央关于在内地为西藏办学培养人才指示的通知》：http://www.seac.gov.cn/art/2004/6/29/art_142_101155.html。

[2] 资料来源：中华人民共和国国家民族事务会委员网站《教育部、国家计委关于落实中央关于在内地为西藏办学培养人才指示的通知》：http://www.seac.gov.cn/art/2004/6/29/art_142_101155.html。

3. 藏语班

部分汉语水平有限、藏语熟练的学生进入到内地西藏班的藏语班，同时开设藏语文、汉语文和英语三门语言课程，藏语文课程由西藏选派教师教授，教学工具语言为藏语，汉语文则主要用汉语组织教学。

现重点对内地西藏班（校）的三语教育实践情况进一步分析，可将其语言教学形态描述如下（表5-7）。

表 5-7　内地西藏班（校）的语言教学形态

建校/办班形式	语言科目设置	教学目标语言	教学工具语言	语言教学形态
内地西藏初级中学	L_1+L_2（$+L_3$）	L_1	L_1	双语教学形态一（三语教学形态一）
		L_2	L_2	
		（L_3）	（L_2+L_3）	
内地西藏高级中学	$L_1+L_2+L_3$	L_1	L_1	三语教学形态一
		L_2	L_2	
		L_3	L_2+L_3	
内地西藏散插班	L_2+L_3	L_2	L_2	双语教学形态二
		L_3	L_2+L_3	
内地西藏汉语班	（L_1）$+L_2+L_3$	（L_1）	（L_1）	（三语教学形态一）三语教学形态二
		L_2	L_2	
		L_3	L_2+L_3	
内地西藏藏语班	$L_1+L_2+L_3$	L_1	L_1	三语教学形态一
		L_2	L_2	
		L_3	L_2+L_3	

注：L_1、L_2、L_3分别代表第一语言、第二语言和第三语言，此处特指藏语、汉语和英语。

此处所涉及的双语教学及三语教学均为狭义上的双语教学或三语教学，即以第二（三）语言为课堂教学目标语言的教学。根据表5-7，可将我国内地西藏班（校）的语言教育实践类型分为双语教学、三语教学两大类，这两种语言教育实践类型又可分别进一步分为两种教学形态。

第五章　我国藏汉英三语教育的实践形态

1. 双语教学

在我国内地西藏班（校）的语言教学形态中，部分内地西藏初中以藏语文和汉语文为主要语言教学课程，不开设英语课程；内地西藏班中的散插班学生同普通中学生的课堂学习内容相同，仅开设汉语文和英语两门语言课程，不进行藏语文的学习。以上两种教学模式分别呈现出了两种不同的双语教学形态：

双语教学形态一：

这一双语教学形态中，学校在第一语言（藏语）的基础上加授第二语言（汉语），且各自使用与教学目标语言一致的教学工具语言，即使用藏语作为教学工具语言教授藏语文科目，使用汉语作为教学工具语言教授汉语文科目。这一双语教学形态主要出现在我国尚未开设英语课程的内地西藏初级中学。此类学校中，藏语文课程由西藏选派的藏族教师担任授课教师，汉语文课程由内地教师担任授课教师，内地教师大多不懂藏语，因此其汉语课程的教学组织活动一般仅使用汉语。

双语教学形态二：

在我国内地西藏班（校）的语言教学实践当中，存在另一种形态的双语教学，部分汉语掌握程度较好的学生进入到内地西藏散插班中，与普通学校的以汉语为母语的学生一同学习。在这样的班级内，对从西藏选拔的插班生而言，虽然在其母语（藏语）的基础上学习汉语和英语，但此类班级的学生组成中，主要为母语为汉语的学生，从教学角度来看，应界定为汉英双语教学。在汉语文课堂上，教学工具语言为汉语；英语课堂上，则使用汉语和英语两种语言作为教学用语，帮助学生更好地学习和理解英语语言知识和文化背景。

2. 三语教学

我国内地西藏班（校）的语言教育实践中，主要存在两种三语教学形态，第一种形态广泛存在于内地西藏班（校）的教育环境中，第二种形态则仅存在于内地西藏班中的汉语班。

三语教学形态一：

这一三语教学形态，主要表现为在第一语言和第二语言的基础上，加授第三语言。在第三语言的课堂组织上，同时使用第二语言和第三语言作为教学工具语言。该形态主要存在于以下四种教育环境中：

①开设英语课程的内地西藏初级中学；
②内地西藏高级中学；
③开始藏语课程的内地西藏汉语班；
④内地西藏藏语班。

具体到以上教育环境内，该三语教学形态则表现为：在藏语文、汉语文的基础上，加授英语，并使用汉语和英语两种语言作为教学用语组织教学。

三语教学形态二：

在我国内地西藏班（校）教育环境中，存在第二种三语教学形态。这一形态中，虽然仅开设第二语言和第三语言两种语言课程，但全体参与到课堂中的学生均为母语为第一语言的学生，因此仍界定为三语教学形态。

该形态主要存在于我国不开设藏语文课程的内地西藏汉语班。在此类班级中，学生均为母语为藏语的学生，在此基础上，教授第二语言课程汉语文和第三语言课程英语。汉语文课程的教学用语为单一汉语，英语课程的教学用语为汉语和英语。

这一形态的出现，是由于在实际的内地办学过程中，藏语师资力量无法满足同时在内地西藏汉语班和内地西藏藏语班开设藏语文课程。同时，内地西藏汉语班学生对汉语的掌握程度较好，可以通过汉语准确理解各个科目的教学内容，并对相应知识进行理解和消化，因此，部分内地西藏汉语班仅教授汉语文和英语两门语言课程。个别需要学习藏语来增进知识理解的学生，会在正式的课堂教学之外，进行个别辅导。

以上四种语言教学形态，均为我国在开办内地西藏班和筹建内地西藏学校的过程中，不断摸索和探究的成果。在充分调动各类教育教学资源的前提下，为西藏人才培养构建了良好语言教学环境的实践形态，充分体现了社会主义国家集中力量办大事的制度优势，也进一步为我国整体人才培养事业添砖加瓦。

第四节　青海省藏区藏汉英三语教育

一、地区简介

青海省位于祖国西部，雄踞世界屋脊青藏高原的东北部，全省均属青藏高原范围内。因境内有国内最大的内陆咸水湖——青海湖而得名，简称"青"。青海是长江、黄河、澜沧江的发源地，故被称为"江河源头"，又称"三江源"，素有"中华水塔"之美誉。青海省地理位置介于东经89°35′—103°04′，北纬31°36′—39°19′之间，全省东西长1 200多千米，南北宽800多千米，总面积72.23万平方千米，占全国总面积的1/13，面积排在新疆、西藏、内蒙古之后，居全国各省、自治区、直辖市的第四位。青海北部和东部同甘肃省相接，西北部与新疆维吾尔自治区相邻，南部和西南部与西藏自治区毗连，东南部与四川省接壤，是联结西

第五章 我国藏汉英三语教育的实践形态

藏、新疆与内地的纽带。青海全省平均海拔 3 000 米以上①。

青海省下辖西宁市、海东市两个地级市和玉树藏族自治州、海西藏族自治州、海北藏族自治州、海南藏族自治州、黄南藏族自治州、果洛藏族自治州 6 个民族自治州。省内有藏族、回族、蒙古族、土族、撒拉族等 43 个少数民族。2017 年末，全省常住人口 598.38 万人，少数民族人口 285.49 万人，占 47.71%。②

就教育事业发展来看，根据青海省教育厅于 2018 年 3 月发布的《2017 年全省教育事业发展统计公报》中对于民族教育概况的介绍，民族教育占到了该省总体教育体量中接近一半的份额③。从青海省中小学总数量和民族中小学数量来看，全省学校总数为小学 758 所、中学 371 所，其中民族小学 437 所、民族中学 120 所，分别占全省小学和中学学校总数的 57.65%和 32.35%，总体占比情况如图 5-7 所示。

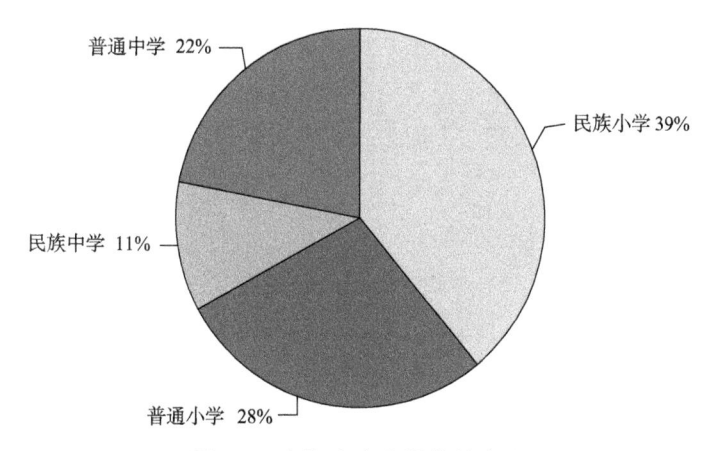

图 5-7 青海省中小学数量占比

由图 5-7 可知，在全省小学和中学中，普通中学约占 22%，普通小学约占 28%，民族中学约占 11%，民族小学约占 39%，民族中小学办学总数约占全省的 50%。从全省学生总数与少数民族学生数量来看，青海省各级各类学校共有少数民族学生 757 554 人，占全省学生总数的 56.5%，其中：学前教育少数民族在园幼儿 115 486 人，占学前教育在园人数的 55.7%；义务教育阶段少数民族学生 411 850 人，占义务教育阶段在校生的 61.4%；特殊教育学校少数民族学生 959 人，占特殊教育学校在校生的 54.2%；高中教育阶段少数民族学生 90 713 人，占高中阶段在校生的 45.6%；高等教育阶段少数民族学生 38 546 人，占高等教育在校生的

---

① 资料来源：青海省人民政府网：http://www.qh.gov.cn/dmqh/glp/。
② 数据来源：青海省人民政府网：http://www.qh.gov.cn/dmqh/glp/。
③ 数据来源：青海省教育厅网站.《2017 年全省教育事业发展统计公报》，http://www.qhedu.gov.cn/zwgk/jyfz/201803/t20180306_26074.html。

47.1%。青海省少数民族学生在各级各类学校的所占数量如图 5-8 所示。

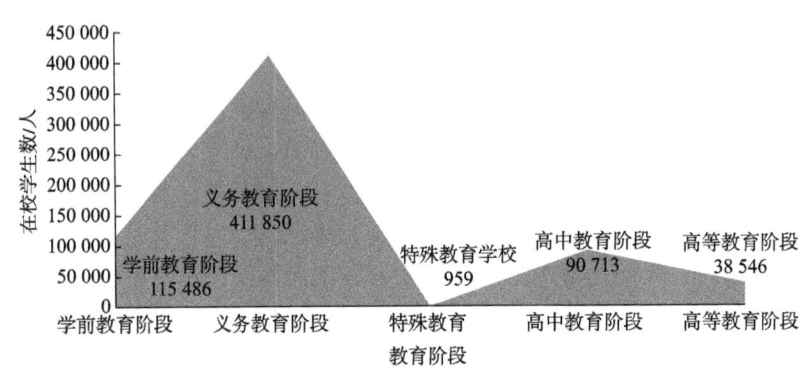

图 5-8　青海省在校少数民族学生分布

结合图 5-7 和图 5-8 的数据来看，民族教育是青海省教育事业的重要组成部分，其教育质量和教育水平很大程度上影响着该省教育事业的整体发展。语言作为重要的教学媒介，在民族教育方面占据着不可替代的地位，现就青海省藏区的三语教育情况进行分析。

二、三语教育实践形态

就青海省藏区的三语教育而言，主要是在藏汉双语教育的基础上，增设英语科目而形成的三语教育，具有一定的添加性，其具体表现为"藏语+汉语+英语"。这种形态在充分确保我国少数民族地区语言和文化的多样性的同时，为青海藏区的三语教学提供了相对统一的三语教学模式，但由于省内不同地区之间的经济发展、教育水平等存在差异，具体的课程设置也有所不同。

在青海藏区，一些州级小学或县级小学会根据学生语言掌握情况，从小学一年级或四年级起开设英语课，均采用全国人教版通用的教科书。这些学生在完成小学阶段的学习后，可以顺利进入并适应初中阶段的英语学习。而对于地处偏远农牧区的学生而言，小学阶段尚未涉及英语科目的设立。另外，一些民族中学通常设有民族班和普通班，民族班开设藏语文和汉语文两种语言课程，通常不开设英语课程，普通班则加授英语。为了保证教学评价的公平性，在升学考试中，学生报考民族院校或民族班，学生的英语成绩并不计入总成绩，因此，学生的英语成绩并不影响其升学（戴延红，2017）。

从师资培养上看，青海省政府及教育部门充分重视民族地区教师的语言培训，例如，2014 年，依照青海省教育厅的要求，各学校依托青海师范大学和青海民族大学组织了对六州藏区汉语文教师、藏语文教师、英语教师等多科目教师的双语教师培训。培训的主要方式有"一对一"跟岗培训、集中培训、送教下乡、承包式培训四种,以培训基地和培训点为依托,加强教师的专业培训①。对于英语教师而言,这一培训是对其三语教学实践中第一语言和第二语言教学基础的夯实,有益于培养出优秀的民汉兼通的英语教师,为后期推动三语教育事业打下基础。

除此之外,当地高校也自觉承担起培养三语教师的责任。2010年,青海民族大学外国语学院在英语专业的培养方式计划中,增设了藏汉英三语方向,招收汉语基础较好的少数民族学生。该专业方向的培养目标是将掌握一定藏语能力的学生培养成既具有扎实的英语语言基础知识、英语教育教学理论知识及广博的文化知识,同时也具有较强的英语语言应用能力、英语教育教学实践能力及英语教育教学研究能力,即具有扎实的藏语及汉语基础知识,能较为熟练地运用藏、汉、英三种语言从事教学、学术研究,以及文化宣传、新闻编辑等实际工作的复合型人才。毫无疑问,这些举措会给青海地区三语教育的开展培养一批具备较强三语语言能力及三语教学能力的三语师资的储备力量。

第五节 甘肃省藏区藏汉英三语教育

一、地区简介

甘南藏族自治州是我国十个藏族自治州之一,位于甘肃省西南部,地处青藏高原东北边缘与黄土高原西部过渡地段,是藏、汉文化的交汇带,是黄河、长江的水源涵养区和补给区,被费孝通先生称为"青藏高原的窗口"和"藏族现代化的跳板",并被国家确定为生态主体功能区和生态文明先行示范区。

甘南历史悠久,新石器时代在三河一江流域就有人类开发这块荒原,随着历史的进程,甘南的羌部逐渐建立自己的部落联盟或依附中原王朝,民族间的交流便逐渐频繁起来。秦时部分地方已属临洮管辖。西汉时,东部属陇西郡,北部属金城郡,设白石、羌道两县。隋时的临洮郡、枹罕郡、宕昌郡分别管辖今甘南的西北和东南部部分地区。唐朝初年废郡置州,甘南境内曾为洮州、芳州、迭州的全部和河州、宕州的部分,西北部属吐谷浑、吐蕃的范围。元代属宣政院管辖,吐蕃等处宣慰司统领。明代属陕西都司管辖。清乾隆时,州境大部属巩昌府,夏河由循化抚番厅管辖。1913年废府设道,临潭县属兰山道,西固县(今舟曲县)属渭川道。1928年建立夏河县,改属甘肃管辖,1937年成立卓尼设治局。1949年

---

① 资料来源:青海省教育厅网站.《全面提升我省民族地区双语教师队伍素质》: http://www.qhedu.cn/jyxw/jyzt/sjjs/sjjsgzdt/201410/t20141010_15129.html。

9—12月，临潭、卓尼、夏河、西固相继解放。1952年7月设立甘南藏区委员会，1953年10月甘南藏族自治区成立，1955年7月1日改为甘南藏族自治州。州府设在合作市，是全州政治、经济、文化中心①。

甘南南与四川阿坝州相连，西南与青海黄南州、果洛州接壤，东部和北部与陇南市、定西市、临夏州毗邻，总面积4.5万平方公里。共有藏、汉、回、土、蒙古等24个民族，其中，藏族占54.2%。截至2012年，甘南下辖夏河、玛曲、碌曲、卓尼、迭部、临潭、舟曲七县和合作市，99个乡（镇、街道办），其中玛曲、碌曲、夏河、卓尼、合作五县（市）为纯牧业县（市），迭部、临潭、舟曲三县为半农半牧业县②。

根据全州2017年人口变动抽样调查汇总结果，并参考2010年全州第六次人口普查数据、州人口与计划生育年报数据和州公安局人口年报数据，全州2017年末常住人口为71.62万人，比上年净增0.6万人。其中城镇人口24.36万人。③

截至2012年底，甘南州有各级各类学校472所，其中：小学417所，普通中学41所，职中9所，中专4所，特殊教育学校1所，在校学生140 705名。幼儿园83所，在园幼儿8 575名。中小学及幼儿园少数民族在校学生109 463名，其中藏族学生77 204名。实行藏汉双语教学的中小学143所，占甘南州中小学数的31.2%；在校学生51 363名，占甘南州中小学生数的37.1%。寄宿制学校175所，占甘南州中小学数的38.2%；寄宿学生98 842名，占甘南州中小学学生数71.4%。④

二、三语教育实践形态

从20世纪50年代开始，甘南逐步在初级学校中建立了以教授藏语文为主、用藏语文授课的教育体制。经过较长时间的实践探索，提出了"两个为主"的藏汉双语教育模式，即以藏语文的学习和教学用语为主，单科加授汉语文，以及以汉语文的学习和教学用语为主，单科加授藏语文。王洪玉指出，第一类双语教育模式，即"以藏为主"类教育模式的教学目标在于引导藏族教育从传统走向现代，由单一教育走向复合教育。把学生学习的重点放在对民族语言文化的掌握与对现代科技知识的传授上，从语文上达到"民汉兼通"，从文化程度上达到民族人才与现代人才的统一结合。第二类双语教育模式，即"以汉为主"类教育模式的教学目标是要求学生达到"主通辅懂"，从不同的语言系统去掌握共同的教学内容——民族传统文化成果与现代科技成果。同时也提出了两类双语教育模式的

---

① 资料来源：甘南藏族自治州人民政府网站：http://www.gn.gansu.gov.cn/2018/lsyg_0411/230.html。
② 数据来源：甘南藏族自治州人民政府网站：http://www.gn.gansu.gov.cn/2018/lsyg_0411/230.html。
③ 数据来源：甘南藏族自治州人民政府网站：http://www.gn.gansu.gov.cn/2018/rkqk_0411/16742.html。
④ 数据来源：甘肃省教育厅网站：http://www.gsedu.gov.cn/content-18686.htm。

具体操作程序和实施策略（王洪玉，2010）。

随着该地区双语教育的不断发展，后期又出现了部分课程以汉语授课、部分课程以藏语授课的第三种双语教育模式。甘南藏族自治州的藏汉双语教育已经基本普及。在《国家中长期教育改革和发展纲要（2010—2020年）》和《甘肃省"十三五"教育事业发展规划》的指导下，甘南藏族自治州政府发布了《甘南藏族自治州"十三五"教育事业发展专项规划》，对"十二五"期间全州所取得的教育成果进行了梳理总结，提到"双语教学模式进一步完善。以培养藏汉双语兼通人才和提高少数民族学生就业创业能力为目标，以'双加强、双提高'为原则，科学稳妥推进双语教学，构建了科学合理的教学模式，接受双语教学的学生数量大幅度增加"[①]。全省藏区现有双语类中小学、幼儿园308所，占藏区中小学、幼儿园总数的41%，其中双语学生4.72万人，占在校生总数的30.82%，双语教师2 991名，占专任教师总数的21.3%。这充分表明甘南的藏汉双语教学基础已经基本稳固，在此基础上增加英语教育成为时代和社会发展的必然。

20世纪90年代以来，随着英语课程开始进入少数民族地区中学的课程体系，三语教育和三语教学成为我国民族教育的新特色。2007年，甘肃省教育厅下发《关于在实行"双语"教学的民族中小学开设英语课程的通知》，决定从2007年秋季开始全省少数民族地区实行"双语"教学的中小学积极创造条件，开设英语课程。据此，甘南州进一步加强对民族中小学英语教师的培养和培训，并从小学三年级开始加授英语课程。

尽管甘南地区中小学的藏汉英三语教育已经经历了十多年的发展，然而由于师资相对短缺、教学方法相对单一，学生只能通过英语课堂学习英语，没有自然学习英语的社会环境，英语与汉语文课程相比更加缺乏合格的英语教师，因此学习难度更大。此外，学生都来自农牧区，汉语水平低，由于除藏语文之外其他课程都用汉语讲授，学习中遇到困难不能及时向老师提出，所以使学习兴趣降低，从而导致藏族学生的汉语和英语水平相对落后（李亚红，2012）。

除中小学以外，甘南地区的高等院校的三语教育也颇具特色。甘肃民族师范学院在大学英语教学工作中，制定了具有针对性的英语分层教学方案：在入学初，将学生根据高考英语成绩进行分班，并根据不同班级的英语水平确定不同的教学内容和教学方法。对于英语零基础的学生，学校外语系编写了三语教材，帮助他们更好地理解英语的语言知识和文化背景。对于这一类学生，他们的英语听说课则直接由外籍教师组织教学，营造充分的语言环境和氛围，激发学生的英语学习兴趣，使其在双语基础上更好地理解和消化第三语言。

---

① 资料来源：《甘南藏族自治州"十三五"教育事业发展专项规划》：http://www.gn.gansu.gov.cn/2017/zfuwj_0505/9920.html。

总体而言，甘南藏族自治州由于地域差异、师资力量不足等原因，其三语教育状况仍需进一步改善，尤其是基础教育阶段的英语教学水平和质量亟待提升。

第六节　四川省藏区藏汉英三语教育

一、地区简介

阿坝藏族羌族自治州位于四川省西北部，紧邻成都平原，北部与青海、甘肃省相邻，东南西三面分别与成都、绵阳、德阳、雅安、甘孜等市州接壤，下辖马尔康、金川、小金、阿坝、若尔盖、红原、壤塘、汶川、理县、茂县、松潘、九寨沟、黑水13县、市，219个乡镇（镇51个，乡168个），1354个行政村。截至2018年底，阿坝藏族羌族自治州户籍人口904900人，其中藏族536375人、羌族28415人、汉族170507人、回族28415人，其他少数民族1762人，占总人口比例分别为59.3%、18.5%、18.8%、3.1%、0.3%。是四川省第二大藏区和我国羌族的主要聚居区。

2015年末，全州有大专院校1所，有专任教师410人，在校生6765人，当年招生2728人，当年毕业2312人；有中等职业学校4所，专任教师359人，在校生3247人；电大1所，在校生2458人；有小学264所，专任教师6304人，在校生63073人；初级中学57所（含九年一贯制12所），专任教师3940人（其中包含完全中学初中部分），在校生44687人；高中19所，专任教师1281人，在校生16039人；幼儿园322所，在园幼儿27876人。小学、初中阶段入学率分别为99.8%和101%。接受"9+3"藏区免费教育的学生7170人，全部免除学费的同时享受每学年3000元的生活补助[①]。

二、三语教育实践形态

目前，四川省藏区中小学已经广泛开展英语课程，形成了以藏语为母语、汉语为第二语言、英语为第三语言的藏汉英三语教育格局。在国家政策的大力扶持下，四川阿坝藏族羌族自治州的三语教学师资得到一定的补充，尤其是非藏族教师，但就其三语教学现状而言，仍存在一定的困难。卿丽（2013）曾结合自身教学经验以及调查研究结果，对该地区中学藏汉英三语教学现状进行了分析，认为四川藏区的三语教育仍存在以下三方面的问题：

①学生母语文化根深蒂固，汉语基础弱；

[①] 数据来源：阿坝藏族羌族自治州人民政府网：http://www.abazhou.gov.cn/abgk/jbzq/。

②缺少父母监管，学生自主学习能力有限；

③教材、教师不适应。

藏区学生长期生活在民族教育环境中，具有自然的藏语思维习惯，加之汉语基础不牢固，在藏语、汉语、英语三语之间进行语码转换时受到一定的阻碍，不能快速准确地理解英语文本所表达的含义。长此以往，学生容易产生排斥心理，自主学习动机减弱，加之家长对学生的英语学习缺少监督，部分英语教师选择利用课堂时间督促学生进行进一步消化。另外，由于藏族英语教师的缺乏，该地区的英语教师大多为非藏族教师，难以在汉语教学的基础上附加必要的藏语解释，无论是教师教学还是学生理解，均存在一定困难。

针对以上问题，当地教育部门积极作出调整，旨在为藏区学生进一步营造三语学习环境，提升三语教学质量。在英语课程设置方面，2015年，四川省教育厅下发的《四川省义务教育课程设置方案》（2015年修订）中提出：小学开设外语的起始年级一般为三年级。有条件的地区可以从一年级开设外语。初中阶段开设外语课程的语种，可在英语、日语、俄语等语种中任选一种。外国语学校或其他有条件的中小学可以开设第二外语。对义务教育阶段英语课程的开设时间及其他外语课程的开设作了相应的规定。

在义务教育阶段的教学用书方面，阿坝藏族羌族自治州教育局结合当地情况下发了选用目录。就英语科目而言，使用四川教育出版社出版的"新课程"教材，同时配备人民教育出版社的全国通用辅助教材作为练习资料。在充分结合四川省藏区语言教育现状的前提下，选用当地开发编制的英语教材作为主要的教学内容；同时，为了确保学生切实提升英语水平，缩小英语教学的地区差异，练习材料配备人教版辅助教材，教师可根据具体学习内容进行课堂练习、课后作业的合理安排，双管齐下，帮助学生更好地理解和消化第三语言知识。除英语科目以外，根据当地学校语言使用情况，向藏区学校发放中央财政免费教材，其中小学阶段的汉语文教材均为使用汉语编写的教科书，包括藏语文在内的其他学科均使用藏文教科书。

在三语师资培养方面，四川师范大学于2012年起，每年从英语专业中选拔30名优秀学生，单独建立面向我国藏区的"陶行知藏汉英三语教师培养实验班"，在参考和借鉴国内外双语及多语教师培养培训理论研究成果与实践经验基础上制定了培养方案。作为该项目的主要负责人，四川师范大学外国语学院孔令翠教授认为："中国是个多民族的国家，民族关系一直是我国的复杂问题，可同时我国缺乏少数民族文化的研究人才，开办陶行知班，动员同学们学习藏族文化和语言，增进对藏族的了解……在其独特的'三语'教学模式下，通过对不同文化的学习，陶行知班的同学们能够深入体验、深入观察并深入思考，进而为藏区经济文化建设和西部大开发建设贡献自己的一份力量。①"

"陶行知藏汉英三语教师培养实验班"的培养目标是为藏区，尤其是四川藏区、内地西藏学校、内地西藏班培养符合时代要求的藏授英语教师，并致力于将其培养成为藏族的教育事业的管理者和藏族社会文化的研究从业者。从课程设置上来看，该学校在英语师范专业的课程的基础上，增设了藏语、藏族文化、藏汉英三语对比等提升职前三语教师的三语水平的相关课程。实验班培养从教学时间、质量评估、队伍建设与保障机制等多方面入手，旨在提升藏区中小学英语教师专业技能，同时培养其使用藏语教授英语的能力。

第七节　云南省藏区藏汉英三语教育

一、地区简介

"迪庆"藏语意为"吉祥如意的地方"，迪庆藏族自治州是云南省唯一的藏族自治州，位于云南省西北部，地处滇、川、藏三省区结合部的青藏高原南延地段，是香格里拉、世界自然遗产"三江并流"腹心区。全州面积 23 870 平方公里，辖香格里拉县、德钦县和维西傈僳族自治县 3 个县，29 个乡镇，182 个村民委员会；总人口 37.2 万人，其中少数民族人口占总人口的 83.56%，生活着藏、傈僳、纳西、白、彝等 26 个少数民族。藏族人口 13 万余人，占总人口的 33%；傈僳族人口 10 万余人，占总人口的 29%。②

就教育发展的整体情况而言，截至 2014 年末，迪庆藏族自治州全州拥有幼儿园 13 所，在园幼儿 5 934 人。小学 77 所，小学在校学生 27 728 人。中学 10 所，其中初级中学 7 所，完全中学 3 所。初高中在校学生 20 062 人，其中高中在校学生 6 693 人，初中在校学生 13 369 人。中等专业学校 1 所，在校学生 1 766 人。职业中学 2 所，教师进修学校 3 所。③

由图 5-9 可较为直观地看出该地区的各级各类学校所占比重，相较于其他阶段的学校，当地小学学校数量明显较多，表明当地政府及教育部门十分重视基础阶段的教育，提供了较为充足的教育资源和场所，为学生后期进入初中、高中等阶段的学习打好基础。

---

① 资料来源：四川师范大学外国语学院网站：http://fl.sicnu.edu.cn/p/0/?StId=st_app_news_i_x634879744825660000。
② 资料来源：迪庆藏族自治州人民政府网站：http://www.diqing.gov.cn/mldq/dqgl/。
③ 资料来源：迪庆藏族自治州人民政府网站：http://www.diqing.gov.cn/mldq/kjdq/。

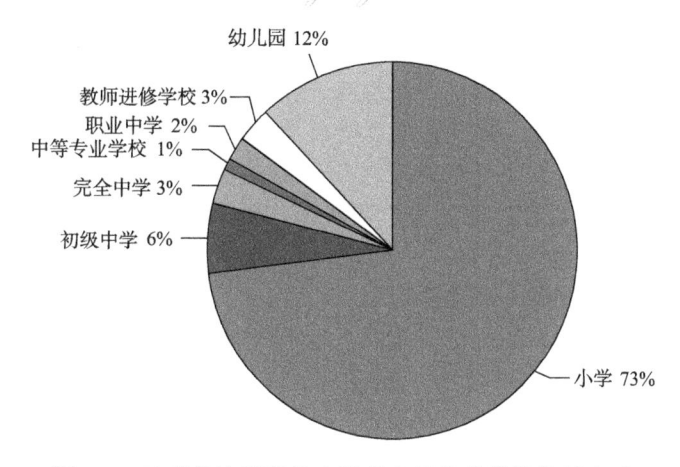

图 5-9　云南省迪庆藏族自治州各级各类学校数量占比

二、三语教育实践形态

迪庆州教育局于 2018 年对当地学校学生近年来的初高中考试成绩进行了整理和分析，分析结果表明：迪庆州英语成绩与相邻州市相比仍有差距。2018 年 8 月 24 日，迪庆州教育局发布了《迪庆州教育局关于各县市推进小学英语课程建设的通知》（以下简称《通知》）①。《通知》明确指出了当前迪庆州在英语教育方面存在的问题："由于教育发展滞后等原因影响，截至目前，迪庆州小学英语课程仍未实现全面开设。"同时，《通知》明确了英语教育作为基础性课程的课程定位，并充分强调了在小学开设英语课程的必要性。笔者对其具体内容进行了梳理，具体内容如表 5-8 所示。

表 5-8　迪庆藏族自治州推进小学课程建设安排

总体目标	从 2018 年秋季学期开始，全州所有小学三年级以上开设英语课程		
	课时量：2 课时/周		
基本要求	1. 激发和培养学生的英语学习兴趣 2. 培养学生一定的语感和良好的语音、语调基础 3. 引导学生乐于用英语进行简单的交流		
教学重点	培养学生用英语进行交流的能力和兴趣		
评价要求	采取达标等方式记录，不采用百分制，不实行考试成绩排队		
评价方式	三、四年级	以教师对学生观察及与学生交流等方式进行评价	
	五、六年级	期末或学年考试：口笔试结合 口试：考查学生实际运用能力 笔试：考查学生听和读的能力	

---

① 资料来源：迪庆藏族自治州教育网：http://dqzjy.gov.cn/Content-5532.aspx.

《通知》发布后，自2018年秋季学期，英语课程逐步在迪庆藏族自治州推广和普及，但由于小学英语课程的普及自2018年8月底开始，起步较晚，在小学阶段目前尚未形成统一化、体系化的三语教学模式。考虑到各学校具体情况存在差异，《通知》要求各学校可充分结合实际情况，确定科学合理的小学英语教学方式，努力为学生创设良好的语言学习环境。针对尚不具备英语师资条件的地区，要求积极利用英语电视节目、录像带、光盘和录音带等多方面的信息化资源，在教师的指导下开展英语教学活动。

一直以来，当地教育部门十分重视当地英语师资的培养和培训，在"国培计划"的带动下，2018年3月22日，启动了云南省迪庆高中英语和宏宴名师工作坊[①]。名师工作坊一般由获得省级和州（市）级学科带头人以上称号的名师担任工作坊坊主，坊主带领本地区15名同一学科的中青年骨干教师共同组建工作坊。该工作坊为当地英语师资培养提供了良好的平台，并与相关教育部门同心协力，开展教研活动，旨在帮助当地英语教师提高教育教学素养，助力助推新教师成长，不断完善迪庆藏族自治州的英语教育体系。

从宏观上看，我国三语教育模式与形态较为统一，但各民族地区经济发展极不平衡，因此少数民族三语教育及三语教育研究具有一定的复杂性和多样性。本章从地区情况和三语教育实施两方面入手，主要介绍了西藏自治区、内地西藏班（校）、青海省藏区、甘肃省藏区、四川省藏区和云南省藏区等的藏汉英三语教育实践形态，以期对我国藏族地区的三语教育的全貌进行全景式的描写和透视。

---

① 资料来源：迪庆藏族自治州教育网：http://dqzjy.gov.cn/Content-5384.aspx。

第六章　我国藏族地区三语教育现状分析

第一节　藏汉英三语教育调查研究设计

一、研究设计

本调查研究以我国西藏自治区和甘肃省甘南藏族自治州为样本地区，先后于 2013 年至 2014 年分别赴两地开展了藏汉英三语教育田野调查。考虑到西藏自治区和甘南藏族自治州的具体情况，进入藏区调研的难度较大，时间长度受限，课题组提前编制了调研工具，并不断修改完善调研工具，为赴样本地区调研做好前期准备工作。

为切实了解样本地区师生的语言态度和语言能力，课题组在大量收集和查阅相关文献资料、参考相关研究工具的基础上进行调研工具的编制，经过反复修正，最终得以确定。针对我国少数民族地区三语教学现状，分别编制了面向教师和学生的调查问卷：《我国少数民族地区三语教学现状调查问卷（教师）》和《我国少数民族地区三语教学现状调查问卷（学生）》。

《我国少数民族地区三语教学现状调查问卷（教师）》由三个部分组成：第一部分采集被调查教师的个人信息，包括性别、年龄、教龄、民族、学历、月收入水平、毕业学校、职称、所学专业、所教课程、学校性质、学校地点、所教年级、所教班级数、班级规模、周课时数、其他校内兼职等信息；第二部分的测试题型为五级量表，主要了解教师的三语语言态度、三语语言使用情况及所教班级学生三语语言课程情况；第三部分以多项选择题为主要形式，开放性问答题辅之，旨在了解教师所在学校的师生人数及民族组成、所教班级学生的三语语言学习情况、教师自身的三语语言掌握情况及使用偏好等情况。

这一研究工具主要涉及以下三个维度：
①教师三语语言文化生态认知；
②教师三语语言态度；
③教师三语语言能力（表 6-1）。

表 6-1　教师问卷结构

研究维度	问题编号及方向			题目形式
	问题方向	第二部分问题编号	第三部分问题编号	
三语语言生态环境	学校	19		五级量表
三语语言态度	认同型	4,15,18		五级量表
	工具型	9		五级量表
	迁移型	1,3,7,12,13,14,16		五级量表
三语语言能力	表达能力	2		五级量表
	三语使用情况		8,9,10,11	多项选择题
	对三语教学目标的认识	12,16		五级量表

《我国少数民族地区三语教学现状调查问卷（学生）》同样包括三个部分：第一部分为基本个人信息，采集参与调查学生的性别、年龄、民族、就读学校、就读年级、就读学校性质、班级学生人数及性别组成、能流利使用的语言、第一语言等信息；第二部分以五级量表的形式了解学生所处的三语语言环境和其所持的三语语言态度；第三部分由17道多项选择题及1道开放性问题组成，主要了解学生所在班级的各语言的教学情况、家庭语言环境及学生对三种不同语言的态度和使用情况。该调查工具主要包括以下三个维度：

①学生三语语言文化生态认知；
②学生三语语言态度；
③学生三语语言能力（表6-2）。

表 6-2　学生问卷结构

研究维度	问题编号及维度			题目形式
	问题方向	第二部分问题编号	第三部分问题编号	
三语语言生态环境	家庭	13	6,7,12	五级量表题 多项选择题
	学校	19	2,5,9,14	五级量表题 多项选择题
三语语言态度	认同型	4,5,6,9,11		五级量表题
	工具型	3,16		五级量表题
	融合型	14,22		五级量表题
	迁移型	1,8,10,12,17,18,22		五级量表题
三语语言能力	总体能力		18	多项选择题
	交际能力		16	多项选择题

以上问卷的设计编制是为了充分了解藏族地区中小学学生和教师的三语语言

态度、三语语言能力，以及其所处的语言生态环境。通过以上问卷对样本地区师生进行调研。由于西藏是藏民族心目中的宗教圣地，甘南藏族自治州是安多藏区的宗教文化中心之一，所以两地的教育状况相较其他藏区更具代表性，因此课题组选取了西藏自治区拉萨市和山南地区以及甘南藏族自治州合作市作为样本地区。在样本学校的选择上，研究采用了分层分类抽样调查的方法，以确保更为全面地反映我国藏族地区三语教育现状；在各样本地区分别抽取不同层次的中小学共计11所作为样本学校，进行了相关的调研工作。

二、调研样本学生概况

本研究共涉及西藏自治区拉萨市和山南地区的9个样本学校及甘南藏族自治州的2个样本学校，以这11所样本学校的学生为调查对象，采用分层抽样法从中抽取一定的样本学生进行调研，最终有1 527个有效样本作为数据统计和分析的依据。这1 527个有效样本的性别分布为：男生占47.35%，女生占51.65%（具体情况如图6-1所示）。民族分布为：96.99%为藏族，1.50%为汉族，0.07%为回族，0.15%为门巴族（具体情况如图6-2所示）。

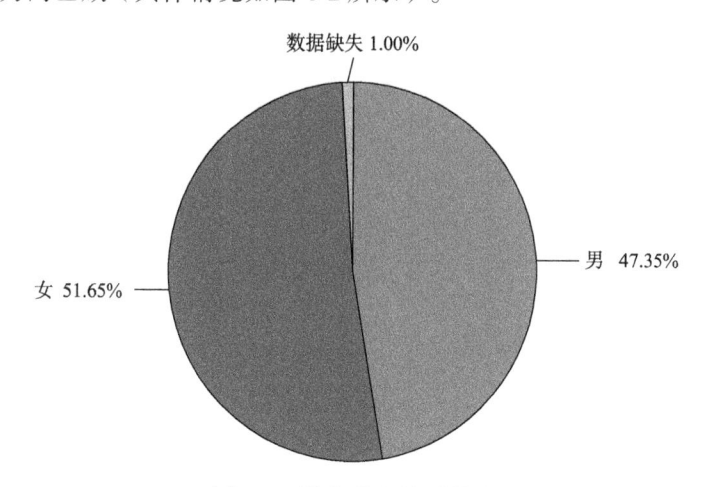

图6-1 样本学生性别结构

样本学生按照年级统计结果，四年级学生有467人，占30.58%；初中二年级学生有451人，占29.54%；高中二年级学生有604人，占39.55%（具体情况如图6-3所示）。就样本学生生源学校地域分布而言，样本学生中有1 285人来自县城学校，占样本总数的91.98%；有22人来自乡镇学校，占样本总数的1.57%；来自农村学校的有15人，占样本总数的1.07%。从样本学生家庭来源分布来看，有73.30%的样本学生来自农村家庭，24.05%的样本学生来自城市家庭。

藏汉英三语教育研究

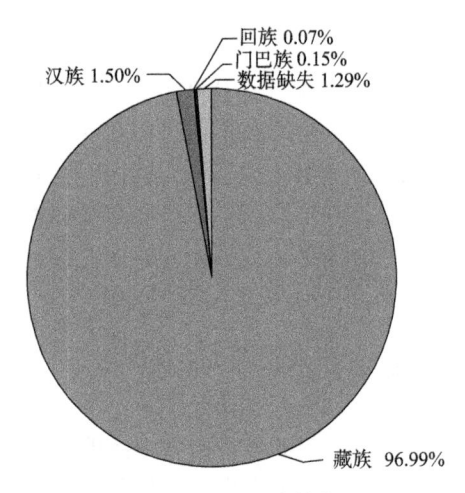

图 6-2　样本学生民族结构

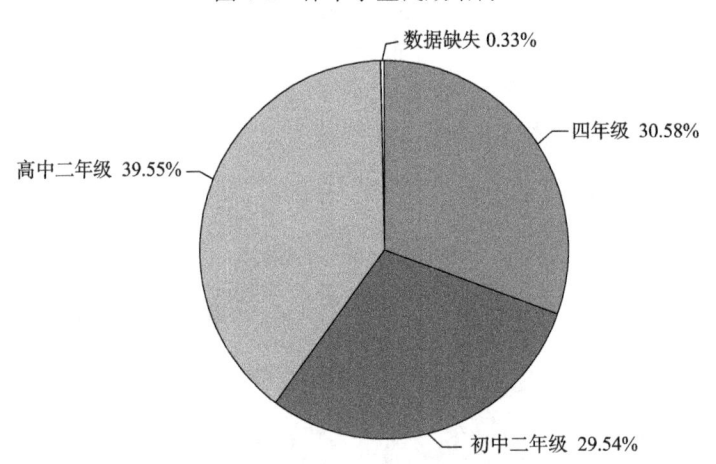

图 6-3　样本学生就读年级分布

样本学生男女比例基本平衡，分别占样本总数的 47.35%和 51.65%，表明样本学生具有良好的性别代表性。样本学生民族分布以藏族为主，达到样本总数的 96.99%，对于研究藏族地区三语教育问题，样本学生具有良好的民族代表性。样本学生的学段分布，可以代表不同学段学生的不同情况，在一定程度上能够反映三语教育的整体状况。样本学生家庭来源以农村和牧区家庭为主，占比 73.30%，同时样本学生生源学校地域分布以县城学校为主，达到了 91.98%，对于研究样本地区家庭三语语言生态环境和学校三语语言生态环境具有重要启示意义。总体来说，本次问卷调查所涉及的学生样本情况基本可以代表藏族地区学生整体的状况。

三、调研样本教师概况

除样本学生外,课题组还以 11 个样本学校的部分教师为调查对象,采用随机抽样的方法,抽取了一定数量的样本做调查研究,最终共获得 131 个有效样本,从教师的视角了解我国藏族地区三语教育的现状及存在的具体问题。现就调研中样本教师的性别、民族、年龄、教龄、学历等五方面的结构分布进行描述和介绍。

由图 6-4、图 6-5 可见,总数为 131 名样本教师当中,性别分布为:男教师 43 位,占样本总数的 33.33%,女教师 82 位,占样本总数的 63.57%。样本教师的民族分布情况为:藏族占 65.38%,汉族占 28.46%,回族占 3.85%。

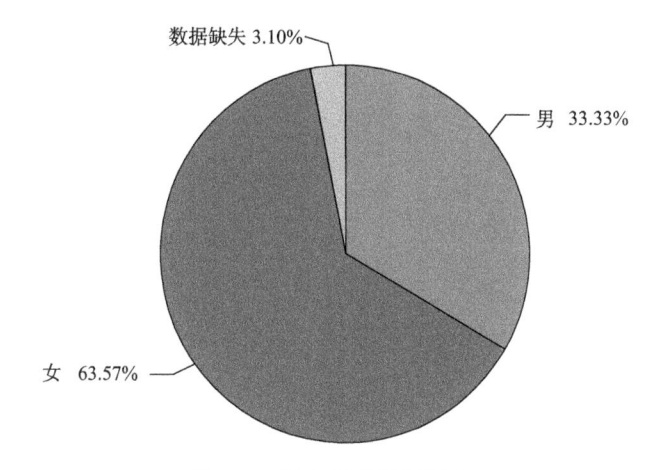

图 6-4 样本教师性别结构

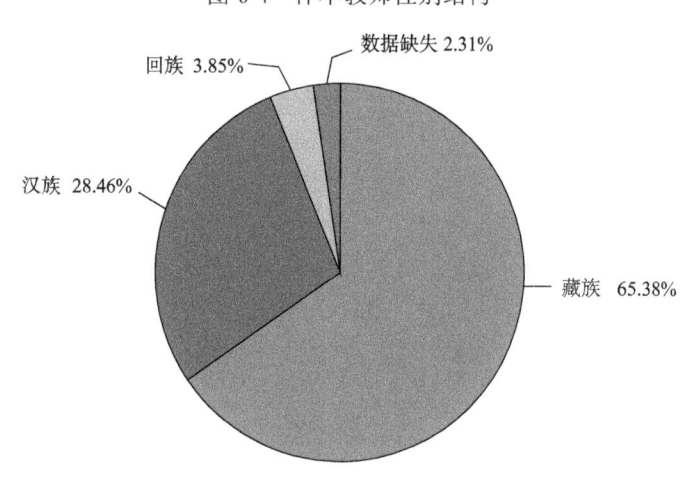

图 6-5 样本教师民族结构

藏汉英三语教育研究

从图 6-6、图 6-7 和图 6-8 可以看出，样本教师的年龄分布情况为：样本教师的年龄相对集中在 25 岁至 34 岁和 35 岁至 44 岁两个年龄段，分别占到样本总数的 46.15%和 36.92%，年龄超过 55 岁的仅有 1 人。就样本教师的教龄来看，样本教师的教龄主要集中在 1 至 5 年、6 至 10 年、11 至 15 年和 16 至 20 年四个阶段，分别占到样本总数的 22.51%、21.20%、12.59%和 13.90%。样本教师的学历分布情况为：专科学历 25 人，大学本科学历 91 人，研究生学历 7 人，分别占样本总数的 19.08%、69.47%和 5.34%。通过上述数据可以看出，样本教师以青壮年教师为主，74.81%的样本教师具有大学本科及以上学历，学历层次较高，能胜任中小学教师的教学要求，符合现阶段中小学师资水平要求。

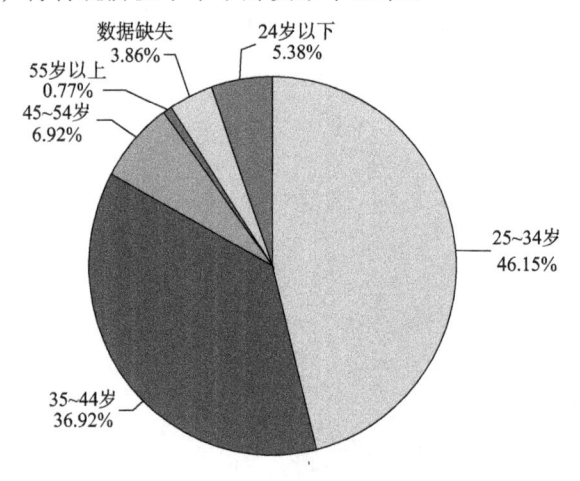

图 6-6 样本教师年龄结构

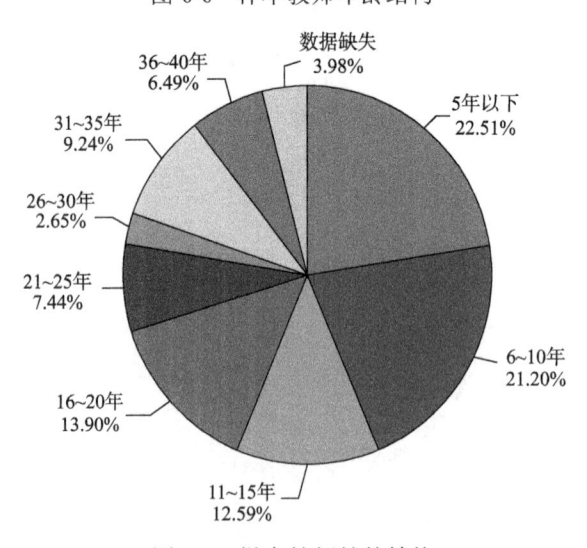

图 6-7 样本教师教龄结构

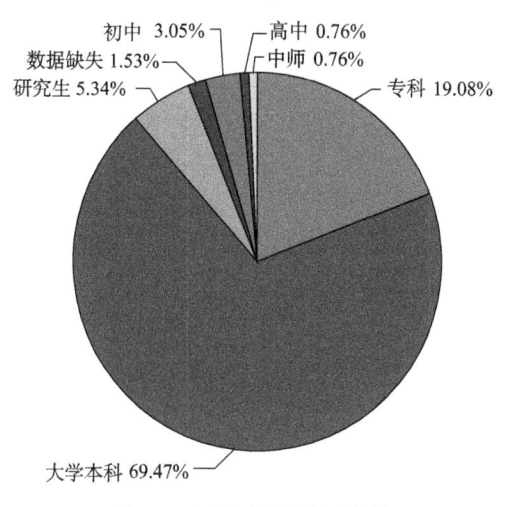

初中 3.05%　高中 0.76%
数据缺失 1.53%　中师 0.76%
研究生 5.34%　专科 19.08%
大学本科 69.47%

图 6-8　样本教师学历结构

本章简要介绍了本书所涉及的调查研究中所使用的研究工具，调查研究分别面向教师和学生两个群体，探求其语言态度、语言能力以及对所处语言生态文化的认知。本调查研究覆盖了我国西藏自治区和甘南藏族自治州两地共计 11 所中小学以及相关教育管理部门，旨在深入了解我国藏族地区的三语教育现状，掌握第一手真实资料，为后续三语教育现状分析、三语教学实验等工作奠定基础。

第二节　我国藏族地区三语教育的地域差异

我国藏族聚居区地域辽阔，由于区内各地方在经济社会发展、环境交通、教育投入等方面存在着很大的差异，导致我国藏族地区内部的三语教育现状也存在着明显的地域差异性。这种地域差异主要体现在师资力量结构差异、三语教学模式差异和语言使用差异三个方面。

一、师资力量结构的地域差异

就三语教育师资力量而言，西藏自治区和甘肃省甘南藏族自治州的样本学校教师年龄整体比较年轻，主要集中在 25 岁至 44 岁之间，且均以藏族教师为主。但西藏自治区和甘肃省甘南藏族自治州的教师在性别、教龄、学历等方面都显示出了明显的差异：西藏自治区的教师主要以女性教师为主，占到总数的 69.86%，男性教师仅占 27.40%，教师性别差异较大；而甘肃省甘南藏族自治州的教师男女性别趋于平衡，分别占总数的 30.67% 和 41.33%（此处因存在部分数据缺失，导致总数小于100%）。在教龄分布上，西藏自治区样本学校教师的教龄主要集中在6至10年、11至15年、16至20年这三个阶段；相对而言，甘南藏族自治州样本学校教师的教龄则集中在5年以下、6至10年两个阶段，值得一提的是甘南藏族自治州的教师中教龄在5年以下的教师占到总数的32.00%，说明甘南州引入了很多青年教师。就学历而言，西藏自治区的教师中本科学历占7.62%，专科学历占21.62%，比较而言，甘南州的教师中专科学历的有12.00%，本科学历的教师高达50.67%，更有9.33%的教师具有研究生学历。

由图6-9可见，两地样本学校教师学历分布呈现明显差异，从一定程度上反映出师资力量分布不均衡。单就学历层次来看，甘南州的三语师资力量在整体上强于西藏自治区。整体上讲，我国藏族地区的三语师资力量有待进一步提升，应当在藏族地区现有的三语师资基础上，加强继续教育，同时开展远程教育，提升质量的同时扩大数量。

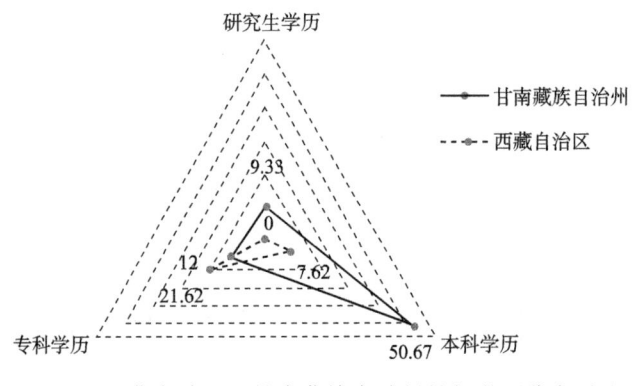

图6-9　西藏自治区及甘南藏族自治州教师学历分布对比

二、三语教学模式的地域差异

藏语是藏族人的第一语言和主要的社会交际语言，广大农牧区受语言使用环境和社会经济发展水平的影响，大多数学校的三语教育形式以"以藏为主、加授汉语"为主。特别是学前教育阶段和小学教育阶段，除了汉语文、英语之外，其他课程都是用藏语授课。随着社会经济发展、政策调控和学校办学条件的改善，汉语作为工具语言的功能逐渐加强，农牧区学校汉语文、英语之外的课程的授课方式逐渐转变为"藏语为主、汉语为辅"，汉语和英语课程呈现出明显的三语教学的特征。

县、市区域经济社会发展水平较高，汉语普及程度高，汉语成为县市地区第一语言及社会交际语言，当地学校实施"以汉为主、加授藏语"的三语教育模式。除藏语文、汉语文、英语之外，其他的学科均以汉语为主，藏语为辅，许多学校属于全汉语授课；藏语文课程有明显的藏汉双语特征；汉语文课程主要以汉语为课堂教学用语，没有呈现出明显的三语特征；英语课程主要呈现藏英汉三语教学的特征。

就教学模式而言，2000年前后我国藏族地区小学阶段采用"藏语文授课加汉语课"双语教育模式的仍占主体，在县、市等经济发展相对较发达的地区实施"汉语文授课加藏语课及英文课"的三语教学模式，且比例极小。2002年5月22日西藏自治区人大通过对《西藏自治区学习、使用和发展藏语文的若干规定（试行）》提出修改的决定："义务教育阶段，以藏语文和国家通用语言文字作为基本的教育教学用语用字，开设藏语文、国家通用语言文字课程，适时开设外语课程。"教育政策由"以藏语文为主，同时学习汉语文"的双语教育政策调整为"把藏语文和汉语文同时作为基本的教育教学用语用字，适时开设外语课程"的语言教育政策[1]，政策的调控体现出对三语教育的重视。同时，因地域差异带来的在语言使用和语言选择方面的差异，为不同学段的三语教育的衔接带来了挑战。

三、语言使用情况的地域差异

调查研究中发现，受到经济发展程度和少数民族人口分布的影响，我国西藏地区来自农村和牧区的学生藏语水平相对较高，汉语和英语的普及和教育程度较低，所以"三语双文"的形式只有在极少数的多民族聚居区得以实施，而在农牧区则实施"以藏为主加授汉语文"的传统教学模式特征比较明显的三语教育（王珍珍、王鉴，2013）。而在经济社会发展水平较高的县市地区，因办学条件相对优越、汉族人口比例较高等因素，汉语的普及程度明显高于农牧区。县市中小学的三语教育大多采用"以汉为主、加授藏语"的教学模式，县市地区的学生和教师的汉语和英语的平均水平高于农牧区的学生和教师。农牧区的学生和教师的藏语水平明显高于县市地区的学生和老师。

我国藏族地区的中小学生，大多数都来自农牧区家庭，由于受到生活环境的影响，来自农牧区的学生比较倾向于学习藏语，他们的藏语语言水平较高，而来自城镇家庭的学生则比较倾向于学习汉语。来自农牧区家庭和城镇家庭的学生对语言的学习有着不同的侧重点，这也明显地反映了我国藏族地区学生语言学习的地域差异性，这种差异性同样表现在三语学习中。在开放程度较高的县市地区中，汉语逐渐普及为主要的社会交际语言。这些地区的学生的藏语平均水平低于农牧区学生，而汉语和英语教育发展程度较高。

---

[1] 资料来源：教育部.《西藏自治区学习、使用和发展藏语文的若干规定（试行）》：http://www.moe.gov.cn/publicfiles/business/htmlfiles/moe/s4847/201011/111825.html。

第三节　我国藏族地区三语教育的资源现状

我国藏族地区的三语教育资源在教材资源、课程资源和教师资源三个方面呈现出匮乏态势。本节将基于调研情况对我国藏族地区三语教育资源现状进行描述，并进一步分析其背后潜藏的制约因素，旨在此基础上提出具有指导意义和建设意义的补偿机制。

一、我国藏族地区三语教育资源现状

开发层次不高、开发科目偏少、开发类型单一、缺乏教辅读物及教材的民族性和实用性不强等一系列问题，使我国藏族地区的三语教育发展或多或少受限于三语教材问题，同时统编教材面临着品种短缺、不配套、教材内容脱离实际等问题；在数、理、化、生、地、史等现代学科的教材方面，对三语教材的翻译不够准确，名词术语翻译不规范、不统一。除此之外，相应的教师用书或指导类书籍的开发也远远无法适应民族地区三语教育实践的需要。

课程资源不仅是课堂教学的重要保证，也是教师专业发展的重要依据。除教科书外，还包括学生学习与生活环境中所有利于课程实施、利于达到课程目标和实现教育目的的教育资源。然而我国藏族地区的教材和课堂教学本身存在着诸多问题，无法满足藏族地区三语教育的发展需要。此外，我国藏区的三语教育课程资源开发力度还远远不够。

三语教育是一个巨大的网络体系，教师作为三语教育的具体实施者和引导者，不仅要学历合格、在藏汉两种语言兼通的基础上具备一定的英语水平，还要在学科知识水平上达到一定的专业程度；与此同时，还要具备较高的专业素质。调查研究发现，超过一半的样本教师具有良好的三语语言表达能力，并且大多数样本教师具有积极正面的三语教育态度，可见我国西藏自治区和甘南藏族自治州内的教师质量基本符合三语教育的要求，但区内对于合格的三语教师的需求仍在加大，我国藏区特别是农牧区三语师资匮乏的问题依然严峻。

二、我国藏族地区三语课程体系现状

课程标准是教育政策在课程实施层面的具体体现。我国针对少数民族地区三语教育的教育政策尚不完善，具体体现在课程标准体系上便是民族地区三语教育课程标准不够健全。尽管部分民族地区有区域性课程标准，但其科学性和适用性尚待提高。

目前，由国家层面颁布的适用于全国各民族地区的民族三语课程标准相当有限。样本地区的三语语言课程主要包括藏语文课程、英语课程、汉语文课程。调查研究发现，语言课程和学科课程的教学具有地域差异，农牧区的学校采用"以藏为主、加授汉语文"的传统教学模式，除了汉语文、英语之外，其他课程大多采用藏语文授课；而在经济发展程度较高的县市地区，中小学语言教育大多采用"以汉为主、加授藏语"的教学模式，除藏语文、汉语文、英语之外的其他学科课程均以汉语为主，藏语为辅，许多学校属于全汉语授课。我国藏区三语教育课程资源的开发在三语网络课程、隐性课程和活动课程方面的现状不容乐观，网络课程开发及网络自主学习、评价系统的发展还处于起步阶段，藏汉英三种语言的使用并没有很好地融合到活动课程和隐形课程的开发当中，另外也没有很好地整合藏汉英三种语言所承载的文化。民族外语课程具有课程目标多元化、课程组织复杂化和课程资源多样化等特点（刘全国，2007），在强调民族文化和二语文化在三语文化格局中心地位和外语文化的重要作用的同时，民族地区的三语言课程应以构建多元文化价值观为其文化追求。

第四节　我国藏族地区三语语言选择与使用

语言本身具有多重的社会功能，其中通过语言行为构建和识别身份，是语言社会性的重要体现。一个人的成长环境中的地域差异、成长过程中的经历特征都会通过其语言行为显现出来。我国地域辽阔、民族众多，在少数民族地区，在语言接触和文化接触的多语言环境中，对语言的选择和态度更为复杂。人们对语言的选择和使用不同语言的能力差异都体现着人们对民族身份、国家身份不同程度的认同。

一、样本师生的三语语言选择偏好现状

通过调查研究发现，样本师生都持有积极的三语态度，主要特征为：相较于男生，女生表现出更加积极的三语态度；相较于高年级学生，低年级学生持有较为积极的三语态度，他们在三语语言选择中更能认同三种语言共存、共用的情况，并用相对平衡的态度面对三种不同的语言。在语言使用方面，师生三语能力发展存在失衡现象。家庭语言环境和学校语言环境中，英语的使用频率相对较低，未形成良好的三语语言学习环境。样本学校地区的家庭和学校普遍认可藏汉英三语的重要性，大多数少数民族样本教师和样本学生具有积极正面的三语态度。但应注意的是，样本学生中四年级学生的三语态度均值均高于初中二年级学生和高中二年级学生。这表明在社会环境的影响下，低年级的学生更加能够感知

到藏、汉、英三种语言的重要性；同时，相较高年级学生在三语迁移和使用上遇到的困难，低年级学生遇到的困难相对较少，难度较低，因此低年级学生具有更高的融合型三语态度以及迁移型三语态度。

二、样本师生三语语言使用能力现状

样本学生的三语语言交际能力较低并且呈现出发展不均衡的特点，具体而言，县市地区学生的藏语平均水平明显低于农村、牧区学生，但其汉语和英语水平发展程度较高，农牧区学生的汉语和英语水平则较低。在以汉语为主要社会交际语言的环境中，县市中小学师生的汉语水平与社会经济发展呈现一定程度的正相关。超过一半的样本教师具有良好的三语语言表达能力，56%的样本教师能在英语课上流利地使用藏语、汉语和英语进行三语教学，也可以为学生提供良好的三语学习氛围。但须意识到，农牧区教师的三语能力仍然存在着发展不均衡的问题，特别是农牧区教师的英语水平相较县市地区教师略显薄弱，因此在促进我国少数民族地区师生三语能力发展水平的问题上，必须要对症下药，充分考虑并实施能够促进少数民族地区师生三语能力均衡发展的举措。

总体而言，在社会经济不断发展和各国家各地区不断加强交流的时代语境下，样本地区的师生大多持有正面积极的三语态度。这是新的时代发展赋予我们的命题，可喜的是我国民族地区的家庭、学校和师生已做好应对时代挑战的心理准备。同时，良好的三语教育实施生态环境和师生积极的三语态度是三语课堂取得良好教学效果的重要保证，因此构建良好的三语学习环境和促进高年级学生发展积极健康的三语态度成为我们目前工作的重中之重。在三语教育规划中，应加强整体统筹、分类指导，采用多种措施促进三语教育的学段衔接、城乡衔接，以及课程、教材、师资等要素的配套建设，促进我国少数民族地区三语教育协调发展。

第五节 我国藏族地区三语师资现状

我国《国家中长期教育改革和发展规划纲要（2010—2020年）》中明确指出要大力推荐双语教学，并加大对民族地区师资培养培训的力度，支持民族地区教育发展，并扩大优质教育资源的覆盖面[①]。事实上，三语教育现象已经在双语教学蓬勃发展的基础上逐渐普及，而三语教师作为三语教育教学活动的主要实施

---

① 资料来源：《国家中长期教育改革和发展规划纲要（2010—2020年）》：http://www.gov.cn/jrzg/2010-07/29/content_1667143.htm。

者，是我国少数民族地区三语教育的直接推动者，其专业发展水平影响着我国少数民族地区教师队伍建设和三语教育教学质量。在当前我国少数民族地区教育改革发展纵深推进的历程中，应当积极培养基础教育改革所需要的三语教师，引导少数民族地区学生尽量降低语言负迁移对自身语言学习和发展的影响，同时帮助少数民族学生开拓视野，了解语言背后所承载的丰富多彩的文化图式，在这一方面，少数民族地区的教师任重而道远。调查研究发现，我国藏族地区三语教师专业发展仍存在着一些亟待解决的问题，主要表现为三语水平参差不齐、多元文化意识较为淡薄、对三语教学缺乏探究反思等方面。

一、三语水平参差不齐

对于我国藏族地区的三语教师而言，扎实的三语水平是其专业知识结构中的重中之重，这不仅意味着三语教师能在实施教学活动时熟练地进行语码转换，还意味着教师要具备一定的三语教学设计能力，包括综合运用三语教学方法、灵活使用三语教材、营造良好的三语教育教学氛围等多个方面，避免语言功底不扎实而导致课堂交流的障碍。调查研究发现，我国藏族地区三语教师的三语水平层次不齐，主要表现为对母语（民语）、汉语和英语三种语言的掌握程度差异较大。总体来看，三语教师的母语水平最高，二语次之，外语水平较低，在交际能力上差异更为显著。这种语言水平分布的不均衡，将影响三语教师完成学科知识到教学实践的转化。要切实开展好三语教学工作，三语教师的三语水平必须得到重视，应加强相关方面的投入和培训。

二、多元文化意识有待加强

少数民族地区三语教育现象的出现是时代发展背景下多元文化碰撞的结果，语言作为文化的重要载体，也赋予了三语教师更具社会性的专业要求。三语教师在具备一定的专业素养的前提下，还应培养自身的文化适应性，避免文化与语言教学脱节。三语教师对跨文化知识的理解和适应有利于我国少数民族地区教师树立正确的三语语言观念，在促进自身多元文化意识提升的同时，也能够更好地帮助少数民族地区学生获得对自身身份的认同和国家认同，对培养具有国际视野和跨文化交际能力的民族学生具有重要意义。

王斌华（2003）曾指出，我国目前实施双语教学最直接的出发点是培养双语人才，满足国家、地方和个人未来发展的需要。事实上，实施和开展三语教育的最初目的源于民族和谐、社会稳定、文化认同等社会需要和政治诉求，这就要求三语教师在适应少数民族地区原本二元文化的环境下，批判地接受并且消化第三语言所带来的第三文化,并当好多元文化的传播者。更为重要的是,在教授语言知识和文化知识的同时,关注学生在三语学习中所表现出的心理变化,引导学生更快更好地适应各种语言所带来的观念冲击,辅助学生做好相应的心理调适,确保学生身心健康成长。

三、对三语教学缺乏探究反思

三语教学本身是一种体系化的教学实践活动,有其自身的教育教学规范和原理,三语教学过程中的三语语码转换也是一种有目的、有规律的现象,然而,大多数三语教师对三语教学和三语语码转换缺乏科学的认识(刘全国,2012)。我国藏族地区的三语教师大多认为三语语码转换是一种潜意识行为,缺乏研究性学习意识和反思性教学意识。这种意识的缺乏容易引起多语码之间的转换混乱,从而影响课堂交流和教学效果。专业成长不是经验与反思的简单叠加。增强研究性学习意识和教学反思意识有助于三语教师在教材理解、教学设计、教学活动和课后反馈等多个环节中总结有益经验,进一步提升业务能力,促进个人专业发展。

我国藏族地区的三语教育主要形态是在一定教育阶段之后,在学生兼通藏汉双语的前提下增加英语教学。学生在小学阶段主要提升自身汉语水平,同时开设英语课,并用汉语授课,一定程度上引发了语言的迁移障碍。由于缺乏纲领性、科学性的指导,我国藏族地区的三语教育现状不容乐观,主要问题反映在以下几个方面:

第一,师资力量结构、三语教学模式、语言使用情况地域差异明显,要有针对性地开展科学的三语教育,必须深入挖掘不同的地域特征,才能对症下药;

第二,三语教育资源分布不均,三语教育课程体系有待完善;

第三,藏族地区师生都有较为积极的三语态度,但三语能力仍需提高,三语语言生态环境较差;

第四,三语教师由于三语水平参差不齐、对三语教学缺乏科学性认识等问题,其专业发展存在一定的局限,应当给予一定的政策倾斜,加强培训,提升三语教师专业水准的同时,提升其教学的自我效能感,从而使得我国藏族地区的三语教育水平稳步提升。

第六节 藏汉英三语教育生态认知分析

三语教育与语言文化生态环境有着很紧密的联系,语言文化生态环境为三语教育提供了生态支持和文化支撑,会推动三语教育的发展;而三语教育会给语言文化生态环境注入新的活力,有利于形成多语言的文化生态环境。对于三语教育来说,家庭、社会、学校等多种因素均会对三语教育的发展有不同程度的影响。本章将对语言生态进行简要介绍,在此基础上,对样本地区师生对藏汉英三语教育生态认知的相关数据进行分析。

一、三语生态环境

语言生态学,又称生态语言学,是语言学与生态学相结合而成的语言学分支,通过对语言的生态因素进行研究,揭示语言与环境之间的相互作用。这一概念最初是由美国斯坦福大学 Haugen(1972)教授提出的,他认为,语言生态就是研究任何特定语言与环境之间的相互关系,并将语言环境与生物生态环境进行类比。随着此方面研究的逐渐深入,越来越多的专家学者开始意识到语言生态的重要性,尤其是我国少数民族地区的语言生态环境。

滕星(2001)在《文化变迁与双语教育——凉山彝族社区教育人类学的田野工作与文本撰述》一书中将民族语言生态环境的概念范围界定为国家的民族语言文字法规与政策、语言文字生态环境与未来趋势、语言人口数量质量与分布类型三个方面。语言生态也可以解释为在一定的自然和社会条件下语言文字存在状况及其使用环境,包括国家通用语言文字和区域通用语的使用。本书中所提及的语言文化生态环境指的是与语言、语言学习和教学有关的文化环境和自然环境,是狭义上的语言文化生态环境。本书所涉及的三语教育生态环境的主要构成因子如图 6-10 所示。

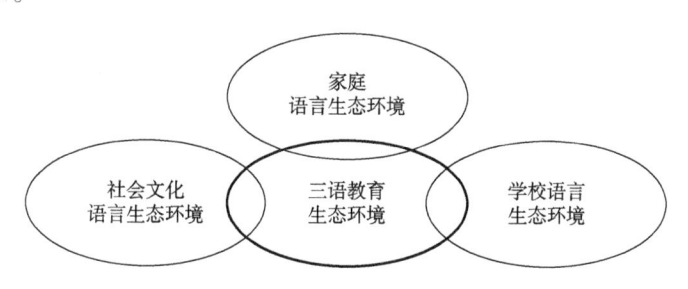

图 6-10 三语教育生态环境构成因子

三语教育生态环境主要由三语教育的家庭语言生态环境、学校语言生态环境以及社会文化语言生态环境三个因子构成。这三个因子共同对三语教育的语言生态认知产生作用,从不同的层面上对三语教育产生影响。

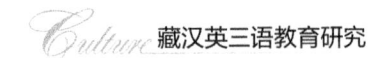

二、三语教育的家庭语言生态分析

家庭语言环境对儿童的语言学习起着很重要的作用，由于从小在家庭中听家人讲母语，所以在这种语言环境下，儿童能较好地掌握母语（本研究中的母语指藏语）。在农牧区的多数家庭中，藏语被普遍使用，藏语是主要的交际用语；而在城镇家庭中，除了藏语以外，家庭交际中还会使用汉语。

学生问卷中关于家长藏汉英三语能力的调查结果显示：样本学生中，34.84%的学生家长会讲汉语，38.97%的学生家长会一点汉语，占样本总数的73.81%，只有25.14%的学生家长不太会和根本不会汉语（图6-11）。

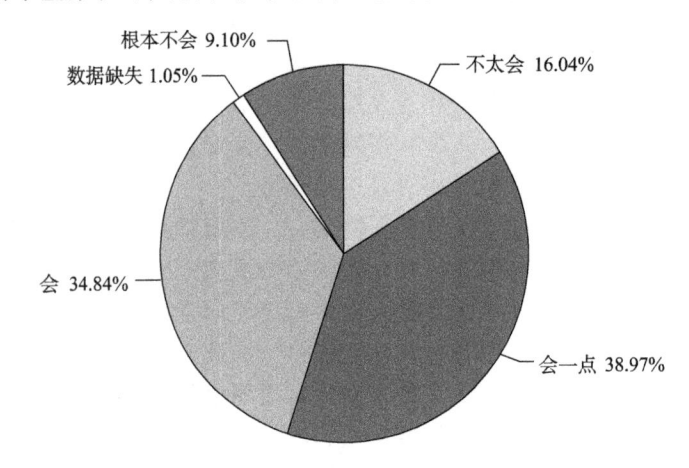

图6-11 样本学生作答题项"你的父母会不会汉语"的选项分布

对于题项"你的父母会不会藏语"，有90.62%的学生的回答是"会"，4.58%的学生的回答是"会一点"，回答"不太会"和"根本不会"的学生分别仅占样本总数的2.22%和1.94%（图6-12）。

样本学生对题项"你的父母会不会汉语"和"你的父母会不会藏语"的回答结果表明大多数样本学生的家长都对汉语和藏语有不同程度的掌握，他们在日常生活中会经常使用到汉语和藏语两种语言。在对题项"你的父母会不会英语"的作答上，仅有0.79%和1.57%的学生回答"会"和"会一点"，有27.56%的学生回答的是"不太会"和"根本不会"，而有70.08%的学生则对父母会不会英语没有作答（图6-13）。

以上数据表明，在西藏自治区和甘南藏族自治州，汉语和藏语两种语言在家庭中的使用频率比较高，这就给学生汉语和藏语双语学习提供了很好的家庭语言环境。而对于英语这一第三语言的使用则非常少，三语教育的家庭语言生态平衡性差。

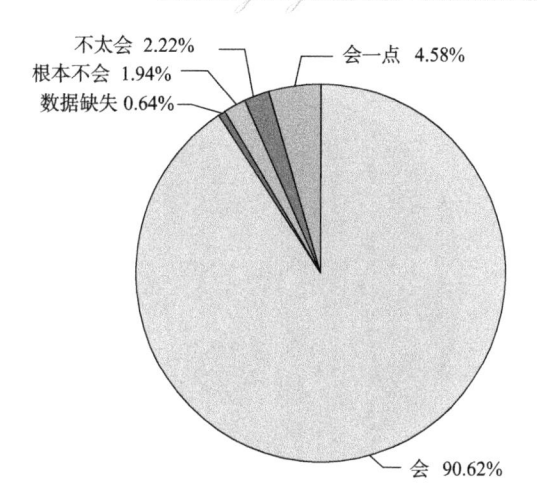

第六章 我国藏族地区三语教育现状分析

图 6-12 样本学生作答题项"你的父母会不会藏语"的选项分布

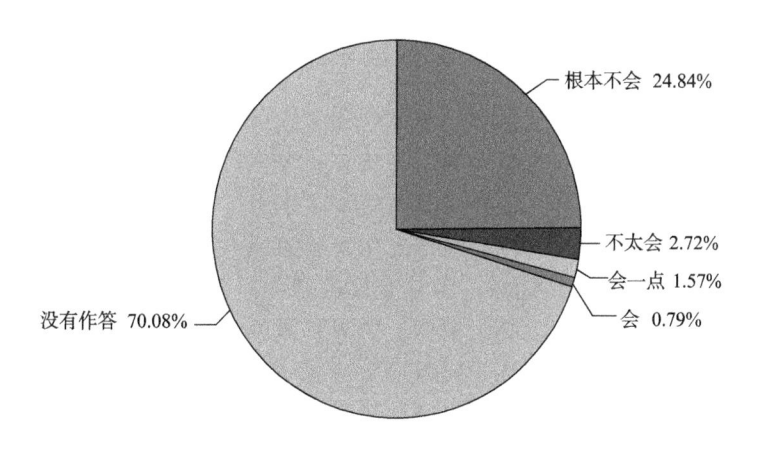

图 6-13 样本学生作答题项"你的父母会不会英语"的选项分布

进一步分析可以看出,在西藏自治区和甘南藏族自治州,能够达到"三语兼通"的家庭比例非常少,绝大多数家长不具备英语交际能力,但考虑到子女未来的发展,很多家长还是会鼓励子女同时学好藏语、汉语和英语三种语言。

在对题项"我的爸爸妈妈经常鼓励我学好藏语、汉语和英语"的回答中,选择"完全不符"和"不太符合"的样本学生分别为 4.01% 和 7.44%,仅占样本总数的 11.45%,有 25.91% 的样本学生选择的是"基本符合",57.48% 的样本学生选了"完全符合",这表明 83.39% 的样本学生的父母经常鼓励样本学生学好藏语、汉语和英语(图 6-14)。

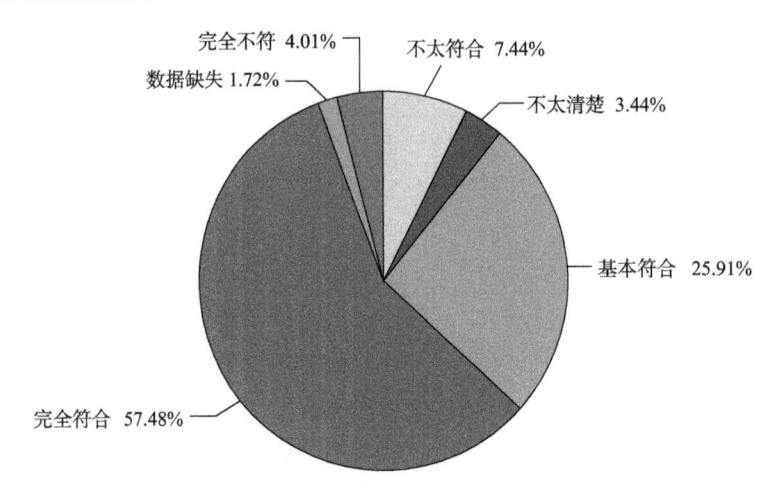

图 6-14　样本学生作答题项"我的爸爸妈妈经常鼓励我学好藏语、汉语和英语"的选项分布

三、三语教育的学校语言生态分析

学校是学生学习的主要场所，学校的教育环境会直接影响到学生的学习兴趣和学习成果。同时，学校作为三语教育的教学实施场所，其语言生态对于学生培养积极的三语态度和三语能力具有决定性作用。

"教育资源是教育生态系统发生发展的基本条件，也是教育生态系统与社会生态系统进行物质、能量、信息交换的基本内容。"（范国睿，2000：108）教育资源包括人力资源、物力资源、财力资源、信息资源等，而师资作为学校人力资源的主要组成部分，在学校教育中占有举足轻重的地位。一所学校的三语师资力量决定了该校的学校语言生态环境和三语教育的发展愿景。我国民族地区的地缘因素和历史因素对于推广三语教育本身就是一个极大的挑战，少数民族群众尊崇民族传统文化，民族地区的教师则身处三语教育改革的前沿，他们身体力行地将信息化时代对民族教育工作提出的新要求传递给少数民族学生，"三语兼通"的三语教师为少数民族地区学生提供了生动的语言使用范例。

在教师问卷中，对题项"我们学校能上三语课的老师还是很缺少的"的回答中，有 10 名样本教师选择的是"完全不符"，占 7.69%，25 名教师选择的是"不太符合"，占 19.23%，选择"基本符合"和"完全符合"的分别为 29.23%和 23.85%（图 6-15）。

由此可见，53.08%的样本教师认为他们所在学校三语教师较为稀缺。

在学生问卷中，对于题项"除英语课外，你们的老师平时用什么语言讲课"的回答中，有 27.18%的样本学生回答的是藏语，26.88%的样本学生回答是汉语，回答是英语的有 28.42%，回答是汉藏双语的有 17.52%（图 6-16）。

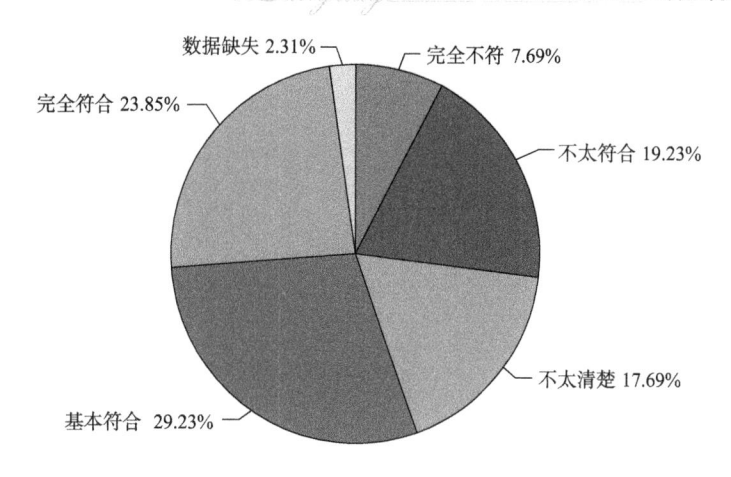

图 6-15 样本教师作答题项"我们学校能上三语课的老师还是很缺少的"的选项分布

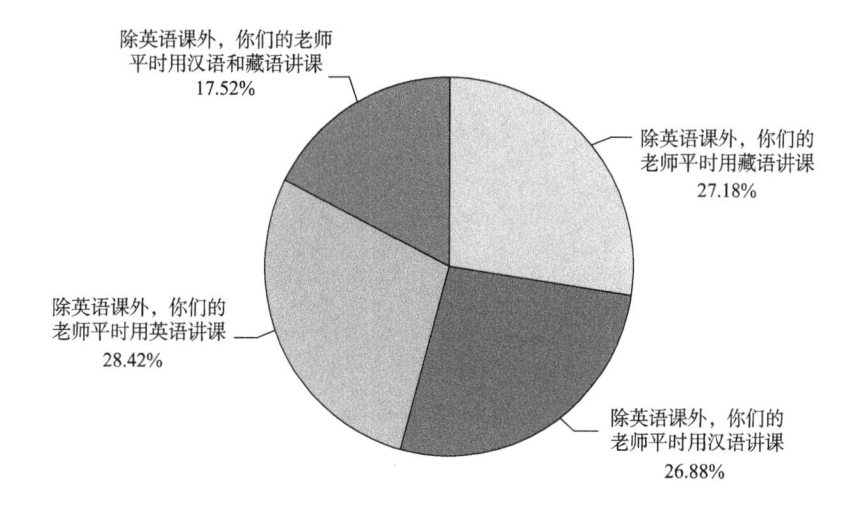

图 6-16 样本学生作答题项"除英语课外，你们的老师平时用什么语言讲课"的选项分布

对题项"英语课上，老师讲解课文时主要用什么语言"的回答中，回答是藏语的占 27.51%，回答是汉语的占 25.29%，回答是英语的占 27.07%，回答是汉藏双语的占 20.13%（图 6-17）。

对题项"英语课上，老师平时提问用什么语言"的回答中，藏语、汉语、英语和藏汉双语分别为 27.59%、26.12%、25.67% 和 20.62%（图 6-18）。

对题项"老师批改作业都用什么语言"的回答中，有 26.47% 的样本学生的回答是藏语，25.92% 的学生的回答是汉语，28.29% 的学生的回答是英语，有 19.32% 的学生的回答是汉语和藏语（图 6-19）。

藏汉英三语教育研究

英语课上，老师讲解课文时主要用汉藏双语 20.13%
英语课上，老师讲解课文时主要用藏语 27.51%
英语课上，老师讲解课文时主要用英语 27.07%
英语课上，老师讲解课文时主要用汉语 25.29%

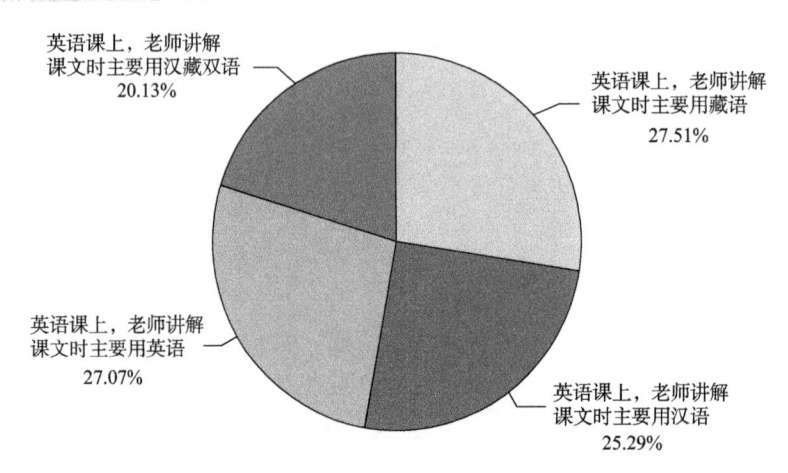

图 6-17 样本学生作答题项"英语课上，老师讲解课文时主要用什么语言"的选项分布

英语课上，老师平时提问主要用藏汉双语 20.62%
英语课上，老师平时提问主要用藏语 27.59%
英语课上，老师平时提问主要用英语 25.67%
英语课上，老师平时提问主要用汉语 26.12%

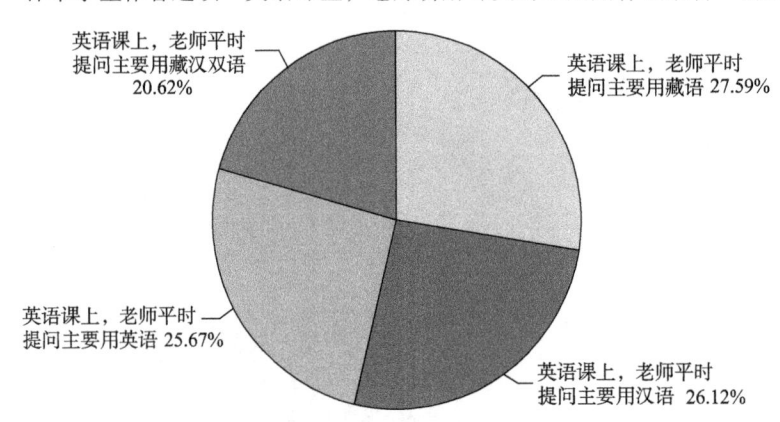

图 6-18 样本学生作答题项"英语课上，老师平时提问用什么语言"的选项分布

老师批改作业都用汉语和藏语 19.32%
老师批改作业都用藏语 26.47%
老师批改作业都用英语 28.29%
老师批改作业都用汉语 25.92%

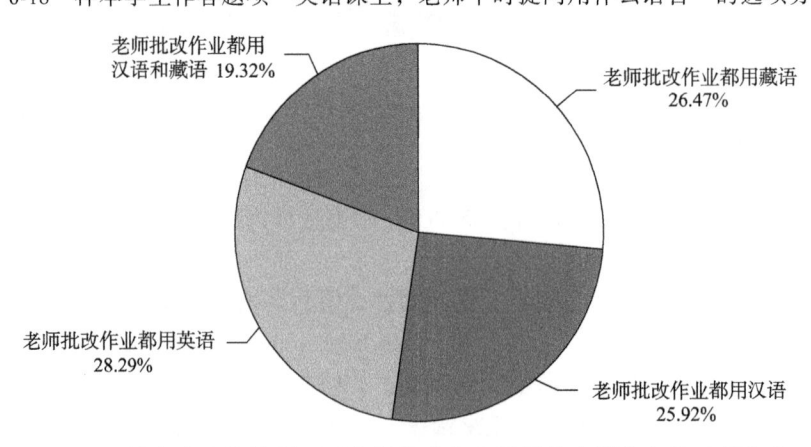

图 6-19 样本学生作答题项"老师批改作业都用什么语言"的选项分布

由此可以看出，样本学生所在的学校在平时的学校教育中，对汉语和藏语的使用频率比较高，而对英语的使用相对来说比较少，这表明样本学校还没有形成很好的三语语言学习环境。

学校教育中除上述因素外，学校老师对学生的期望和要求，也会对学生的三语学习产生很重要的影响。学生问卷中，对题项"老师希望我们既学好藏语，又学好汉语和英语"的选择中，有70.29%的样本学生选择的是"完全符合"，17.25%的样本学生选择的是"基本符合"（图6-20）。

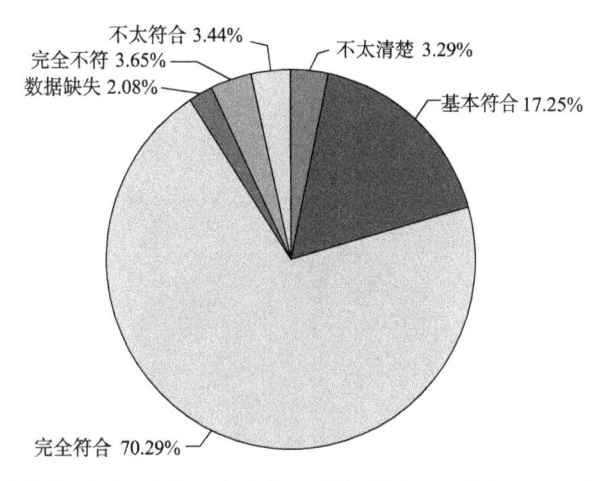

图6-20　样本学生作答题项"老师希望我们既学好藏语，又学好汉语和英语"的选项分布

统计结果表明，87.54%的样本学生认为他们的教师希望他们既学好藏语，又学好汉语和英语。尽管在平时的学校教育中，英语的使用相对于藏语和汉语来说比较少，但是从学生未来的发展出发，大多数教师还是希望学生在学好藏语和汉语的同时，也学好英语这一门国际化的第三语言。

四、三语教育的社会文化语言生态分析

社会生态，作为一个复杂的生态系统，涵盖了政治、经济、文化等多方面的内容，本书中所提及的三语教育的社会文化语言生态主要从宏观和微观两个层面进行分析。

从宏观上看，我国是一个多民族国家，国家充分尊重各民族的语言文字，同时也要推广国家通用的普通话，国家政策明确表达了对少数民族语言的保护和少数民族学生除了学好本民族语言之外，也要学好汉语的要求，这是双语教育的普及政策层面的原因。随着时代的发展，社会对于人才的要求逐渐趋于国际化，英语成为国际通用语，社会经济的发展使得三语教育在少数民族地区双语教育的基

藏汉英三语教育研究

础之上萌生,并且逐渐发展起来。从政治政策、经济发展和社会环境等大背景来看,我国藏族地区具有良好的三语教育社会文化语言生态环境。

微观上来看,社会文化的传播媒介对三语生态环境的塑造也十分重要,"村村通工程""西新工程"等多项工程的实施极大地促进了我国藏族地区传媒资源的丰富和广播电视事业的发展,报纸、杂志、书籍等多种出版物均提供了不同语言的阅读内容,汉藏双语、汉英双语、藏汉英三语的节目播放时长有所增加。

调研的过程中发现,在题项"您一般读用哪种报纸、杂志和书籍"中,选择"只是汉语的"占45.20%,选择"汉语藏语的都可以"占27.80%,选择"只是藏语的"和"藏汉双语的"均占11.90%,选择以上四个选项的共占96.80%,而选择"只是英语的"和"藏汉英三语的"仅有2.4%(分布见图6-21)。可以看出三语教师虽然具有一定的三语能力,却很少主动选择阅读英文报纸、杂志和书籍。

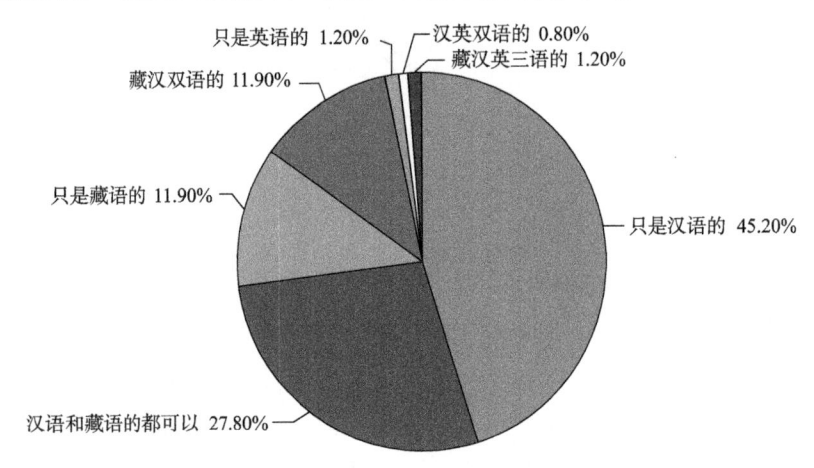

图6-21 样本教师作答题项"您一般读用哪种报纸、杂志和书籍"选项分布

另外,在题项"您一般听哪种语言的广播、看哪种语言的电视节目"中,统计数据显示:选填"只是汉语的""汉语和藏语的都可以""只是藏语的"和"藏汉双语的"分别为41.99%、30.53%、9.16%、14.50%,四者合计96.18%,选填"藏汉英三语的"仅有3.06%,这说明绝大多数样本教师平时更倾向于听藏语和汉语两种语言的广播、看藏语和汉语两种语言的电视节目(分布见图6-22)。

从以上两组数据可以看出,样本教师大多比较倾向在日常的社会文化生活中使用汉语,藏语次之,英语的使用频率最低。由此可见,虽然丰富的三语社会文化媒介资源已经进入我国藏族地区人民的日常生活中,但实际上这些资源的利用率并不高。三语社会文化资源虽然丰富,但我国藏族地区的三语社会文化生态环境尚未形成。

第六章 我国藏族地区三语教育现状分析

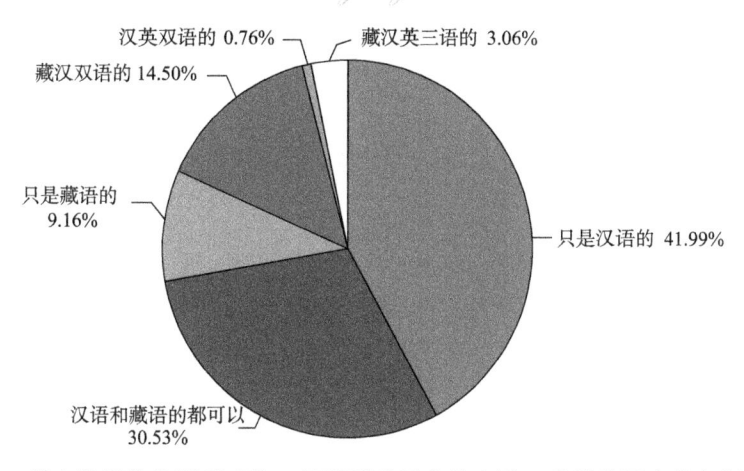

图 6-22 样本教师作答题项"您一般听哪种语言的广播、看哪种语言的电视节目"选项分布

（饼图数据：汉英双语的 0.76%；藏汉英三语的 3.06%；藏汉双语的 14.50%；只是藏语的 9.16%；只是汉语的 41.99%；汉语和藏语的都可以 30.53%）

根据调查分析可见，研究样本所在的藏族地区在语言文化生态环境上具有以下特征：

第一，家庭和学校普遍认可藏汉英三语的重要性，都期待学生能够学好这三种语言，有一定的开展和进一步推广三语教育的观念基础，为科学合理开展三语教育奠定了基石。

第二，在家庭语言环境和学校语言环境中，语言选择以藏语和汉语居多，为学生提供了较好的藏语及汉语语言学习环境，学生在汉藏双语语言环境下，能够较为便利和自然地习得汉语和藏语两种语言；同时，正因为如此，在家庭和学校的语言环境当中，英语的使用频率都相对较低，甚至在英语课上，使用汉语和藏语的情况仍占到较大比例。

第三，样本地区学生的三语态度和三语能力仍存在性别、学段、地区等多种差异，导致三语教育的同侪辅助效应难成气候。

第四，国家对藏族地区社会文化传播和发展给予了较大的政策支持，也提供了丰富的三语资源，但三语资源的使用频率较低。

总体来看，我国藏族地区三语语言学习环境尚未形成，在充分了解藏族地区的语言的前提下，具体的三语教育方法和指导策略仍待进一步探索。

第七章　藏汉英三语语言态度及能力研究

在总结梳理前人研究成果的基础上，本书将三语态度界定为学习者对自身拥有的语言资源及其教育、使用的认同程度。具体涵盖以下四个方面的语言心理：认同型三语态度、工具型三语态度、融合型三语态度和迁移型三语态度。以西藏自治区和甘南藏族自治州中小学学生为样本，本书调查研究了学校教育语境下藏汉英三语学生对藏语、汉语和英语三种语言的态度。

第一节　学生藏汉英三语语言态度研究

课题组采用了问卷调查和访谈的方法对相关资料进行了收集。调查问卷的内容设置包括三个方面：

第一，被调查者的基本信息；

第二，被调查者的三语态度，对三语态度的评价采用了五级量表，回答的选项在1到5之间形成一个量表；

第三，多项选择题。

本研究中的数据分析采用了SPSS22.0软件包。

在学生调查问卷中，关于三语态度的问题共有14个，包括四个部分：

第一，被调查者的认同型三语态度，用于描写学生对实施藏汉英三语教育的必要性等问题的总体认知，设置在第15、16和22题中，以测试被调查者对藏汉英三语的总体态度；

第二，被调查者的工具型三语态度，用于描写对语言使用价值工具性的认识，设置在14和27两个问题中；

第三，被调查者的融合型三语态度，用于测试学生对语言使用与社会文化融合的态度的认识，设置在问题25和问题33中；

第四，被调查者的迁移型三语态度，即从语言学习的角度考察被调查者对藏汉英三种语言学习过程中的相关迁移的认识，设置在7个问题中，分别为第12、19、21、23、28、29和32题。

第七章 藏汉英三语语言态度及能力研究

一、认同型三语态度

表 7-1 是样本观察值在题项 15 "其实在我们这里会说汉语或藏语就足够了"中选填的频数及百分比。选择"完全不符"的占 12.2%，选择"不太符合"的占 17.4%，两者合计 29.6%，选择"基本符合"和"完全符合"的分别占 31.6%和 28.8%，三者合计 60.4%。表明 60.4%的样本学生认为对他们来说会说汉语或藏语就足够了，有 29.6%的样本学生认为只会说汉语或藏语还是不够的。

表 7-1 样本学生作答题项"其实在我们这里会说汉语或藏语就足够了"的频数与占比

样本		频数	占比	有效占比	累计占比
有效样本	完全不符	166	11.9%	12.2%	12.2%
	不太符合	237	17.0%	17.4%	29.5%
	不太清楚	137	9.8%	10.0%	39.6%
	基本符合	431	30.9%	31.6%	71.2%
	完全符合	393	28.1%	28.8%	100.0%
	合计	1 364	97.6%	100.0%	
缺失样本		33	2.4%		
合计		1 397	100.0%		

表 7-2 是样本观察值在题项 16 "我平时很愿意与周围的人讲汉语"中选填的频数及百分比，选择"完全不符"和"不太符合"的分别占 8.8%和 16.6%，两者合计 25.4%；选择"基本符合"的占 30.9%，选择"完全符合"的占 36.1%。这表明 67%的学生表示他们平时很愿意与周围的人讲汉语。

表 7-2 样本学生作答题项"我平时很愿意与周围的人讲汉语"的频数与占比

样本		频数	占比	有效占比	累计占比
有效样本	完全不符	120	8.6%	8.8%	8.8%
	不太符合	227	16.2%	16.6%	25.4%
	不太清楚	103	7.4%	7.6%	33.0%
	基本符合	421	30.1%	30.9%	63.9%
	完全符合	493	35.3%	36.1%	100.0%
	合计	1 364	97.6%	100.0%	
缺失样本		33	2.4%		
合计		1 397	100.0%		

表 7-3 是观察值在题项"在现代社会，藏语已经不是很重要了，学好汉语和英语才重要"中的选填频数及百分比。其中"完全不符"和"不太符合"的百分比分别为 29.7%和 6.3%，两者合计 36%；选择"基本符合"的占 8.2%，选择"完全符合"的占 51.2%，两者合计 59.5%。59.5%的样本学生认为现代社会藏语已经不是特别重要了，人们更应该学好汉语和英语，说明这些样本学生学习第二、第三语言的积极性比较高。

表 7-3　样本学生作答题项"在现代社会，藏语已经不是很重要了，学好汉语和英语才重要"的频数与占比

样本		频数	占比	有效占比	累计占比
有效样本	完全不符	410	29.3%	29.7%	29.7%
	不太符合	87	6.2%	6.3%	36.0%
	不太清楚	63	4.5%	4.6%	40.6%
	基本符合	114	8.2%	8.2%	48.8%
	完全符合	707	50.6%	51.2%	100.0%
	合计	1 381	98.9%	100.0%	
缺失样本		16	1.1%		
合计		1 397	100.0%		

从表 7-4 可以看出，样本学生都比较赞成"其实在我们这里会说汉语或藏语就足够了""我平时很愿意与周围的人讲汉语"和"在现代社会，藏语已经不是很重要了，学好汉语和英语才重要"，均值分别为 3.48、3.69 和 3.45。特别是"我平时很愿意与周围的人讲汉语"，均值更是达到了 3.69。这表明样本学生对藏语、汉语和英语三种语言都持有肯定态度，由于生活地理位置的原因，样本学生平时接触最多的是本民族人（藏族）和汉族人，他们平时说得最多的语言也是藏语和汉语。而汉语又是我们国家，乃至整个世界使用人数最多的语言，为了便于交流，他们需要学习汉语，汉语和藏语是样本地区使用比较频繁的两种语言。而从学生未来发展的角度出发，他们除了学习汉语和藏语外，还要学习英语这一国际化的语言，相对于藏语而言，汉语和英语的使用范围更广、人数更多，所以从未来发展的角度看，汉语和英语比藏语更为重要。

表 7-4　样本学生认同型三语态度均值表

题项	样本量	最小值	最大值	均值	标准差
其实在我们这里会说汉语或藏语就足够了	1 364	1	5	3.48	1.380
我平时很愿意与周围的人讲汉语	1 364	1	5	3.69	1.341
在现代社会，藏语已经不是很重要了，学好汉语和英语才重要	1 381	1	5	3.45	1.784
有效样本量	1 326				

二、工具型三语态度

从表 7-5 可以看出，多数样本学生对"会说藏语、汉语和英语三种语言就可以生活得很富有"和"学好汉语和英语可以找一个好工作"两题项的认同程度偏低，就工具型三语态度而言，样本学生对藏汉英三语的工具价值认同程度较低。

表 7-5　样本学生工具型三语态度均值表

题项	样本量	最小值	最大值	均值	标准差
会说藏语、汉语和英语三种语言就可以生活得很富有	1 359	1	5	3.19	1.374
学好汉语和英语可以找一个好工作	1 367	1	5	3.15	1.223
有效样本量	1 332				

三、融合型三语态度

从表 7-6 可以看出，样本学生对"学习藏语对于我与周围的人交流很重要"和"既会藏语又会汉语和英语的人很聪明"都持支持态度，大多数样本学生认为学习藏语对他们与周围的人交流很重要。就融合型三语态度而言，样本学生对藏汉英三语均显示出了支持态度。

表 7-6　样本学生融合型三语态度均值表

题项	样本量	最小值	最小值	均值	标准差
学习藏语对于我与周围的人交流很重要	1 354	1	6	4.30	1.073
既会藏语又会汉语和英语的人很聪明	1 344	1	5	3.70	1.162
有效样本量	1 304				

四、迁移型三语态度

语际迁移是三语教育和三语教学中普遍存在的现象，迁移型三语态度主要涉及学生对藏汉英三种语言学习和教学中相关影响和迁移的认识和评价，是三语教育重要的主体认知因素。迁移型三语态度体现了学生在三语语言学习与教学过程中的元语言意识，对三语教育的实施成效有着重要的影响作用。

从表 7-7 可以看出，样本学生对"学校应该教我们说藏语、汉语和英语""要在学校里取得好成绩，就必须学好汉语、藏语和英语""学习藏语、汉语和英语三种语言一点都不难"和"我认为学三种语言对我的学习有很大好处"均持有支持态度，均值分别为 4.61、3.63、3.53 和 4.59。"学习藏语、汉语和英语三门语言浪费时间，我觉得学一门就够了"的均值为 3.45。样本学生对"用藏语学习数理化等科学课程很困难"的态度不是很明显，均值仅为 3.10。可以看出，尽管三语学习会造成学习时间紧等问题，但大多数样本学生还是希望能学习三种语言，就迁移型三语态度而言，他们还是持赞成态度。

表 7-7　样本学生迁移型三语态度均值表

题项	样本量	最小值	最大值	均值	标准差
学校应该教我们说藏语、汉语和英语	1 380	1	5	4.61	0.826
学习藏语、汉语和英语三门语言浪费时间，我觉得学一门就够了	1 378	1	5	3.45	1.746
用藏语学习数理化等科学课程很困难	1 356	1	5	3.10	1.438
要在学校里取得好成绩，就必须学好汉语、藏语和英语	1 363	1	5	3.63	1.400
学习藏语、汉语和英语三种语言一点都不难	1 364	1	5	3.53	1.304
我认为学三种语言对我的学习有很大好处	1 337	1	5	4.59	0.905
有效样本量	1 217				

从以上分析可知，大多数被试都支持藏汉英三语学习，主要表现在认同型三语态度、融合型三语态度和迁移型三语态度上。就认同型三语态度而言，多数样本学生都比较赞成"其实在我们这里会说汉语或藏语就足够了""我平时很愿意与周围的人讲汉语"和"在现代社会，藏语已经不是很重要了，学好汉语和英语才重要"，均值分别为 3.48、3.69 和 3.45。随着视野的扩大，在学习藏语和汉语的基础上，人们对英语这一第三语言的认同度也在不断地提高；就融合型三语态度来说，样本学生对"学习藏语对于我与周围的人交流很重要"和"既会藏语又会汉语和英语的人很聪明"均表现出了支持的态度；对迁移型三语态度来说，样

本学生对"学校应该教我们说藏语、汉语和英语""要在学校里取得好成绩，就必须学好汉语、藏语和英语""学习藏语、汉语和英语三种语言一点都不难"和"我认为学三种语言对我的学习有很大好处"均持支持态度，均值分别为 4.61、3.63、3.53 和 4.59。就整体而言，样本学生对藏、汉、英三种语言均表现出了肯定的态度。

五、社会特征与三语态度

为深入探求样本学生的三语态度的分布特征，本研究从性别分布、学段分布两方面对样本学生的三语态度进行了进一步的分析，具体分布情况如表 7-8 和表 7-9 所示。

（一）样本学生三语态度与性别之间的关系

表 7-8 男女样本学生三语态度的均值表

三语态度类型	性别	样本量	均值	标准差	平均标准误
认同型三语态度	男	628	3.460 2	1.143 45	0.045 63
	女	687	3.603 1	1.083 94	0.041 35
工具型三语态度	男	633	3.210 9	0.946 01	0.037 60
	女	687	3.121 5	0.949 61	0.036 23
融合型三语态度	男	612	4.035 9	0.809 83	0.032 74
	女	679	3.975 0	0.850 62	0.032 64
迁移型三语态度	男	573	3.773 6	0.648 83	0.027 11
	女	636	3.813 1	0.637 31	0.025 27

表 7-9 样本学生三语态度的性别差异分析

三语态度类型	方差相等的 Levene 检验		均值相等 t 检验				
	F 值	p 值	t 值	自由度	双侧显著性	平均差	标准误差
认同型三语态度	2.809	0.094	−2.326	1 313	0.020	−0.142 91	0.061 43
			−2.321	1 286.651	0.020	−0.142 91	0.061 58
工具型三语态度	0.189	0.664	−1.711	1 318	0.087	0.089 36	0.052 22
			1.711	1 309.998	0.087	0.089 36	0.052 21
融合型三语态度	0.181	0.670	1.316	1 289	0.188	0.060 98	0.046 35
			1.319	1 285.133	0.187	0.060 98	0.046 23
迁移型三语态度	0.035	0.851	−1.067	1 207	0.286	−0.039 50	0.037 02
			−1.066	1 189.206	0.287	−0.039 50	0.037 06

独立样本 t 检验分析结果显示,就认同型三语态度的性别差异来说,"方差相等的 Levene 检验"的 F 值未达到显著差异 [F(1 313)=2.809,p=0.094>0.05],表示两组样本方差同质。采用"方差相等"栏的数据,t(1 313)=−2.326,p=0.020<0.05,达到显著水平,表示男女生的"认同型三语态度"存在显著差异,其中女生的认同型三语态度(均值=3.60)高于男生的认同型三语态度(均值=3.46)。

就工具型三语态度的性别差异来说,"方差相等的 Levene 检验"的 F 值未达到显著差异 [F(1 318)=0.189,p=0.664>0.05],表示两组样本方差同质,采用"方差相等"栏的数据,t(1 318)=1.711,p=0.087>0.05,未达到显著水平,表示学生的工具型三语态度不会因其性别的不同而有显著差异。

就融合型三语态度的性别差异来说,"方差相等的 Levene 检验"的 F 值未达到显著差异 [F(1 289)=0.181,p=0.670>0.05],表示两组样本方差同质,采用"方差相等"栏的数据,t(1 289)=1.316,p=0.188>0.05,未达到显著水平,表示学生的融合型三语态度不会因其性别的不同而有显著差异。

就迁移型三语态度的性别差异来说,"方差相等的 Levene 检验"的 F 值达到显著差异 [F(1 207)=0.035,p=0.851>0.05],表示两组样本方差同质,采用"方差相等"栏的数据,t(1 207)=−1.067,p=0.286>0.05,未达到显著水平,表示男女生的迁移型三语态度不会因其性别的不同而有显著差异。

(二)样本学生三语态度与学段的关系

单向方差分析显示,就认同型三语态度的学段差异而言,F(1 320)=6.056,p=0.002<0.05,达到显著水平,表明不同学段的样本学生在认同型三语态度存在显著差异,其中四年级学生的认同型三语态度(均值=3.61)高于高中二年级学生(均值=3.60)和初中二年级学生(均值=3.37),见表 7-10 和表 7-11。

表 7-10　样本学生三语态度的学段差异分析表

三语态度类型		平方和	自由度	均方和	F 值	p 值
认同型三语态度	组间	14.920	2	7.460	6.056	0.002
	组内	1 623.564	1 318	1.232		
	合计	1 638.484	1 320			
工具型三语态度	组间	1.440	2	0.720	0.795	0.452
	组内	1 200.282	1 325	0.906		
	合计	1 201.722	1 327			

续表

三语态度类型		平方和	自由度	均方和	F值	p值
融合型三语态度	组间	18.085	2	9.043	13.258	0.000
	组内	883.915	1 296	0.682		
	合计	902.000	1 298			
迁移型三语态度	组间	12.575	2	6.287	15.630	0.000
	组内	486.734	1 210	0.402		
	合计	499.309	1 212			

表 7-11 不同学段样本学生三语态度的均值表

三语态度类型	年级	样本量	均值	标准差	标准误	95% 均值置信区间 上限	95% 均值置信区间 下限
认同型三语态度	四年级	406	3.605 1	1.129 37	0.056 05	3.494 9	3.715 3
	初中二年级	388	3.369 4	1.136 34	0.057 69	3.256 0	3.482 8
	高中二年级	527	3.600 9	1.074 48	0.046 81	3.508 9	3.692 8
	合计	1 321	3.534 2	1.114 13	0.030 65	3.474 1	3.594 3
工具型三语态度	四年级	405	3.172 8	1.027 95	0.051 08	3.072 4	3.273 3
	初中二年级	392	3.209 2	0.971 26	0.049 06	3.112 7	3.305 6
	高中二年级	531	3.129 9	0.873 65	0.037 91	3.055 5	3.204 4
	合计	1 328	3.166 4	0.951 63	0.026 11	3.115 2	3.217 6
融合型三语态度	四年级	389	4.179 9	0.880 64	0.044 65	4.092 2	4.267 7
	初中二年级	381	3.935 7	0.844 76	0.043 28	3.850 6	4.020 8
	高中二年级	529	3.914 0	0.768 50	0.033 41	3.848 3	3.979 6
	合计	1 299	4.000 0	0.833 62	0.023 13	3.954 6	4.045 4
迁移型三语态度	四年级	361	3.930 7	0.606 10	0.031 90	3.868 0	3.993 5
	初中二年级	350	3.665 7	0.660 94	0.035 33	3.596 2	3.735 2
	高中二年级	502	3.782 6	0.635 02	0.028 34	3.726 9	3.838 3
	合计	1 213	3.793 0	0.641 85	0.018 43	3.756 8	3.829 1

就工具型三语态度的学段差异而言，$F(1\ 327)=0.795$，$p=0.452>0.05$，未达到显著水平，表明不同学段的样本学生在工具型三语态度不存在显著差异。

就融合型三语态度的学段差异而言，$F(1\ 298)=13.258$，$p=0.000<0.001$，达到显著水平，表明不同学段的样本学生在融合型三语态度存在显著差异，其中四年级学生的融合型三语态度（均值=4.18）高于初中二年级学生（均值=3.94）和高中二年级学生（均值=3.91）。

就迁移型三语态度的学段差异而言，$F(1\ 212)=15.630$，$p=0.000<0.001$，达到显著水平，表明不同学段的样本学生在迁移型三语态度存在显著差异，其中四年级学生的认同型三语态度（均值=3.93）高于高中二年级学生（均值=3.78）和初中二年级学生（均值=3.67）。

研究表明大多数样本学生都有积极正面的三语态度，主要表现在认同型三语态度、融合型三语态度和迁移型三语态度上。样本学生性别与三语态度之间的关系表明样本学生中女生对藏、汉、英三种语言具有更高的认同度，女生比男生更加认同藏汉英三语教育的重要性。样本学生就读年级与三语态度的关系表明随着时代的发展变化，低年级的学生更加能够感知到学习藏、汉、英三种语言的重要性；同时，相对于高年级学生在三语迁移和使用上遇到的困难，低年级学生遇到的困难相对较少，难度较低，因此低年级学生具有更高的融合型三语态度以及迁移型三语态度。

样本学生在三语态度方面的性别差异主要集中在认同型三语态度，其中女生的认同型三语态度（均值=3.60）高于男生的认同型三语态度（均值=3.46），表示男生和女生的认同型三语态度存在显著差异。样本学生并未因性别因素在工具型三语态度、融合型三语态度以及迁移型三语态度上呈现出显著差异。由此可见，样本学生中女生对藏、汉、英三种语言具有更高的认可度，更加认同三语教育的重要性。

不同学段的样本学生在认同型三语态度、融合型三语态度以及迁移型三语态度上均呈现出显著差异，其中四年级学生的均值均高于初中二年级学生和高中二年级学生。样本学生并未因学段差异而在工具型三语态度呈现出显著差异。

第二节　教师藏汉英三语语言态度研究

课题组先后对西藏自治区9所中小学和甘南藏族自治州2所中小学进行了三语教育田野调查。以11所样本学校在校的各民族教师为调查对象，以分层分类抽样的方法抽取了一定数量的样本做了详细的调查，最后共得到131个有效样本。131个样本教师的性别、民族和学历分布情况如下：男教师有43人，占样本总数的33.33%，女教师有82人，占样本总数的63.57%；其中藏族占65.38%，汉族占28.46%，回族占3.85%。样本教师中有25人有专科学历，91人有大学本科学历，7人有研究生学历，分别占样本总数的 19.23%、70%和 5.38%。

课题组采用了问卷调查及访谈的方法进行相关数据的收集。调查问卷的内容包括三个方面：

第一，被调查者的基本信息；

第二，被调查者的三语态度，对三语态度的评价测评采用了五级量表，回答的选项在 1 到 5 之间形成一个量表；

第三，多项选择题。

课题组对相关数据的分析采用了 SPSS 22.0 软件包。

在教师问卷中，关于三语态度的问题共有 11 个，分为三个部分：

第一，教师的认同型三语态度，包含在第 19、30 和 33 题三个问题中；

第二，教师的工具型三语态度，包含在问题 24 中；

第三，教师的迁移型三语态度，包含在 7 个问题中，分别为第 16、18、22、27、28、29 和 31 题。

一、认同型三语态度

由表 7-12 可以看出，样本教师对"我喜欢听别人讲英语"持支持的态度，均值达到了 3.82；对于"我想在课外多讲一些英语，少讲一些汉语和藏语"和"要是别人会说藏语也会说汉语，我就更愿意与他说汉语"，样本教师持反对和不太明显的态度，均值分别为 2.30 和 3.01。这表明尽管由于语言环境和语言能力的限制，样本教师无法很好地用英语去交流，但还是希望听到别人说英语，对英语这一第三语言持支持的态度。

表 7-12 样本教师认同型三语态度均值表

题项	样本量	最小值	最大值	均值	标准差
我喜欢听别人讲英语	126	1	5	3.82	1.359
我想在课外多讲一些英语，少讲一些汉语和藏语	125	1	5	2.30	1.252
要是别人会说藏语也会说汉语，我就更愿意与他说汉语	125	1	5	3.01	1.411
有效样本量	120				

二、工具型三语态度

表 7-13 是样本观察值在问题 24 "能说民族语、汉语和英语可以找到好工作"中选填的频数及百分比，选择"完全不符""不太符合"和"不太清楚"的百分比分别为 7.7%、13.1% 和 26.9%，三者合计 47.7%。选择"基本符合"的有

24.6%，选择"完全符合"的有 27.7%，两者合计 52.3%。这表明一半以上的样本教师认为能说民族语、汉语和英语可以找到好工作，对此持肯定态度，但就工具型三语态度而言，这种支持态度并不明显。

表 7-13　样本教师作答题项"能说民族语、汉语和英语可以找到好工作"的频数与占比

样本	选项	频数	占比	有效占比	累计占比
有效样本	完全不符	10	7.7%	7.7%	7.7%
	不太符合	17	13.1%	13.1%	20.8%
	不太清楚	35	26.9%	26.9%	47.7%
	基本符合	32	24.6%	24.6%	72.3%
	完全符合	36	27.7%	27.7%	100.0%

三、迁移型三语态度

从表 7-14 可以看出，样本教师对"校园活动板报、读报栏等应该使用藏汉英三种语言""我觉得学校应该教儿童说藏语、汉语和英语三种语言""我觉得三语教学对提高学生的学习成绩很有用处"和"我觉得三语课的主要目标应该是同时学好三种语言"均持赞成态度，均值分别达到了 4.37、4.23、3.94 和 3.86。对"我觉得学习英语比学习民族语和汉语更有用"，样本教师持有的态度不太明显。样本教师对"我觉得在三语课上学好文化知识是最重要的，而学好语言则是次要的事情"持反对态度。这表明从迁移型三语态度的角度来说，样本教师都持支持的态度，都希望开展藏汉英三语教学。

表 7-14　样本教师迁移型三语态度均值表

题项	样本量	最小值	最大值	均值	标准差
校园活动板报、读报栏等应该使用藏汉英三种语言	130	1	5	4.37	0.873
我觉得学校应该教儿童说藏语、汉语和英语三种语言	125	1	5	4.23	1.101
我觉得三语教学对提高学生的学习成绩很有用处	130	1	5	3.94	1.173
我觉得三语课的主要目标应该是同时学好三种语言	126	1	5	3.86	1.164
我觉得学习英语比学习民族语和汉语更有用	125	1	5	2.65	1.369
我觉得在三语课上学好文化知识是最重要的，而学好语言则是次要的事情	128	1	5	2.32	1.254
有效样本量	119				

研究数据表明，样本教师在认同型三语态度和迁移型三语态度方面基本持支持的态度。样本教师对于藏、汉、英三种语言的重要性持肯定的态度。尽管由于语言环境和语言能力的限制，样本教师无法很好地用英语去交流，但还是希望听到别人说英语，表明对英语这一第三语言持支持的态度。同时，样本教师普遍赞同藏汉英三语教学的重要性，认为三语教学对提高教学质量和学生成绩有所帮助，学好语言和学好文化知识同等重要。就工具型三语态度而言，样本教师的支持态度表现得不是特别明显。

根据调查分析发现，大多数样本学生都对藏汉英三语的学习表现出了肯定的态度，主要表现在认同型三语态度、融合型三语态度和迁移型三语态度上。随着视野的扩大，在学习藏语和汉语的基础上，学生对英语这一第三语言的认同度也在不断地提高。样本教师都深刻认识到了开展藏汉英三语教育的必要性和重要性，但由于当地三语语言生态环境较为脆弱，使用英语交流和沟通的机会比较缺乏，样本教师对工具型三语态度的认知度不是很高。

由于少数民族地区三语教育的特殊性，其外部生态环境还需要进一步优化，在正确认识藏族地区的语言文化特征的基础上，构建和谐的语言生态环境，提升我国藏族地区的三语教育质量，任重而道远。

第三节　学生藏汉英三语语言能力研究

课题组通过问卷调查和访谈的方法进行了相关资料的收集。调查问卷的内容包括三个部分：

第一，被调查者的基本信息；

第二，三语能力的相关信息，对三语能力的评价测评采用了五级量表，回答的选项在 1 到 5 之间形成一个量表；

第三，多项选择题。

对相关数据的分析采用了 SPSS 22.0 软件包。

在学生问卷中，关于三语能力的问题共有 2 个，主要是关于被调查者的三语语言交际能力，分别为问题 10 和问题 49。

表 7-15 为题项"你能流利地使用哪几种语言"中三个选项被选择的频数及百分比，从表 7-15 可以看出，有 69.8%的样本学生认为自己能够流利地使用汉语，更有 92.3%的样本学生认为自己能流利地使用藏语。样本总数中有 96.99%的学生为藏族学生，又生活在与汉族交流比较频繁的语言环境中，所以样本学生藏语和汉语的语言使用能力比较强。仅有 11.1%的样本学生认为自己能流利地使用英语，这说明相对于藏语和汉语而言，样本学生的英语语言能力较低。

表 7-15　样本学生作答题项"你能流利地使用哪几种语言"的选项占比

选项	反应值 样本量	反应值 占比	观察值占比
你能流利地使用汉语	965	40.3%	69.8%
你能流利地使用英语	153	6.4%	11.1%
你能流利地使用藏语	1 276	53.3%	92.3%
合计	2 394	100.0%	173.1%

表7-16为题项"你平时用什么语言和老师、同学讲话"中四个选项被选择的频数及百分比，从表7-16可以看出，平时用藏语、汉语和藏汉双语跟老师、同学讲话的样本学生比例分别为30.9%、10.1%和58.9%，相比较而言，平时用英语跟老师、同学讲话的学生只有0.6%。

表 7-16　样本学生作答题项"你平时用什么语言和老师、同学讲话"的选项占比

选项	反应值 样本量	反应值 占比	观察值占比
你平时用藏语和老师、同学讲话	423	30.7%	30.9%
你平时用汉语和老师、同学讲话	138	10.0%	10.1%
你平时用英语和老师、同学讲话	8	0.6%	0.6%
你平时用藏语和汉语和老师、同学讲话	808	58.7%	58.9%
合计	1 377	100.0%	100.4%

统计数据显示，有69.8%的样本学生认为自己能够流利地使用汉语，更有92.3%的样本学生认为自己能流利地使用藏语，仅有11.1%的样本学生认为自己能够流利地使用英语；大多数样本学生平时用藏语和汉语两种语言跟老师、同学讲话，只有0.6%的样本学生平时用英语跟老师、同学讲话。总体来说，样本学生的三语语言交际能力较差。

第四节　教师藏汉英三语语言能力研究

课题组通过问卷调查和访谈的方法进行了相关资料的收集。调查问卷的内容包括三个部分：

第一，被调查者的基本信息；第二，被调查者的三语能力，对三语能力的评价测评采用了五级量表，回答的选项在 1 到 5 之间形成一个五级量表；

第三，多项选择题。

对相关数据的分析，项目组采用了 SPSS 22.0 软件包。

在教师问卷中，关于三语语言能力的问题共有 7 个，包括两个部分：

第一，调查者的三语表达能力，设置在问题 17 中；

第二，被调查者的三语使用情况，分别设置在第 42、43、44 和 45 题中；

第三，被调查者对三语教学目标的认识，设置在问题 27 和问题 31 中。

一、样本教师三语语言表达能力

表 7-17 是样本观察值在题项"我在英语课堂上可以流利地使用藏语、汉语和英语进行三语教学"中选填的频数及百分比。选择"完全不符"和"不太符合"的分别有 20% 和 18.4%，两者合计 38.4%；选择"基本符合"和"完全符合"的分别为 18.4% 和 37.6%，两者合计 56%。这表明 56% 的样本教师能在英语课上流利地使用藏语、汉语和英语进行三语教学，为学生提供良好的三语学习氛围。

表 7-17　样本教师作答题项"我在英语课堂上可以流利地使用藏语、汉语和英语进行三语教学"时的频数与占比

样本	选项	频数	占比	有效占比	累计占比
有效样本	完全不符	25	19.2%	20.0%	20.0%
	不太符合	23	17.7%	18.4%	38.4%
	不太清楚	7	5.4%	5.6%	44.0%
	基本符合	23	17.7%	18.4%	62.4%
	完全符合	47	36.2%	37.6%	100.0%
	合计	125	96.2%	100.0%	
缺失样本		5	3.8%		
合计		130	100.0%		

二、样本教师三语使用情况

表 7-18 是样本观察值在题项"您一般读用哪种报纸、杂志和书籍"中选填的频数及百分比,其中选填"只是汉语的""汉语和藏语的都可以""只是藏语的""藏汉双语的"的样本教师分别为 45.2%、27.8%、11.9%和 11.9%,四者合计 96.8%。选择"只是英语的"和"藏汉英三语的"的仅有 2.4%,由此可以看出样本教师平时很少读用英语报纸、杂志和书籍。

表 7-18 样本教师作答题项"您一般读用哪种报纸、杂志和书籍"时的频数与占比

样本	选项	频数	占比	有效占比	累计占比
有效样本	只是汉语的	57	43.8%	45.2%	45.2%
	汉语和藏语的都可以	35	26.9%	27.8%	73.0%
	只是藏语的	15	11.5%	11.9%	84.9%
	藏汉双语的	15	11.5%	11.9%	96.8%
	只是英语的	1	0.8%	0.8%	97.6%
	汉英双语的	1	0.8%	0.8%	98.4%
	藏汉英三语的	2	1.5%	1.6%	100.0%
	合计	126	96.9%	100.0%	
缺失样本		4	3.1%		
合计		130	100.0%		

表 7-19 为样本观察值在题项"您一般听哪种语言的广播、看哪种语言的电视节目"中选填的频数和百分比,统计数据显示:选填"只是汉语的""汉语和藏语的都可以""只是藏语的"和"藏汉双语的"分别为 42%、30.2%、9.5%和 14.3%,四者合计 96%,选填"藏汉英三语的"仅有 3.2%。这说明绝大多数样本教师平时更倾向于听藏语和汉语两种语言的广播、看藏语和汉语两种语言的电视节目。

表 7-19 样本教师作答题项"您一般听哪种语言的广播、看哪种语言的电视节目"时的频数与占比

样本	选项	频数	占比	有效占比	累计占比
有效样本	只是汉语的	53	40.8%	42%	42%
	汉语和藏语的都可以	38	29.2%	30.2%	72.2%
	只是藏语的	12	9.2%	9.5%	81.7%

续表

样本	选项	频数	占比	有效占比	累计占比
有效样本	藏汉双语的	18	13.8%	14.3%	96.0%
	汉英双语的	1	0.8%	0.8%	96.8%
	藏汉英三语的	4	3.1%	3.2%	100.0%
	合计	126	96.9%	100.0%	
缺失样本		4	3.1%		
合计		130	100.0%		

表 7-20 是题项"您上英语课主要与学生用哪种语言进行交流"7 个选项被选择的频数及百分比，统计数据显示：选择藏语、汉语和藏汉双语的样本教师分别为 28.4%、45.7%和 22.4%，选择英语的仅有 0.9%，选择藏汉英三语的也只有 1.7%。这说明上英语课时，老师与学生交流时还是倾向于使用藏语和汉语两种语言，对英语的使用较少。

表 7-20 样本教师作答题项"您上英语课主要与学生用哪种语言进行交流"的选项占比

选项	反应值 样本量	反应值 占比	观察值占比
您上课主要与学生用藏语进行交流	33	28.2%	28.4%
您上课主要与学生用汉语进行交流	53	45.3%	45.7%
您上课主要与学生用藏汉双语进行交流	26	22.2%	22.4%
您上课主要与学生用英语进行交流	1	0.9%	0.9%
您上课主要与学生用汉英双语进行交流	1	0.9%	0.9%
您上课主要与学生用藏英双语进行交流	1	0.9%	0.9%
您上课主要与学生用藏汉英三语进行交流	2	1.7%	1.7%
合计	117	100.0%	100.9%

表 7-21 是题项"您的英语课教案是用哪种语言写的"中 6 个选项被选择的频数及百分比，由表 7-21 可以看出：34.9%的样本教师选择的是藏语，55.8%的样本教师选择的是汉语，6.2%的样本教师选择的是藏汉双语，选择英语和藏汉英三语的仅有 0.8%和 0.8%，这说明大多数样本教师的教案是用汉语或藏语写的，很少有教师用英语写教案。

表 7-21 样本教师作答题项"您的英语课教案是用哪种语言写的"的选项占比

选项	反应值 样本量	反应值 占比	观察值占比
您的英语课教案是用藏语写的	45	34.9%	34.9%
您的英语课教案是用汉语写的	72	55.8%	55.8%
您的英语课教案是用藏汉双语写的	8	6.2%	6.2%
您的英语课教案是用英语写的	1	0.8%	0.8%
您的英语课教案是用汉英双语写的	2	1.6%	1.6%
您的英语课教案是用藏汉英三语写的	1	0.8%	0.8%
合计	129	100.0%	100.0%

三、样本教师对三语教学目标的认识

从表 7-22 可以看出：样本教师均认为三语教学的目标是同时学好三种语言，均值达到了 3.86，对于"我觉得在三语课上学好文化知识是最重要的，而学好语言则是次要的事情"，样本教师均持反对态度，均值只有 2.32。

表 7-22 样本教师三语教学的目标均值表

题项	样本量	最小值	最大值	均值	标准差
我觉得三语课的主要目标应该是同时学好三种语言	126	1	5	3.86	1.164
我觉得在三语课上学好文化知识是最重要的，而学好语言则是次要的事情	128	1	5	2.32	1.254
有效样本量	125				

分析可见，超过一半的样本教师具有良好的三语语言表达能力。对于题项"我在英语课堂上可以流利地使用藏语、汉语和英语进行三语教学"，有 56% 的样本教师选择的是"基本符合"和"完全符合"，56% 的样本教师能在英语课上流利地使用藏语、汉语和英语进行三语教学，也可以为学生提供良好的三语学习语境。

就样本教师平时的语言使用而言，样本教师平时使用最频繁的是汉语，其次是藏语，英语使用得最少。在题项"您一般读用哪种报纸、杂志和书籍"中选填汉语和藏语的分别为 45.2% 和 11.9%，选择英语的仅有 0.8%；对于题项"您的教案是用哪种语言写的",55.8%的样本教师选择的是汉语,34.9%的样本教师选择的是藏语,只有 0.8%的样本教师选择的是英语;在题项"您上英语课主要与学生用哪种语言进行交流"中,选择汉语、藏语和英语的样本教师分别为 45.7%、28.4%和 0.9%,不难看出,样本教师平时还是倾向于使用汉语和藏语,英语的使用相对而言比较少。同样地,上课时老师考虑到学生的接受能力,使用更多的还是汉语和藏语。

对于三语教学的目标,大多数样本教师认为应该同时学好三种语言,而对"我觉得在三语课上学好文化知识是最重要的,而学好语言则是次要的事情"则持反对态度。

本章针对样本学生和样本教师的三语语言能力进行了分析,发现样本师生的三语能力主要具有以下特点:

第一,样本学生的三语交际能力较差,主要表现在汉语和藏语两种语言使用较为流利,英语语言水平有待提高;

第二,样本教师普遍具有较好的三语表达能力,但日常阅读等活动还是主要使用藏汉双语,英语的使用频率较低;

第三,在对三语教学目标的认识上,样本教师认为同时学好汉藏英三门语言十分重要,对于学好文化知识比较重要而三语次之的观点不太赞同。

第八章 藏汉英三语教学实验研究

课题组在进行藏汉英三语教育田野调查的同时,在甘肃省甘南藏族自治州选取了 1 所藏族中学为三语教学实验基地,以高中二年级两个成绩相当的平行班作为实验班和控制班,邀请了具备藏汉英三语教学能力的任课老师为三语教学样本教师,从 2014 年 9 月 5 日到 2015 年 1 月 3 日开展了为期一学期的藏汉英三语教学实验。

第一节 实验地区——甘南藏族自治州简介

甘南藏族自治州地处青藏高原与黄土高原过渡的甘、青、川三省结合部。东与甘肃定西、陇南地区毗邻,南与四川阿坝藏族羌族自治州接壤,西与青海省果洛、黄南州相连,北靠甘肃临夏回族自治州。东西长 360.7 公里,南北宽 270.9 公里,土地总面积 4.5 万平方公里。南部为重峦叠嶂的岷迭山区,东部为连绵起伏的丘陵山地,西部为广袤无垠的平坦草原,地势西北高,东南低,由西北向东南呈倾斜状。全区最高海拔 4 920 米,最低海拔 1 172 米。

全州分为三个自然类型区,南部为岷迭山区,气候温和,是全国"六大绿色宝库"之一;东部为丘陵山地,农牧兼营;西北部为广阔的草甸草原,是全国的"五大牧区"之一。总人口 73.07 万,其中藏族占总人口的 54.2%。

境内有尕海、则岔两个国家级自然保护区,莲花山和冶力关国家森林公园,以及桑科草原、黄河首曲、大峪沟等几十处优美的自然景区;有全国文物保护单位夏河拉卜楞寺、卓尼禅定寺和碌曲郎木寺等 121 座藏传佛教寺院;有红军长征经过的天险腊子口、俄界会议遗址等十多处革命历史遗迹;有香浪节、晒佛节、采花节、花儿会等几十种民俗节庆活动,被誉为"中国的小西藏,甘肃的后花园"①。

第二节 藏汉英三语教学实验样本基本概况

一、实验班基本概况

课题组以高二(5)班为实验班进行三语教学实验。高二(5)班共有 67 名学

---
① 资料来源:甘南藏族自治州人民政府网站:http://gnzrmzf.gov.cn。

生，课题组实际收集到的数据实验班学生为 66 名，均为藏族学生，其中男生有 31 名，女生 35 名。有 5 名学生来自城市家庭，占班级总人数的 7.58%，61 名学生来自农村家庭，占班级总人数的 92.42%。实验班的学生整体比较活跃，课堂气氛较好。实验班采用藏、汉、英三语教学，课堂上三种语言的使用频率趋于平衡，三语教学为实验班的学生们提供了良好的三语语言学习环境。

二、控制班基本概况

课题组选取了高二（6）班为控制班开展三语教学实验。高二（6）班共有学生 65 名，课题组实际收集到的数据控制班学生为 64 名，均为藏族学生，其中男生和女生各有 32 人。有 7 名学生来自城市家庭，占班级总人数的 10.94%，57 名学生来自农村家庭，占班级总人数的 89.06%。控制班整体氛围比较沉闷，但学习成绩比实验班好。控制班采用的是传统的教学方法，课堂上使用的语言以藏语和汉语为主。

第三节　实验班藏汉英三语教育语言态度和三语能力分析

一、实验班学生三语态度分析

（一）认同型三语态度

从表 8-1 可以看出：实验班学生均比较赞成"其实在我们这里会说汉语或藏语就足够了"和"我平时很愿意与周围的人讲汉语"，均值分别为 3.29 和 3.20；对于"在现代社会，藏语已经不是很重要了，学好汉语和英语才重要"，实验班学生均持反对态度，均值仅为 1.36。这说明实验班的学生都对自己的母语有着深厚的感情，极大地肯定了自己母语的存在价值，而由于生活环境的原因，他们对汉语也有着比较大的认同感。总体来说，实验班的学生都比较倾向于支持藏语和汉语的学习。

表 8-1　实验班学生认同型三语态度均值表

题项	样本量	最小值	最大值	均值	标准差
其实在我们这里会说汉语或藏语就足够了	65	1	5	3.29	1.155
我平时很愿意与周围的人讲汉语	65	1	5	3.20	1.135
在现代社会，藏语已经不是很重要了，学好汉语和英语才重要	66	1	5	1.36	0.777
有效样本量	64				

（二）工具型三语态度

由表 8-2 可以看出：实验班学生对"会说藏语、汉语和英语三种语言就可以生活得很富有"和"学好汉语和英语可以找一个好工作"均持支持的观点，均值分别为 3.50 和 3.38。表现在工具型三语态度上，实验班学生都持支持的态度。

表 8-2　实验班学生工具型三语态度均值表

题项	样本量	最小值	最大值	均值	标准差
会说藏语、汉语和英语三种语言就可以生活得很富有	62	1	5	3.50	1.098
学好汉语和英语可以找一个好工作	63	1	5	3.38	0.941
有效样本量	59				

（三）融合型三语态度

从表 8-3 可以明显看出：实验班的学生对于"学习藏语对于我与周围的人交流很重要"和"既会藏语又会汉语和英语的人很聪明"均持支持的观点，均值分别为 4.61 和 3.61。实验班学生均认为学习藏语对他们与周围的人交流很重要，对于汉语和英语的学习同样表现出了支持的观点。就融合型三语态度而言，实验班的学生均持赞成的态度。

表 8-3　实验班学生融合型三语态度均值表

题项	样本量	最小值	最大值	均值	标准差
学习藏语对于我与周围的人交流很重要	66	1	5	4.61	0.782
既会藏语又会汉语和英语的人很聪明	64	1	5	3.61	0.902
有效样本量	64				

（四）迁移型三语态度

从表 8-4 可以看出：实验班学生对"学校应该教我们说藏语、汉语和英语""要在学校里取得好成绩，就必须学好汉语、藏语和英语"和"我认为学三种语言对我的学习有很大好处"均持赞成态度，均值分别高达 4.61、4.31 和 4.67，实验班学生均极大地肯定了藏汉英三种语言在学习生活中的重要性。对于"学习藏语、汉语和英语三门语言浪费时间，我觉得学一门就够了""用藏语学习数理化等科学课程很困难"和"学习藏语、汉语和英语三种语言一点都不难"均持反对观点。就迁移型三语态度而言，实验班的学生都对藏汉英三种语言持肯定和支持的态度。

表 8-4　实验班学生迁移型三语态度均值表

题项	样本量	最小值	最大值	均值	标准差
学校应该教我们说藏语、汉语和英语	66	2	5	4.61	0.653
学习藏语、汉语和英语三门语言浪费时间，我觉得学一门就够了	66	1	4	1.45	0.748
用藏语学习数理化等科学课程很困难	65	1	5	2.91	1.100
要在学校里取得好成绩，就必须学好汉语、藏语和英语	64	2	5	4.31	0.990
学习藏语、汉语和英语三种语言一点都不难	64	1	5	2.69	0.990
我认为学三种语言对我的学习有很大好处	64	3	5	4.67	0.592
有效样本量	60				

二、实验班学生三语语言能力分析（主要指三语语言交际能力）

从表 8-5 可以明显看出：有 75.8% 的实验班学生能够流利地使用汉语，95.5% 的实验班学生能够流利地使用藏语，仅有 1.5% 的实验班学生可以流利地使用英语。这说明就三语语言能力来说，实验班学生的交际能力比较低。

表 8-5　实验班学生作答题项"你能流利地使用哪几种语言"的选项占比

选项	反应值 样本量	反应值 占比	观察值占比
你能流利地使用汉语	50	43.9%	75.8%
你能流利地使用英语	1	0.9%	1.5%
你能流利地使用藏语	63	55.3%	95.5%
合计	114	100.0%	172.8%

从表 8-6 可以看出：有 18.5% 的实验班学生平时用藏语跟老师、同学讲话，4.6% 的实验班学生平时用汉语讲话，75.4% 的实验班学生平时用藏语和汉语两种语言跟老师、同学讲话，仅有 1.5% 的学生平时用英语跟老师、同学讲话。对他们

而言，藏语和汉语的使用远远超过了英语的使用。所以总体来说，实验班学生的三语语言交际能力较低。

表 8-6 实验班学生作答题项"你平时用什么语言和老师、同学讲话"的选项占比

选项	反应值 样本量	反应值 占比	观察值占比
你平时用藏语和老师、同学讲话	12	18.5%	18.5%
你平时用汉语和老师、同学讲话	3	4.6%	4.6%
你平时用英语和老师、同学讲话	1	1.5%	1.5%
你平时用藏语和汉语和老师、同学讲话	49	75.4%	75.4%
合计	65	100.0%	100.0%

第四节 控制班藏汉英三语教育语言态度和三语能力分析

一、控制班学生三语语言态度分析

（一）认同型三语态度

从表 8-7 不难看出，控制班学生对"其实在我们这里会说汉语或藏语就足够了"持反对态度，均值为 2.84，说明控制班学生认为只会说藏语或汉语是不够的，还要会说其他语言；对"我平时很愿意与周围的人讲汉语"持赞成态度，均值为 3.22。他们平时很愿意与周围的人讲汉语，但又觉得只会说藏语或汉语是不够的。所以总体上说，控制班学生对藏汉双语的认同度高于对英语的认同度。

表 8-7 控制班学生认同型三语态度均值表

题项	样本量	最小值	最大值	均值	标准差
其实在我们这里会说汉语或藏语就足够了	62	1	5	2.84	1.027
我平时很愿意与周围的人讲汉语	63	1	5	3.22	1.156
在现代社会藏语已经不是很重要了，学好汉语和英语才重要	64	1	5	1.37	0.917
有效样本量	62				

(二)工具型三语态度

从表 8-8 可以明显看出:控制班学生对"会说藏语、汉语和英语三种语言就可以生活得很富有"和"学好汉语和英语可以找一个好工作"均持赞成观点,均值分别为 3.76 和 3.48。就工具型三语态度而言,控制班学生均表现出了支持的态度。

表 8-8 控制班学生工具型三语态度均值表

题项	样本量	最小值	最大值	均值	标准差
会说藏语、汉语和英语三种语言就可以生活得很富有	62	1	5	3.76	1.082
学好汉语和英语可以找一个好工作	64	1	5	3.48	0.992
有效样本量	62				

(三)融合型三语态度

表 8-9 中的数据显示:控制班的学生对"学习藏语对于我与周围的人交流很重要"和"既会藏语又会汉语和英语的人很聪明"均持赞成观点,由于控制班的学生均为藏族学生,所以他们更希望通过学习藏语融入到藏族这个文化大家庭中。

表 8-9 控制班学生融合型三语态度均值表

题项	样本量	最小值	最大值	均值	标准差
学习藏语对于我与周围的人交流很重要	64	1	5	4.62	0.724
既会藏语又会汉语和英语的人很聪明	58	1	5	3.84	1.056
有效样本量	58				

(四)迁移型三语态度

从表 8-10 可以看出:控制班学生对"学校应该教我们说藏语、汉语和英语""要在学校里取得好成绩,就必须学好汉语、藏语和英语"和"我认为学三种语言对我的学习有很大好处"均持赞成态度,均值分别达到了 4.66、4.40 和 4.78。他们都认为学习三种语言在学习生活中有很大的作用,都赞成三种语言的学习。就迁移型三语态度来说,控制班的学生均持支持态度。

表 8-10　控制班学生迁移型三语态度均值表

题项	样本量	最小值	最大值	均值	标准差
学校应该教我们说藏语、汉语和英语	64	2	5	4.66	0.597
学习藏语、汉语和英语三门语言浪费时间，我觉得学一门就够了	64	1	3	1.31	0.531
用藏语学习数理化等科学课程很困难	63	1	5	2.70	0.927
要在学校里取得好成绩，就必须学好汉语、藏语和英语	63	2	5	4.40	0.871
学习藏语、汉语和英语三种语言一点都不难	64	1	5	2.61	1.002
我认为学三种语言对我的学习有很大好处	58	4	5	4.78	0.421
有效样本量	55				

二、控制班学生三语语言能力分析

20世纪90年代以来，Bachman（1990）系统地阐述了交际语言能力（CLA）：把语言知识和语言使用的场景特征结合起来，创造并解释意义的能力。CLA 主要包括三个部分：语言能力、策略能力和心理、生理机制。本书研究中的语言能力是指学生在学校中使用三语的能力。

表 8-11 中的数据显示：控制班有 73.4%的学生能够流利地使用汉语，有96.9%的学生能够流利地使用藏语，而无一人可以流利地使用英语。对控制班的学生来说，藏语和汉语的语言表达能力很高，但就三语语言能力而言，控制班学生的三语语言表达能力很低。

表 8-11　控制班学生作答题项"你能流利地使用哪几种语言"的选项占比

选项	反应值 样本量	反应值 占比	观察值占比
你能流利地使用汉语	47	43.1%	73.4%
你能流利地使用藏语	62	56.9%	96.9%
合计	109	100.0%	170.3%

从表 8-12 可以看出：控制班有 9.8%的学生平时用藏语和老师、同学讲话，有 6.6%的学生用汉语，有83.6%的学生平时用藏语和汉语两种语言跟老师、同学讲话，而没有人平时用英语跟老师、同学讲话。这说明对控制班的学生来说，其汉语和藏语的语言表达能力远远高于英语的语言表达能力。

表 8-12　控制班学生作答题项"你平时用什么语言和老师、同学讲话"的选项占比

选项	反应值 样本量	反应值 占比	观察值占比
你平时用藏语和老师、同学讲话	6	9.8%	9.8%
你平时用汉语和老师、同学讲话	4	6.6%	6.6%
你平时用藏语和汉语和老师、同学讲话	51	83.6%	83.6%
合计	61	100.0%	100.0%

第五节　实验班前后测藏汉英三语成绩差异分析

在对实验班和控制班三语成绩进行差异分析时，为确保研究分析更加准确、更加全面，本书研究对三种语言成绩前后测差异和三语总分成绩前后测差异分别进行了分析（三种语言前测和后测满分值均为50）。

一、汉语文科目前后测成绩差异分析

相依样本 t 检验分析显示（如表 8-13 和表 8-14 所示）：实验班汉语文后测平均成绩（均值=19.68）低于前测平均成绩（均值=20.72），汉语文前测成绩和后测成绩的平均差异值为 1.046，$t(64)=1.240$，显著性水平 $p=0.219>0.05$，未达到显著水平，所以实验班汉语文前后测成绩不存在显著差异。

表 8-13　汉语文前后测成绩样本统计量表

	成绩类型	均值	样本量	标准差	平均标准误
Pair 1	汉语文前测成绩	20.72	65	5.433	0.674
	汉语文后测成绩	19.68	65	4.532	0.562

表 8-14　汉语文前后测成绩 t 检验表

	成绩类型	配对差异 均值	配对差异 标准差	配对差异 平均标准误	95%差分置信区间 下限	95%差分置信区间 上限	t 值	F 值	双侧显著性
Pair 1	汉语文前测成绩 汉语文后测成绩	1.046	6.802	0.844	−0.639	2.732	1.240	64	0.219

二、藏语文科目前后测成绩差异分析

表 8-15 和表 8-16 中的数据显示：藏语文后测平均成绩（均值=35.88）高于前测平均成绩（均值=21.58），藏语文前测成绩和后测成绩的平均差异值为 -14.292，标准差为 5.793，标准误为 0.718，t 值为 -19.892，F 值为 64，显著性水平 $p=0.000 < 0.001$，达到显著水平，所以实验班藏语文前后测成绩之间存在着显著差异。

表 8-15　藏语文前后测成绩样本统计表

成绩类型		均值	样本量	标准差	平均标准误
Pair 1	藏语文前测成绩	21.58	65	5.344	0.663
	藏语文后测成绩	35.88	65	4.505	0.559

表 8-16　藏语文前后测成绩 t 检验表

成绩类型	配对差异			95%差分置信区间		t 值	F 值	双侧显著性
	均值	标准差	平均标准误	下限	上限			
Pair 1 藏语文前测成绩 藏语文后测成绩	-14.292	5.793	0.718	-15.728	-12.875	-19.892	64	0.000

三、英语科目前后测成绩差异分析

英语前后测成绩样本统计量表显示：英语后测平均成绩（均值=22.54）高于前测平均成绩（均值=18.29），但前测成绩的标准差较大，说明前测成绩的分布范围较广（表 8-17）。

表 8-17　英语前后测成绩样本统计量表

成绩类型		均值	样本量	标准差	平均标准误
Pair 1	英语前测成绩	18.29	65	6.789	0.842
	英语后测成绩	22.54	65	3.909	0.485

英语前后测成绩 t 检验表中的数据显示：英语前测成绩和后测成绩之间的平均差异值为 -4.246，标准差为 6.164，标准误为 0.765，t 值为 -5.553，F 值为 64，

显著性水平 $p=0.000<0.001$，达到显著水平，说明实验班英语前测成绩和后测成绩存在着显著差异（表 8-18）。

表 8-18　英语前后测成绩 t 检验表

成绩类型	配对差异					t 值	F 值	双侧显著性
^	均值	标准差	平均标准误	95%差分置信区间		^	^	^
^	^	^	^	下限	上限	^	^	^
Pair 1　英语前测成绩　英语后测成绩	−4.246	6.164	0.765	−5.774	−2.719	−5.553	64	0.000

四、实验班三语前后测总成绩差异分析

由表 8-19 可以看出：实验班后测总平均成绩（均值=78.08）高于前测总平均成绩（均值=60.17），但前测总成绩的标准差更大，说明前测总成绩的分布范围更广。

表 8-19　总成绩前后测样本统计量表

成绩类型		均值	样本量	标准差	平均标准误
Pair 1	前测总成绩	60.17	66	13.377	1.647
^	后测总成绩	78.08	66	9.489	1.168

由表 8-20 可以看出：前测总成绩和后测总成绩的平均差异值为−17.909，标准差为 13.339，标准误为 1.642，t 值为−10.907，F 值为 65，显著性水平 $p=0.000<0.001$，达到显著水平，说明前测总成绩和后测总成绩之间存在着显著差异。

表 8-20　总成绩前后测 t 检验表

成绩类型	配对差异					t 值	F 值	双侧显著性
^	均值	标准差	平均标准误	95%差分置信区间		^	^	^
^	^	^	^	下限	上限	^	^	^
Pair 1　前测总成绩　后测总成绩	−17.909	13.339	1.642	−21.188	−14.630	−10.907	65	0.000

第六节　实验班前后测三语成绩相关分析

由表 8-21 可以看出：汉语文前测成绩和藏语文前测成绩的相关系数为

0.324，相关显著性水平值 p=0.008＜0.01，达到了 0.01 显著水平，两者之间为正相关，所以汉语文前测成绩和藏语文前测成绩之间存在显著的正相关。

表 8-21 藏汉英三科前测成绩相关分析

成绩类型	统计量	汉语文前测成绩	藏语文前测成绩	英语前测成绩	前测总成绩
汉语文前测成绩	皮尔逊相关系数	1	0.324**	0.573**	0.826**
	双侧显著性		0.008	0.000	0.000
	样本量	66	66	66	66
藏语文前测成绩	皮尔逊相关系数	0.324**	1	0.210	0.639**
	双侧显著性	0.008		0.090	0.000
	样本量	66	66	66	66
英语前测成绩	皮尔逊相关系数	0.573**	0.210	1	0.813**
	双侧显著性	0.000	0.090		0.000
	样本量	66	66	66	66
前测总成绩	皮尔逊相关系数	0.826**	0.639**	0.813**	1
	双侧显著性	0.000	0.000	0.000	
	样本量	66	66	66	66

**在 0.01 水平（双侧）上显著相关

汉语文前测成绩和英语前测成绩的相关系数为 0.573，相关显著性水平值 p=0.000＜0.01，达到了 0.01 显著水平，两者之间为正相关，所以汉语文前测成绩和英语前测成绩之间存在显著的正相关。

藏语文前测成绩和英语前测成绩的相关系数为 0.210，相关显著性水平值 p=0.090＞0.05，未达到 0.05 显著水平，表示藏语文前测成绩和英语前测成绩之间没有呈现显著的相关性。

表 8-22 中的数据显示：汉语文后测成绩和藏语文后测成绩的相关系数为 0.248，相关显著性水平值 p=0.046＜0.05，达到了 0.05 显著水平，两者之间呈现正相关，所以汉语文后测成绩和藏语文后测成绩之间存在正相关，但不太明显。

表 8-22 藏汉英三科后测成绩相关分析

成绩类型	统计量	汉语文后测成绩	藏语文后测成绩	英语后测成绩	后测总成绩
汉语文后测成绩	皮尔逊相关系数	1	0.248*	0.357**	0.755**
	双侧显著性		0.046	0.003	0.000
	样本量	65	65	65	65

续表

成绩类型	统计量	汉语文后测成绩	藏语文后测成绩	英语后测成绩	后测总成绩
藏语文后测成绩	皮尔逊相关系数	0.248*	1	0.247*	0.688**
	双侧显著性	0.046		0.047	0.000
	样本量	65	65	65	65
英语后测成绩	皮尔逊相关系数	0.357**	0.247*	1	0.704**
	双侧显著性	0.003	0.047		0.000
	样本量	65	65	65	65
后测总成绩	皮尔逊相关系数	0.755**	0.688**	0.704**	1
	双侧显著性	0.000	0.000	0.000	
	样本量	65	65	65	66

*在 0.05 水平（双侧）上显著相关

**在 0.01 水平（双侧）上显著相关

汉语文后测成绩和英语后测成绩的相关系数为 0.357，相关显著性水平值 $p=0.003<0.01$，达到了 0.01 显著水平，两者之间呈现正相关，表示汉语文后测成绩和英语后测成绩之间存在显著的正相关。

藏语文后测成绩和英语后测成绩的相关系数为 0.247，相关显著性水平值 $p=0.047<0.05$，达到了 0.05 显著水平，两者之间为正相关，所以藏语文后测成绩和英语后测成绩之间存在正相关，但不太明显。

由表 8-23 可以看出：汉语文前测成绩和后测成绩的相关系数为 0.077，相关显著性水平值 $p=0.543>0.05$，未达到 0.05 显著水平，所以汉语文前测成绩和后测成绩之间没有呈现显著的相关性。

表 8-23 藏汉英三科前后测成绩相关分析

成绩类型	统计量	汉语文前测成绩	藏语文前测成绩	英语前测成绩	汉语文后测成绩	藏语文后测成绩	英语后测成绩
汉语文前测成绩	皮尔逊相关系数	1	0.324**	0.573**	0.077	0.052	0.377**
	双侧显著性		0.008	0.000	0.543	0.683	0.002
	样本量	66	66	66	65	65	65
藏语文前测成绩	皮尔逊相关系数	0.324**	1	0.210	0.129	0.318**	0.113
	双侧显著性	0.008		0.090	0.305	0.010	0.369
	样本量	66	66	66	65	65	65

续表

成绩类型	统计量	汉语文前测成绩	藏语文前测成绩	英语前测成绩	汉语文后测成绩	藏语文后测成绩	英语后测成绩
英语前测成绩	皮尔逊相关系数	0.573**	0.210	1	0.310*	0.105	0.440**
	双侧显著性	0.000	0.090		0.012	0.406	0.000
	样本量	66	66	66	65	65	65
汉语文后测成绩	皮尔逊相关系数	0.077	0.129	0.310*	1	0.248*	0.357**
	双侧显著性	0.543	0.305	0.012		0.046	0.003
	样本量	65	65	65	65	65	65
藏语文后测成绩	皮尔逊相关系数	0.052	0.318**	0.105	0.248*	1	0.247*
	双侧显著性	0.683	0.010	0.406	0.046		0.047
	样本量	65	65	65	65	65	65
英语后测成绩	皮尔逊相关系数	0.377**	0.113	0.440**	0.357**	0.247*	1
	双侧显著性	0.002	0.369	0.000	0.003	0.047	
	样本量	65	65	65	65	65	65

**在0.01水平（双侧）上显著相关

*在0.05水平（双侧）上显著相关

藏语文前测成绩和后测成绩的相关系数为0.318，相关显著性水平值$p=0.010$，达到了0.01显著水平，两者之间为正相关，说明藏语文前测成绩和后测成绩之间存在显著的正相关。

英语前测成绩和后测成绩的相关系数为0.440，相关显著性水平值$p=0.000<0.01$，达到了0.01显著水平，两者之间呈现正相关，表示英语前测成绩和后测成绩之间呈现显著的正相关。

第七节 研究结论与思考

藏汉英三语教学实验的数据显示，与传统的单语和双语教学形式相比，三语教学形式在提高民族学生英语成绩方面更具优势，更能激发民族学生学习英语的积极性。

一、前后测成绩差异

汉语文前后测成绩的差异显著性水平值$p>0.05$，表明汉语文前后测成绩没有呈现出显著差异；藏语文、英语和总成绩前后测成绩的差异显著性水平值 p 均小于 0.05，达到了 0.05 显著水平，表明藏语文、英语和总成绩的前后测成绩存在着显著的差异。

二、藏汉英三科成绩相关性及单科前后测成绩相关性

汉语文与藏语文之间的相关显著性水平值 p 和汉语文与英语之间的相关显著性水平值 p 均小于 0.01，达到了 0.01 显著水平，表明汉语文和藏语文之间存在正相关，汉语文和英语之间也同样存在正相关；藏语文和英语之间的相关显著性水平值 p 在前测中大于 0.05，未达到 0.05 显著水平，而在后测中则小于 0.05，达到了 0.05 显著水平，所以藏语文和英语之间的相关性表现得不确定。

藏语文前后测之间的相关显著性水平值 p 和英语前后测之间的相关显著性水平值 p 均小于 0.01，均达到了 0.01 显著水平，所以藏语文前后测之间呈现出正相关，英语前后测之间也呈现出正相关；汉语文前后测之间的相关显著性水平值 p 大于 0.05，没有达到 0.05 显著水平，表明汉语文前后测之间没有呈现出显著的正相关或负相关。

经过为期一学期的三语教学实验，尽管实验班学生的汉语文成绩并没有明显的提升，但实验班学生的藏语文和英语前后测成绩存在明显的差异，说明通过三语教学实验，实验班学生的藏语文和英语成绩都得到了很大程度的提高。就总成绩而言，实验班的平均总成绩提高了 18.11 分，相比于控制班提高了 13.75 分，实验班的平均总成绩提升幅度更大，进步更明显。总体来说，三语教学实验在一定程度上取得了很大的成功，相对于传统的双语教学，三语教学具有更大的优势：三语教学能丰富学生的校园文化生活，能为学生创造更好的语言学习环境，能更大程度地提高学生的学习成绩。

在甘南藏族自治州某中学高二年级所进行的藏汉英三语教学实验取得了可喜的成果，实验证明，相较于传统的教学方式，三语教学为学生提供了更加良好的语言环境，对学生的三语能力提升具有较为明显的作用。

在三语教学实验中发现，无论是实验班还是控制班的学生，都具有较好的汉藏双语语言表达能力，而英语表达能力有待提高，控制班甚至没有一名学生能够流利地使用英语。学生们虽然认识到了三语学习的重要性，但从两个班的认同型三语态度的数据分析来看，样本学生对藏汉双语的认同程度较高，英语由于语言距离较远、沟通环境尚未形成等原因，认同程度有待提升。这表明在我国藏族地区的学校教育中，应当加强学生国际视野的拓展，增加学生的国际理解广度，逐步提升学生的英语语言表达能力和跨文化沟通能力。

第九章　藏汉英三语接触模式

　　语言接触是原本系统化的语言结构在引入外来因素之后的被动模式重组，这种重组在语义系统和语法系统两个层面同时发生，从而影响语言的处理和加工。语言接触对语言发展过程有着重要的影响。相关研究就是从语言接触的形态、过程及生成模式等多个角度入手，分析双语或多语现象，并在历时与共时的两个界面交叉考证，为语言文化战略的制定、语言习得理论的丰富、语言思维建构的优化等提供科学指导。

　　在双语及多语环境下，语言接触是一种普遍存在的语言现象，相关研究主要集中于双语接触。相较之下，三语或多语接触的研究尚处于起步阶段，研究成果相对分散，尚未形成统一研究体系和系统的一以贯之的研究方法，尤其是国内在此领域的研究基本空白。然而，在我国少数民族地区，三语（多语）接触现象普遍存在于外语教育当中，教师和学生的母语（民族语言）、二语（汉语）和三语（英语）各自所代表的社会文化以及其相互之间的影响和博弈，是民族地区外语教学的一大显著特征，很大程度上影响着我国少数民族地区的语言教育。语言接触主要分为语言变体接触和系属语言接触两个类别，本章主要探讨藏汉英系属语言接触问题。对此问题的深入研究，有望帮助少数民族学生了解外语习得过程中所涉及的语码转换机制和相应的心理调整策略，同时，为我国藏区的外语教育提供方法论指导。

第一节　藏汉英三语接触模式的构建基础

　　语言接触研究建立在语言社区内多语言元素共存的基础之上，多语言元素的共存必然带来语言、文化、民族特征等各个元素之间的相互影响和相互作用。这些元素便是语言接触模式的研究对象和目标，同时也从理论和实践两个层面为语言接触提供了研究基础。

一、三语接触模式构建的理论基础

（一）接触语言学理论

　　接触语言学是研究语言接触的语言学分支学科，《语言学与应用语言学百科全书》中曾将语言接触界定为"使用两种或多种不同语言或变体的人或群体，在直接或间接接触过程中所发生的各种语言使用现象及其结果所产生的各种变化情况"（梅德明，2017：767）。接触语言学理论从语言范围、语言、语言使用者三个维度，深入分析语言使用的环境因素、语言本体因素和语言使用的主体因素，同时从语言、语言使用者和语言范围三个角度分析解读语言现象（图9-1）。接触语言学本质上是一个交叉学科，其研究涉及文体学、语用学、话语分析等语言本体研究，同时，也牵扯到民族环境、语言社区状况、语言界限、参与接触的多种语言形态等诸多语言之外的因素。接触语言学克服了传统的研究方法上的局限，同时涵盖了语言本体和语言外的诸多因素，为相关研究提供了重要的理论基础和研究思路。

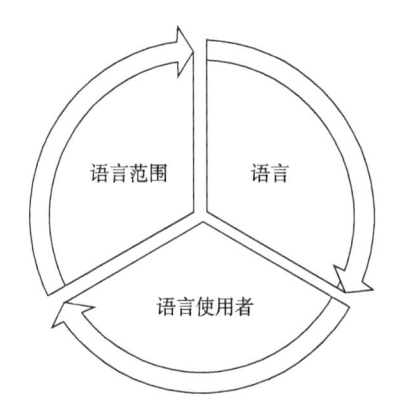

图 9-1　接触语言学分析维度

在接触语言学发展起来之前，学界对语言接触的关注点大多集中在跨文化借词现象的研究上。1979年在比利时首都布鲁塞尔举行的首届世界语言接触与语言冲突会议上，接触语言学被首次提出，并在多语研究中逐渐发展起来，随着相关研究的不断增加，研究内容日渐丰富多样，研究体系也逐渐构建起来。

接触语言学这一体系宽泛且庞杂，但从本质上讲，语言接触是一种语言现象，从这一层面来看，其关涉语言形态、语言迁移、语言影响等各方面的因素，不同语言之间的迁移现象是语言接触相关研究的起点。同时，语言使用者在对语言进行使用的过程中，其个体因素也会在不同程度上影响语言接触的过程和结果。不同语言使用者会有年龄、性别、语言态度、文化认识等方面的差异，在微观层面上，影响着不同语言之间的接触过程，其身份的不同，其进行语码转换的方式和偏好也会在语言上有所体现。从语言范围上看，语言接触这一现象并不仅仅局限于不同个体之间的语言交流和碰撞，也时常出现在不同语言群体和不同文化集合的语言交流之中。不同社会群体在语言接触之中会受到其语言生态、文化环境、经济条件等多方面因素的综合影响，使得语言接触的相关研究更为复杂且更为立体。将语言、语言使用者和语言环境三个角度结合起来，不难看出接触语言学对语言接触这一现象的研究是多维度、多层面的，是从不同视角构建的语言接触的动态体系。

语言接触体系虽然复杂，但不失其内部逻辑。陈保亚（1996：8）曾将语言接触分为自然接触和非自然接触，并对两者进行了简要界定，指出"自然接触是指在同一空间不同语言的相互接触……非自然接触，这种接触不是在同一空间展开的，而是在不同空间通过文字传播或文献翻译展开的"。本章所论及的我国少数民族地区的语言接触，为母语（民语）、第二语言（汉语）、第三语言（英语）在我国少数民族地区通过生活交流途径、教学课堂平台等促成的语言接触，属于语言的自然接触。在这一范围的界定下，语言的自然接触通过藏语、汉语、英语三种语言展开，并在我国藏族地区形成了异常复杂的语言关系。

目前，语言接触的相关研究集中于讨论语言接触所带来的语言变异，即语言接触引发的语言词汇、语音、语法等方面的变化。我国语言接触的研究的学科分布主要集中在中国语言文字和外国语言文字两个学科范围当中。就中国语言文字范畴来说，语言接触的相关研究主要探讨了外来词、借词和语码转换等方面的语言现象和语言认知机制，研究对象则集中在汉语及汉语内部不同方言变体上；在外国语言文字研究范畴内，除了探讨借词现象和语码转换机制以外，其研究重心主要在英汉两种语言的接触层面，兼论随英汉语言接触产生的翻译现象和行为。在语言文字这一研究范畴内，对汉语本身及方言变体之间的语言接触、英汉之间的语言接触等现象的讨论，为后续研究奠定了理论基础和提供了方法论参考。在我国藏族地区藏汉英三语环境下，随着三语教育的不断普及和推广，三语接触的研究也将在接触语言学这一理论基础上逐渐发展起来，从而指导三语教育实践，优化三语生态语言环境。

（二）多元文化教育理论

多元文化教育思潮诞生于20世纪60年代美国的公民权利运动，这一运动的主要目标为：消除公众在公共场所和在住房、就业、教育等各方面存在的偏见，并明确提出要求通过学校和各种教育机构的课程，重建能够反映各少数民族族群的文化、历史等（王鉴，2002）。在这一历史事件的推动下，大量涌现出多元文化教育的相关理论和研究。美国学者詹姆斯·班克斯（James Banks）专注于这一领域的研究发展，并指出多元文化教育主要有三个维度：一种思想或概念、一种教育改革运动和一个过程（Banks，1977）。由此可见，多元文化教育的产生得益于多元文化这一思潮的不断发展，不同社会群体在时代发展的背景下逐渐认识到保证群体多样性的重要意义,由此重视其文化的传承和发扬,在众多群体的社会环境中,逐渐重视多元文化的教育和发展,并将这一思潮转换为实践意义上的行动和改革。多元文化教育的改革并不是一蹴而就的,多元文化的发展是在政治、经济、地域等多方面因素的共同作用下才得以形成的,相应教育也是一个持续的过程。

多元文化教育这一观念引介到我国之后,得到了各界专家学者的广泛关注。国内的多元文化教育研究是从文化背景的宏观视角来研究民族教育的相关问题,多元文化教育主要指多民族文化教育或少数民族教育。在梳理和整理各家观点的基础上,我国民族学学者将多元文化教育定义为社会中各个体和群体在文化、情感、认知等多方面的需求,旨在为不同社会群体的子女提供平等的教育机会,促进不同文化群体之间的理解与尊重。

多元文化教育理论可主要归纳为以下几点:

①权力分配不公,而非生物形态上的不同,是导致不同文化群体之间差异的主要原因;

②文化差异是力量和价值的根源;

③教师和学生应当接受并欣赏文化的多样性;

④尽管对弱势群体公开的歧视现象已不多见,但潜伏的偏见、低期望现象仍不时出现,并成为弱势群体学生教育提升的一大障碍;

⑤教育工作者能够与家长、学校、社会共同努力,一同创设对多元文化教育的支持环境;

⑥学校应该关注弱势群体学生在取得平等地位上的努力,并对相应知识和技能进行教授和培训(黄宗植,2004:81)。

以上理论的核心主要是文化多元及教育平等,为分析不同语言及其所代表文化之间的关系相互"租用"提供了理论支持和依据。除此以外,部分专家学者还结合我国具体国情,提出了"中国特色的多元文化教育",指出中国特色的多元文化教育就是中华民族多元一体教育,并对其具体含义做了如下阐释:

①"以中国为方法,以世界为目的"的全球多元一体化教育;

②中国传统的多元一体教育;

③新形势下的中华民族多元一体教育(王鉴,2002:3-4)。

从宏观上来看,中华民族多元一体教育在全球多元一体教育的大背景下发展,并从中国实际出发审视世界多元一体教育,与国际民族教育平等对话、并存、竞争和交融。从中观上来讲,则是在少数民族传统教育体系和国家统一教育体系之间寻求平衡,在国家教育统一发展的规划下,重视少数民族地区教育形态的特殊性,并给予相应的援助措施,进一步提升少数民族地区的教育质量。在微观层面上,提升我国多元文化教育质量和教育水平,要保证学校这一主要教育场所内多元文化课程的设置和实施，这一课程的设置和实施并非在现有的课程结构上增设独立的学科，而是在现有科目的教育过程中，渗透多元文化教育理念，帮助学生加深自身的身份认同感、民族认同感和国家认同感，并在平等教育、公平教育的理念和多元文化的背景下，汲取不同文化的精华，寻求中华民族文化的新时代发展。

（三）族群理论

族群作为诸多社会关系当中的一种，是族群性研究和族群认同研究的主要对象。族群理论的主要研究流派分为两类，第一类为原生论，第二类则为构建论（察内娃，2006）。原生论认为族群对文化、信仰等方面观念的认同存在一个最初的起源，而且这一起源很难因时间推移和社会发展而消解；构建论则认为族群纯粹是现代构建的结果。事实上，族群理论的发展虽然确实需要后天的构建，但其本身并不能完全脱离原生的成分，应当是传统文化和信仰观念等对于社会进步的适应性发展，如语言、世系等均不是凭空构建的。

与族群理论一样，民族理论也植根于对族群（民族）问题的阐释，并在此基础上致力于解决相关社会问题。这两个概念的基本对象都是人类的共同体，事实上，族群理论与民族理论分别代表着主位和客位两种不同的视角和立场，但它们又存在着难以割舍的共同点。麻国庆教授曾系统地梳理了"民族"和"族群"这两个概念的发展演变过程，并进一步明确了这两个概念的内涵和其适用性。就民族理论而言，体现了"现代民族国家对内外双重确定性的追求……特别是被赋予了明确的政治意义。可以说，围绕'民族'所建立的政策体系、学术话语与公共讨论，依然构成了研究中国民族问题的基础，脱离了这个基础，我们的民族研究不仅无法确认研究对象，更无法言说……"同时，"族群"这一概念也因其模糊性而更具价值，"从认同出发的族群研究对于区域文化、族群关系等变动不居的问题往往能恢复其复杂性，从而有助于揭示问题的本来面目……'群族'概念的引入一定程度上激活了民族现象的复杂性，破解了单一民族研究的束缚"（麻国庆，2017：124）。由此可见，民族理论从政治层面确立了相关研究的范畴，族群理论则在人群的分合之间揭示了社会发展的演进过程，展现了历史推进过程中的复杂细节。

在我国少数民族地区的三语环境下，三语教育过程中的族群认同培养就显得尤为重要。作为一种社会关系的集合，族群认同对人的发展理念和身份认同都有着相对稳定的影响。三语教育过程中，要充分认识到族群文化的特殊性，并在此基础上培养学生的对中华文化的认同感，这一文化认同和族群认同一方面有利于多民族国家团结稳定的发展状态，另一方面也确保了民族文化的多样性。

民族研究背景下的族群理论为相关研究提供了点与面相结合、宏观与微观相结合、共时与历时相结合的多元形态,为我国民族理论的建构提供了有益的借鉴,为我国少数民族地区外语教学相关调查分析和研究提供了一个崭新的视角和可资借鉴的研究思路。

二、三语接触模式构建的现实基础

随着全球化程度的不断加深,多语接触在当今社会的语言环境下依然成为一种普遍现象。经济的交流、文化的碰撞,多语接触在人们的生活中悄然发生,其背后所折射出的文化接触在促进语言交际的同时,也在促使语言本身不断发展。语言接触的发展呈现出以下特点。

1. 语言系统不断更新,语言文化多元发展

不同语言在接触过程中相互作用,其符号系统得以不断更新,通过语言符号的增加、缩减、消失、替代和保留等多种形式,填补语言表达的空缺,同时淘汰冗余的表达方式。在语言接触当中,"借代"是解决表达空缺这一现象的主要方式,即原本的语言符号系统中没有相应表达,因此从所接触的另一语言系统中存在的表达中借用,从而一种语言符号系统在借用中不断具备另一语言系统的特征,形成多元化的发展态势。在语言系统的借用过程当中,文化的借用也随之发生,两者并行发展。

2. 语言接触无时不在,语言活力此消彼长

在语言接触当中,不同语言的影响在理论上是相互的,但其合力方向仍指向其背后语言主体的政治经济势力对比。某些语言因其主要的影响作用得以发展并在接触过程中逐渐扩大影响;相应地,另一些语言则因其边缘化的影响作用,在接触中逐渐丧失话语权,严重者逐渐在语言系统中被吞并,直至消失。在全球化的大背景下,语言文化体系的此消彼长是自然发展的优胜劣汰过程,但为了保护语言生态环境的平衡发展和语言体系的多元化演变,在不损害整体利益的情况下,保护弱势语言体系势在必行。

第二节 我国藏族地区的藏汉英三语接触模式

三语接触不但表示不同语言在三语者心理层面的习得接触,而且表示三语语言环境当中的实体接触。我国三语接触形式主要有以下三种类型:

①少数民族地区两种民族语言与汉语的接触；
②少数民族地区民族语言、汉语、英语的接触；
③高等学校教育中语言专业学生的第二外语与其母语和第一外语的接触。

本书所关涉的三语接触形式为藏族地区由于外语教育活动所引发的藏语、汉语、英语三种语言的接触。

语言接触的相关研究主要涉及语言接触时间、语言接触程度、语言接触心理过程、语言接触层次等方面的探索，本章结合我国藏族地区三语环境的具体情况，从形态模式、过程模式和生成模式三个层面加以分析。

一、我国藏族地区三语接触的形态模式

由于地缘、政治、经济等多方面的因素，我国藏族地区的三语接触形态体现出特殊性和复杂性。这种特殊性和复杂性主要表现为三语接触环境中语言因子的不确定性和三语接触环境中汉语居中心地位的同时，英语比重不断增加。

就三语接触环境中语言因子的不确定性而言，对于我国少数民族地区的语言学习者来说，三语接触是以本民族语言、汉语、英语为主的语言交互作用环境。现实环境中，我国少数民族地区外语教学活动中的语言接触并不仅仅局限于这三种语言，例如，在我国少数民族地区，除藏语外，语言学习者还可能接触到东乡语等多种民族语言。事实上，这样的三语接触中的民族语本质上是一种语言聚合。

除此之外，纵观历史发展进程，统一的多民族文化使得我国各民族在共同的中华民族文化的基础上得以发展，诸多原因使汉语在三语交际当中占据了中心地位。而英语作为全球化背景下全球通用的语言之一，我国少数民族地区的英语教育的广度和深度也进一步延伸拓展，使得英语这一语言在我国少数民族地区的三语形态当中的影响力呈现逐渐扩大的趋势。

我国少数民族地区三语接触形态的复杂性和特殊性对三语教学提出了更高的要求。三语教学不单单要帮助学生具备使用三语沟通交际的能力，同时，应当对各语言之间的制衡关系适当加以调控，避免语言的压制性迁移。这要求三语教学必须从当地的语言生态实际出发，对相关语言接触生态环境模式进行研究，并给予科学合理的引导，为我国少数民族地区的语言教育发展添砖加瓦。

近年来，相关研究不断发展，教育教学改革不断深化，我国少数民族地区的英语教育发展迅速，民—汉、汉—英和民—英之间的语言接触作用更为多样、更为复杂。三语环境的存在，不仅会受到语言背后的文化冲突与融合的影响，同时三语使用者的三语水平、三语环境的外在影响等诸多因素都会对三语接触产生影响。虽然影响因素纷繁复杂，但其接触形态模式大抵相同，具体模式可用图 9-2 表示。

第九章　藏汉英三语接触模式

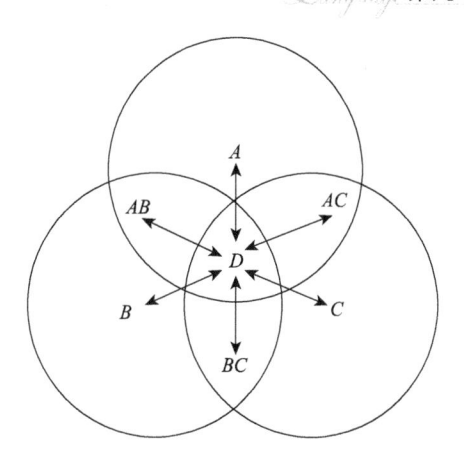

图 9-2　三语接触形态模式
资料来源：刘全国，2013：54

图中，A、B、C 分别代表三语接触过程中的三种语言，AB、AC、BC 代表三种语言当中语言与语言之间的两两交互，即双语接触形态。D 则表示三语共同接触区，表示三种语言相互作用，这一区域也是语言变化的重要区域。语言在双语区、三语区这样的交互区域，在相互碰撞中演变、发展、融合或分离，形成双语现象或三语现象的语码转换，语言接触程度较深，语言演变加速，语言形态的变异程度也随之加深，语码转换方式也更加灵活。

二、我国少数民族地区三语接触的过程模式

当语言交际发生时，语言使用者会使用一定的交际思维，在具体的交际环境中，选择适当的交际策略。在传递交际信息的初期，交际者对交际内容的预判等因素有可能会导致初步交际成效欠佳，甚至信息交换完全错误，在此情况下，多语交际者会进入语码转换阶段，也就是交际的第二个阶段。在这一阶段，交际者将已经完成编码的交际信息与信息接收者的消极反馈一同交付于另一种语言进行处理和编码。再次编码的交际效果很大程度上会受到交际者本身的多语能力的影响，这两者一般情况下呈正态相关关系，多语者的多语能力越强，其通过语码转换实现高效交际的成功率就越高。交际过程不是一个单向的线性过程，交际者在不断的调整和重复中，其自身的交际能力也会随之逐步提升。三语使用者在具体的语言交际环境中，都会寻求最高效的交际途径，而高效的交际途径大多是在失败和成功的交际过程中获得的，不同语言之间的交际过程可用图 9-3 表示。

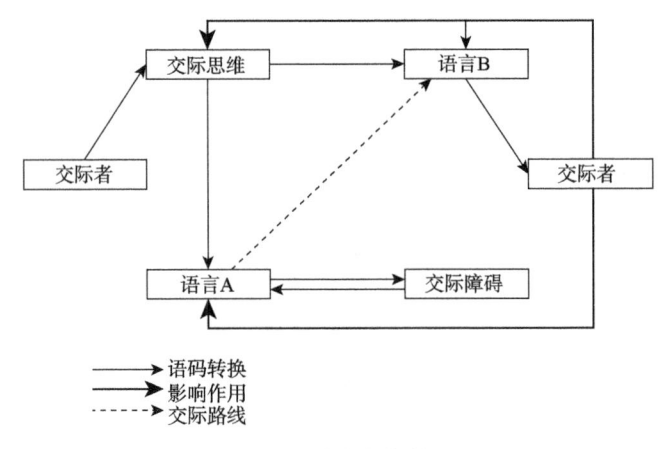

图 9-3 不同语言接触过程
资料来源：刘全国，2013：55

在我国少数民族地区的三语教学当中，英语具有教学目标语言和教学工具语言双重属性。当英语作为教学目标语言时，在学生具体的学习过程中，所接收到的学习信息不仅包含语言符号的学习，而且包括文化信息、学习策略等多方面的内容。当学习者对英语这一目标语言的掌握达到一定程度后，英语的第二重属性就会逐渐显现，即英语的工具语言属性。随着学生英语理解能力和使用能力的提升，慢慢适应教师在教学活动中的编码与解码，学生会以此更新自身的英语语言系统，通过提高中介语水平，逐渐实现英语使用能力的提升。

就我国藏区的外语课堂而言，其语言接触过程基本可以分为源发语交际、语码转换和语码交替三个阶段，共同构成了一个完整的三语接触过程。

1. 源发语交际阶段

三语接触初期，英语作为学习的目标语言存在，学习内容中包含语言的符号系统、文化生态系统、价值观念系统等。教师在进行教学的源发语保持过程中，学生将源发语作为工具对学习内容进行解码，解码过程中，难免会受到教师的语言系统和价值观念的影响。教师通过解码获得学生的理解反馈，并对自身的教学行为做出相应调整。

2. 语码转换阶段

藏区语言的多样性决定了三语教学中的语码转换的必然性。在第一阶段，即源发语交际阶段，当学生对教师的信息传递产生消极反馈时，教师就会从自身的表达障碍和学生的理解障碍两方面进行调整，根据学生的语言系统情况和民族身份认同程度，同时紧密结合自身的表达能力，探寻师生双方能够共同实现交际目标的语言，并实施再次编码。

3. 语码交替阶段

单一语言使用者的广泛存在说明了外语课堂语码交替的重要性。在源发语交际阶段和语码转换阶段均未能成功完成信息理解的学生，需要教师在第三阶段进行语码交替。使用学生自身的语言进行编码，经过多次尝试和重复，实现成功交际。

整个语言接触过程中，师生双方均在进行不断的调整，在源发语交际的基础上，通过多次的语码转换和语码交替，最终实现成功交际。语言接触过程的详细步骤如图9-4所示。

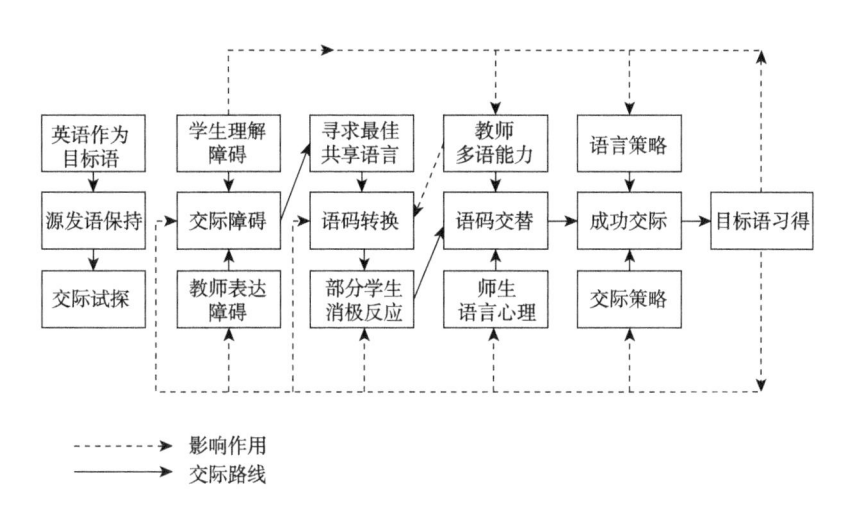

图 9-4　三语课堂语言接触过程模式
资料来源：刘全国，2013：58

三、我国藏区三语接触的生成模式

语言接触现象的普遍存在，使得语言影响的作用更为突出。在处于中心位置的汉语对周边语言产生影响的同时，周边语言也对汉语产生影响。这一影响在语言系统中最显著的特征就是使得语言特征更为相似，甚至发生语言融合。

如图9-5所示，就三语语言接触的生成模式而言，从功能上看，中心语言的优势更为突出，外围语言的功能呈递减分布，边缘语言的功能则极易丧失。从宏观层面来看，我国藏区的外语教学活动中的三语接触生成模式会同时对语言和交际者两个对象起作用。对语言本身而言，三语接触作为一种多语现象，会在语言的碰撞中促使语言的混合、融合、联盟等；另外对交际者来说，会影响交际者的交际策略、语言思维，以及话语权等方面。

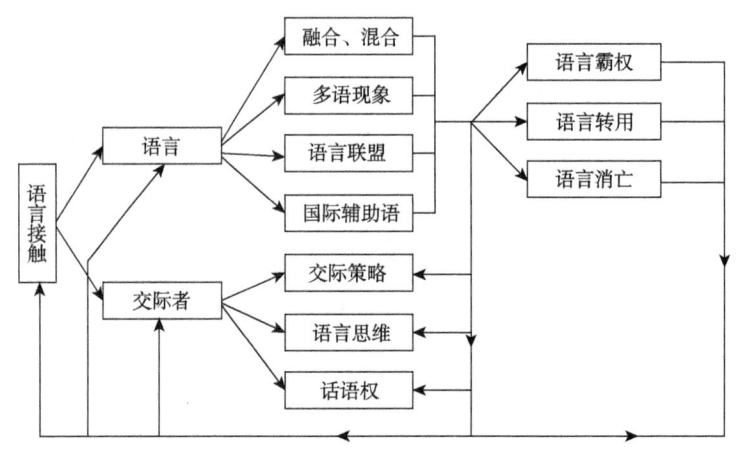

图 9-5　语言接触生成模式
资料来源：刘全国，2013：61

我国藏区的外语教学活动中，三语接触的生成模式具有以下两个特征：

1. 三语并存的情况下，语言集团特征明显

我国的民族融合历史传统文化的积淀深厚，汉语与民族语之间的影响显著。事实上，在我国藏区，民汉双语程度远远高于民英双语程度。在少数民族地区的三语教学活动当中，三种语言同时存在于语言接触当中，同时，三语接触中显现出双重语言集团特征。汉语与民族语属于同一个语言集团当中，汉语与民族语言之间的影响已然从语言与语言之间的相互作用转变为其中一种语言与该语言集团的交互。这一语言聚合现象的存在，使英语的普及受到一定的阻碍。

2. 语言本土化特征明显

三语并存的情况下，不同语言之间相互作用、相互影响，民族语言系统向汉语系统逐步靠拢的同时，当地的汉语也在向少数民族语言靠拢；同理，当英语添加到我国少数民族语言和汉语的双语社区时，英语也会显现出当地本土化特征；同时，当地的汉语和民族语言也会受到英语的影响，从而生成新的语言接触形式。

三语接触在我国藏区的语言生态环境下表现出了明显的复杂性和特殊性。在民族地区多种语言并存的情况下，如何科学合理地协调各语言及其所承载的文化信息之间的关系，是我国当代三语教育亟须解决的问题。

第十章 藏汉英三语教育模式

　　三语教育不是一个简单的强化语言教育、增加语言接触时长的问题,而是一个协调三语教育目标、要求、进度、实施、保障、评价等各方面因素的三语教育模式上的构想,是一个联动的系统工程。

　　教育模式总体上是教育发展中的一种战略、过程和程序的结合,"一般涉猎教育的主题(或理念)、教育目标、教育结构、教育程序、教育策略和教育评价"(姜宏德,2006:254)。就三语教育模式而言,也同样包含了从宏观到微观三个相互区别而又彼此关涉的层面。从宏观来看,只有在一定的教育教学目标的引领和指导下,三语教育政策才得以科学地制定,从而有针对性地进行调整;中观上,三语教育教学模式少不了相对稳定的课程体系,在一定的框架结构下实施具体的三语教育教学,同时,还需要有一定的评价方法进行检验和反馈,做到教育模式自身的良性"反思";微观上,只有合理的教育教学过程性原则、程序、策略及其评价办法,才能保证三语教学模式得以实施。

　　我国少数民族地区地域广阔,民族人口分布极具特色,多元文化汇集,少数民族语言是少数民族地区的主要语言,而各种语言的使用又在不断的发展中,是其三语教育发展的重要现实基础。《中共西藏自治区委员会 西藏自治区人民政府关于贯彻"国家中长期教育改革和发展规划纲要(2010—2020年)"的实施意见》中指出,"建立完善各级各类教育相衔接、教学模式与学生能力发展相适应的教育体系"[①],这是对我国西藏自治区语言教育模式的高度概括,同时也是我国少数民族地区语言教育模式可资借鉴的普适标准。对三语教育体系的整体构建而言,主要涉及教育教学目标引领、教育教学实施管理、教育教学资源辅助和教学评价监控等四个主要方面。

　　在三语教育体系中,各个组成部分相互联系、相互影响。三语教育目标最具有指导性、引领性的元素处于三语教育体系的顶端,在整体的三语教育目标下,制定较为具体的三语教学目标,并在教学目标的指导下,进行三语教学的具体实施;实施过程中,相关教学资源的开发和辅助起到了重要的作用,同时伴有一定的教学评价监控办法,保证三语教育教学的成效。在这一体系中,各部分之间相互作用,在一定的评价监控下,三语教学的具体实施得以及时调整和优化,教学成效得以提升,因而也就对三语教学的教学资源辅助提出了更高的要求;同时,

---

① 资料来源:西藏自治区教育厅:《西藏自治区贯彻国家教育改革和发展规划纲要实施意见汇编》。

三语教学实践也将会为三语教育实施制定更具引领性的目标和要求。这充分体现了这一教育体系的动态性和发展性，在教育教学改革进程的不断推进当中，三语教育体系也应不断提升和完善。

第一节　藏汉英三语教育教学目标引领

教育的主旨在于"启发人的生存觉醒和生存智慧，使人能够批判地审视现有的生存境况，明智地选择有可能、有意义的未来生存的走向，养成具有创造性的生活的意识与能力，致力于人的发展潜能的实现与提高，不断寻求对生活现状和自身现状的超越，成为社会历史活动的主体"（王道俊、郭文安，2009：16-17），从而达到人的发展的终极目的。教育目标是对人的发展所要实现的预期目的而设定的一种过程的规定，是"在一定社会中，要把受教育者培养成为什么样的人的根本性问题，是一切教育活动的出发点和归宿"（曾鉴，2006：26）。教育目标相对人的发展的终极目的而言是具体的，但相对于教育政策、课程目标和教学目标而言又是宏观的。教育目标是从宏观抽象的层次通过一定的方法路径逐渐具体化、现实化而最终体现在人的发展上的。

一、三语教育目标

王道俊、郭文安（2009：84）曾强调，教育目的对于学校教育实施的意义主要在于定向、调控和评价三个方面，对于我国藏族地区的藏—汉—英三语教育而言，制定符合地域特色和教育发展水平的教育目标更具引领作用，而这一作用贯穿三语教育的始终。首先，三语教育目标对三语教学的发展方向具有指导作用，是相关部门制定教育政策、学校组织教学、教师开展教学和学生在教学活动中的自身发展的路标，即三语教育教学的起点和归宿，制约着三语教育教学的全过程；其次，三语教育目标自确定后，一定程度上确定了三语人才培养的水平要求和质量规格，在过程中控制和调节教育教学活动的实施；最后，三语教育目标看似主要在三语教育教学活动开始之前发挥作用，事实上，三语教育目标在教学活动阶段性完成之后，可用于衡量三语教育教学过程是否偏离了目标的设定和规划，成为评价三语教育水平和三语人才培养的重要指标。

就我国藏族地区藏汉英三语教育目标的制定而言，必须充分考虑到当地的地域特色和文化特征。我国地域广阔，民族众多，不同地域的语言生态及风土人情有很大的差别，各地区语言生态系统发展和优化的内在需求存在很大的差异，因

第十章　藏汉英三语教育模式

而在三语教育模式上也各有特色。首先，藏族地区也存在着学校不同民族学生群体比例上的巨大差异。生活在少数民族地区的少数民族和汉族学生在语言环境、生活习惯、宗教信仰等多方面均存在着很大差异，也在成长需求方面有明显的不同，这是制定民族地区教育目标所应考虑的重要因素之一。其次，对当代校外生活的研究也是非常重要的。少数民族地区学生在毕业后，无论是继续接受教育，还是立即步入社会，都有两种情况，即流动至汉族聚居区或者在本地生活，这种未来校外生活上的差异应体现在少数民族地区三语教育目标的基础性和选择性上。再次，学科专家的建议。这些建议是根据学科内在的知识逻辑结构，适当选择学科教学的知识模块，为学生的思维和学科发展奠定基础，成为学生在未来生活或专业化教育中得到发展的阶梯。

我国藏族地区三语教育的目标就是要将生活在藏族地区的学生培养成掌握一定藏汉英三语语言和学科知识、具备一定自主学习能力和自我发展能力的现代化人才。我国政策层面对于民族地区双语教育的目标定位是"民汉兼通"，通过国家通用语言文字（汉语）来学习中华民族文化国家主流文化现代科技文化，使少数民族学生能够面向全国、面向世界、面向未来，获得更大发展；通过少数民族语言文字来学习少数民族文化，使少数民族语言文化得以传承和发展。双语教育目标对三语教育目标的制定具有一定的参考价值。事实上，这种政策针对的是民族地区的民族学生，从语言生态学和人类生态学的角度看，其目标定位未将少数民族地区汉族学生的发展考虑在内，这是我们应该认真考虑的一个重要方面。相应地，三语教学目标也应当在三语教育宏观目标的引领下，注重学生的语言能力、文化意识、思维品质和学习能力等方面的培养（图 10-1）。

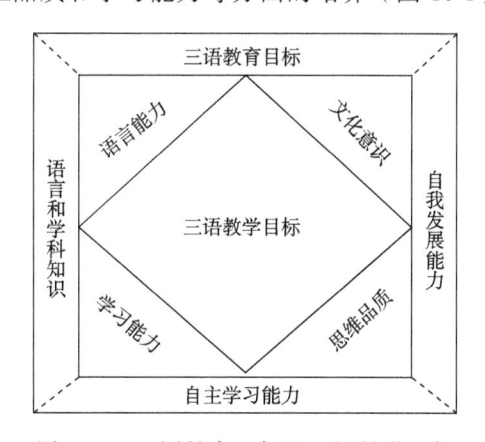

图 10-1　三语教育目标及三语教学目标

二、三语教学目标

在三语教育目标的框架下，本书结合我国教育部所制定的《普通高中英语课程标准》（2017年版），提出三语语言能力培养目标、三语文化意识目标、三语思维品质目标和三语学习能力目标等四个三语教学目标。

（一）三语语言能力培养目标

阈限理论认为，精通双语将对个体的认知发展产生正面效应；不精通双语将对个体的认知发展产生负面效应。据此，个体的双语精通程度可分为三个层次：不精通双语中任何一门语言、精通其中一门语言、精通双语。一般而言，学生在入校学习时已具备一定水平的第一语言听说能力。第二语言介入时，即"在第二语言开始作为教学语言时，学生在学习上可能出现暂时的缓慢发展阶段，而当学生的第二语言水平可完全适应其作为课堂教学语言时，双语教育将对学生的认知发展起到促进作用"（王斌华，2003：52）。因此，如何在尽快提高学生第一语言水平的基础上达到双语水平的精通（或者说适应第二语言作为教学语言）则是亟待解决的问题。

对三语教育而言，三语语言综合运用能力目标最直接的表述就是"掌握三语，成为三语人"或"初步做到民汉英兼通"，也就是说，要通过三种语言学习，提高学生的综合语言运用能力，促进其心智发展，提高综合人文素养，培养学生良好的文化观念与态度。这其中包含两个具体的目标：一是人文性目标，即通过三语教育，使学生的思维得到进一步发展，提升学生的文化修养和语言交际能力。在三语语言综合运用能力目标中，语言文化是学习目标，结合新课标来看，培养学生的三语语言能力，就是要帮助学生培养三语语言意识和语感，使其在常见的交际交往、日常语境当中能够整合性地运用自身已有的语言知识，在不同的语言环境中，能够正确理解不同语言所表达的意义。在具备三语语言能力的情况下，尤其要能够识别不同语言表意所采用的不同方式和手段，无论是口语还是书面语，都能够重视其表达意义，并有效地使用不同语言进行人际交流，真正具备听、说、读、看、写等多种方式的理解能力、表达能力。另就提升学生文化修养及学科知识学习而言，三语语言表达能力又在一定程度上扮演着媒介的作用。这就是工具性目标，即通过三语语言教育，获得利用三种语言作为媒介获取资源的能力与方法，用于自身发展和社会文化传承，同时又作为其他课程学习的隐性课程发挥着作用。三语教学并非仅仅停留在语言课程上，而是要以三种语言作为工具、媒介，学习诸如数学、物理、化学、生物、地理等学科知识，达到相应学科的课程目标。

因此，我们要注意三语教育目标的双重性——藏汉英兼通、专业精，"从文化程度上达到民族人才与现代人才的统一结合"（王鉴、李艳红，1999：53）。从文化意识和人文愿景角度来考量，两种目标具有殊途同归的作用，三语教育整体目标的实现是二者的结合；若从语言的工具性作用出发，则三语语言综合运用能力目标是学科教育目标的基础，可以说前者是近期目标，而后者是最终目标，是目标之目标。从三语教育课程的功能、价值出发，正确理解、把握和协调这两个目标之间的关系，是提升三语教学质量的基础。

（二）三语文化意识目标

2017年版《普通高中英语课程标准》中明确指出："文化意识是指对中外文化的理解和对优秀文化的认同，是学生在全球化背景下表现出的跨文化认知、态度和行为取向。"[①]对我国藏族地区的三语教育而言，学生在理解语言的基础上，要追求文化知识的获得和对文化内涵的理解，并能够在此基础上比较文化异同，汲取不同文化当中的养分。从三语文化意识目标的角度来看，我国藏族地区的三语教育应当致力于培养具有国际视野、国家意识和民族认同三位一体的三语人才。

汉语教育和英语教育的逐渐普及，使得藏族学生在长期浸润在藏族文化的同时，能够了解社会主流文化和其他文化的相关信息。在民族文化、汉族文化以及西方文化碰撞交融的过程中，三语教学必须注意各种文化之间平衡程度的准确拿捏，强化藏族文化与汉文化的统一性和同质性，避免少数民族文化的边缘化。帮助学生建立多元文化的世界观，有助于他们从其他文化角度重新审视自身的民族文化，加深对民族文化有益成果的自豪感，从而形成内化的民族文化认同。

在我国"多元一体"的多民族国家格局中，少数民族的中华文化认同和国家意识认同对国家的稳定和统一显得尤为重要，有利于构建中华民族共有的精神家园，帮助少数民族学生形成正确的价值观，坚定文化自信。就我国藏族地区的三语教学而言，必须秉承扬弃和创新并重的多元文化教育理念，帮助藏族地区的学生进一步加强民族归属感、国家认同感的同时，拓展其国际视野，提升其跨文化交际意识。

就文化价值而言，要在三语教育过程中帮助学生树立积极的文化价值观念，强调多元文化的呈现，培养学生接受和理解多元文化的意识和能力，增进少数民族学生对自身文化和其他文化的了解，帮助加深其正确的国家认同感和民族认同感。

---

① 资料来源：中华人民共和国教育部制定，《普通高中英语课程标准（2017年版）》，北京：人民教育出版社。

（三）三语思维品质目标

对于三语教育来说，思维品质目标可从广义和狭义两个层面来理解。狭义上讲，要通过对不同语言的掌握、不同文化的了解，帮助学生建构不同语言的概念，并培养通过听、读、看等多种方式分析和推断信息中所含逻辑关系的能力，使学生具备运用三种语言进行独立思考的能力。从广义上看，思维品质并不局限于语言本身，它是建立在逻辑思维品质、批判思维品质、创新思维品质等多方面之上的核心素养。对于三语教育而言，不单单是教授学生三种不同的语言，也不仅仅是通过三种不同的语言进行不同学科的讲授，而是在教学过程中培养学生发现问题的能力、独立思考和分析问题的能力，以及创造性地解决问题的能力。让学生在汲取知识的同时，从多元文化的角度对世界进行正确认识和理解，从而做出合理的价值判断。

鲁子问（2015）曾指出语言课程可以提升思维品质，相应地，思维品质的发展是学习者应发展的重要能力。我国学者曾就思维品质的培养对语言学科教育的重要性进行了归纳和总结（其研究侧重英语语言科目）：

①思维准确性的发展有助于外语的理解和表达；
②思维深刻性的发展有助于提升对英语语言文化内涵的理解；
③思维灵活性的发展有助于比较语言的异同；
④思维批判性的发展有助于保留和继续英语文化的批判性传统；
⑤思维开放性的发展有助于学习能力的发展；
⑥思维创造性的发展有助于外语书面表达和口语表达的培养（潘景丽，2018：54）。

对于我国藏族地区的藏汉英三语教育而言，在三语环境下培养学生思维的准确性、深刻性、灵活性、批判性、开放性和创造性显得更为复杂，同时也更为重要。为了更好地将三语教学与学生思维品质培养有机结合起来，现从语言思维、文化思维和能力思维三个层面，剖析三语教育中思维品质的培养目标。

首先，在三种语言课程的教育教学实施过程中，应当帮助学生准确区分不同语种的语言特征，准确把握不同语言特色。在不同语言学习的过程中，教师应当有意识地引导学生进行语言之间比较，帮助学生深刻认知藏语、汉语和英语三种语言的异同，增强学生元语言意识的培养。其次，在通过语言教学拓展学生文化知识视野的同时，引导学生体会和感悟文化，帮助学生深入理解不同语言背后所蕴含的不同文化，加深学生对语言这一重要文化载体内涵的理解和掌握；与此同时，帮助学生树立理性和独立的批判思维精神，培养其明辨是非、独立判断的能力和思维方式，对于不同来源的文化，有选择地吸收和内化。最后，思维品质的培养在能力教学方面主要体现在培养学生开放意识和创造精神，帮助学生提升自身的语言运用能力和综合学习能力。

第十章 藏汉英三语教育模式

（四）三语学习能力目标

三语学习能力主要包含两个层面的能力培养。一方面，三语学习能力是学生学习三种语言的能力。要切实培养和提高学生的三语学习能力，首要任务就是帮助学生树立正确的三语学习观念，对三语学习保持积极的态度，并树立自身明确的三语学习目标。唯有如此，学生才能自觉规划自身的学习安排，并根据自身的学习情况调整自身的学习策略，提高三语学习的元意识，使学生的语言学习不仅停留在表面，而是引导其在语言知识上进行深度挖掘，横向比较不同语言的特征，重视与文本对话、对教师对话、对同学对话、与情景对话，以及与自身对话，在学与用的交互当中，提升自身的综合三语能力，掌握科学的三语学习策略，激发和深化语言之间的正向迁移，尽量减少和避免语言的负向迁移。

另一方面，三语学习能力是指学生运用三种语言进行学习的能力。具体来讲，就是积极主动地运用三种不同语言，有效地进行自我监控、自我评价、自我反思、自我调整，逐步提高使用三种语言学习各个科目的意识和能力。引导学生提升使用三语学习的能力，有助于学生发现和开创多样的学习渠道，从多个不同角度了解和解读自身所遇到的知识内容，并从多个维度汲取有益经验，及时更新自身的知识结构，提升各学科知识学习的广度和深度。

总体而言，构建我国三语教育教学的整体模式（图 10-2），必须将三语教育目标和三语教学目标在宏观和微观两个层面上有机结合，科学引导我国藏汉英三语教育的可持续发展。

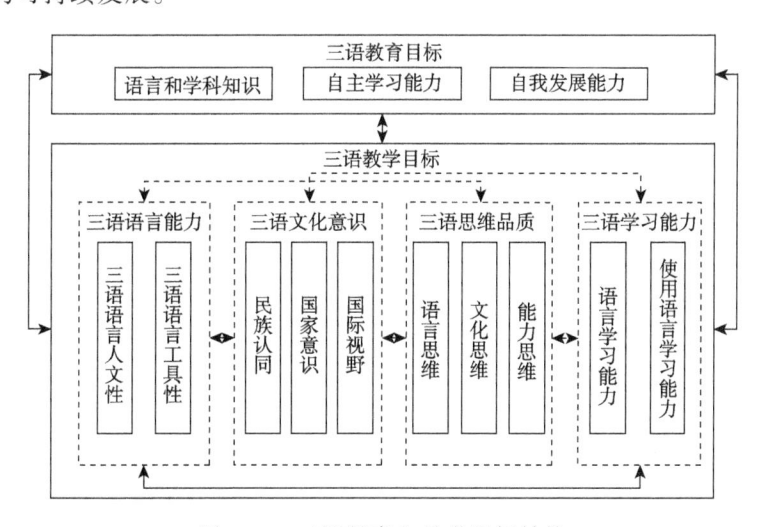

图 10-2 三语教育和教学目标结构

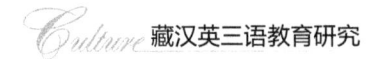

第二节　藏汉英三语教育实施管理

三语教育的终极目的是人的发展，是培养具有三语能力的全面发展的人。这个目的是通过三语教育目标的制定和实施来实现的。在我国民族地区，三语教育以学校三语教育为主，因此，三语教育目标的实现要经过政策规划、课程与教材（包括相应的资源）开发、课堂教学的实施以及三语教育、教学评价机制等多个层级来实现，也是在这个过程中与各实施层级之间相互调适，并逐渐合理变异、完善和发展的。因此，对于三语教育各个层级的监控和评价也是客观掌握教育目标实施过程中诸多限制因素及其相应的生态修复策略、机制建设和教育目标调整的重要依据。民族地区三语教育内容在其实现过程中，与外力相互作用的不同层次主要包括政策保障、课程安排以及教学实施等。

一、政策保障

三语教育政策是三语教育目标得以实现的宏观层次规约和引导杠杆，而其供给则是以相应的语言生态系统发展、优化的内在需求为基本依据的，从这个意义上讲，民族地区三语教育政策需要根据相应的多语环境现状来制定，并与国家语言战略规划的制定保持良性互动关系。民族地区三语教育政策制定主要体现在两个方面：一是少数民族地区语言、语言教育及三语教育政策，二是国家层面的民族地区三语课程标准。

（一）民族地区语言及三语教育政策供给

近年来，语言同质化及语言濒危问题在国际上是一个很重要的热点话题，其原因在于语言的同质化和濒危导致了传统民族文化的边缘化乃至消失，对于以国家和地区为单位的整个语言生态群落的多元化和谐发展提出了严峻的挑战。我国民族地区语言文化发展的生态性规划不仅是三语教育政策制定的基本出发点，也是提升民族地区经济水平、提升少数民族传统文化乃至中华文化参与世界多元文化互动能力及话语权的重要举措。

教育政策的制定要切实以民族地区的语言生态系统修复、优化和发展为基础。一是要以民族地区语言生态现状及问题的研究为基础，实施语言生态监测与评价，在对民族地区学校学生构成、生存现状等信息准确把握的基础上，科学分析民族地区语言生态发展的内在需求，实时调整学校教育对三语中语言构成、水平的要求；二是要以三语语言生态中人的发展为基准，考虑学生的民族身份、宗教信仰、生活习惯及未来生活需求；三是要结合我国整体语言生态及文化生态发展的整体目标，与全国性的语言教育发展规划相结合，确保全国语言文化生态建设在目标上的一致性和平衡性，使民族地区语言文化生态在全国语言文化生态中实现自身发展；四是要充分考虑民族地区学校教育的现状。

民族地区三语教育政策的制定既要保护民族语言文化的发展，也要通过加强汉语教育实现少数民族文化与汉族文化之间的良性互动，实现全国语言文化的协同发展，同时也要注重外语教育和汉外、民外双语教育的发展。目前，我国民族地区语言教育在政策层面总体而言是鼓励性的，这与我国少数民族地区少数民族人口世居性特点是相吻合的；国家也鼓励汉族学生学习少数民族语言，这也与我国民族地区民汉杂居的人口民族结构是相符合的。但也应注意到民汉双语教育之外的"民—外"和"汉—外"双语教育的重要性。虽然世界范围内对于三语教育与三语教学的关注在日渐增加，相关研究及教学实践也在逐步推进，但就我国民族地区学校教育的发展现状而言，直接实施三语教学并非一个理想的选择。在这一过程中，一方面要照顾民族地区民族学生学习汉语的需求和汉族学生学习民族语言的需求及其必要性，另一方面也要适度重视民族地区学生学习外语的需求，同时又要兼顾这些学生语言学习及三语课程学习负担问题，实行鼓励但不强制。这既照顾了世居性民族学生和汉族学生的情感、选择和语言学习权利，同时又保护了本地区语言生态的多样性和学生发展的多种可能性。

（二）国家层面的民族地区三语课程标准研制

出台一个适用于全国各民族地区的民族三语课程标准十分必要，此举一方面可以对全国各民族地区的语言教育进行一定程度的规范，为其三语课程建设、资源开发、师资培养等提供一定的引导，另一方面也为不同民族地区根据本地区学校教育发展水平、民族学生比例、师资水平和相应的课程资源开发地区性的课程标准提供基础，实现全国引导和区域性三语教学管理之间的良性互动。国家层面的民族地区语言教育课程标准可从课程理念、课程框架、总体目标、师资要求和实施建议方面提供一定的指导和规范，同时体现其开放性、政策性、发展性和灵活性，保护各民族地区在语言教育不同学段的具体规划、语言选择、目标制定、课程体系建设及资源开发、师资建设等方面的自主性和积极性。

二、课程设置

从课程设置的层面上来看，就是要将国家课程标准转化为具体的地区性的课程标准，并据此实现三语课程体系上的变革。所以，这一层次的流变主要体现在区域性课程标准、学校课程体系建设和包括教材开发在内的教学资源建设等方面。

课程设置的具体安排涉及各类语言课程、学科课程及其他课程之间的互动、互补与平衡关系，更是三语教育目标得以实现的结构性保证，是课程目标转化为教育成果的纽带，在教育模式中是课程实施活动顺利开展所要依赖的骨架、核心构件，是课程各部分的配合和组织，主要规定了组成课程体系的学科门类以及各学科内容的比例关系，也是一定的教育理念和价值取向的体现（刘全国，2014）。

三语教育的课程体系构建可以根据不同的标准进行划分，从三语教育的组织形式来看，可以分为三语教学课程、三语活动课程、三语网络课程及三语隐性课程四种。三语教学课程主要为依托学校课堂组织形式所开展的三语教学常规课程；三语活动课程为在常规的课程安排之外，开展的各类三语相关的课外活动；三语网络课程主要为学校或教育部门组织建设的网络自助学习平台以及学生自发利用网络资料进行的三语学习的相关课程；三语隐性课程则主要是在各类教育教学活动进行过程中，对学生三语意识的培养和三语环境营造等方面的隐性教育，包括三语校园文化、管理体制、三语教育教学理念等多方面的教育形式。具体的三语教育课程形式结构如图 10-3 所示。

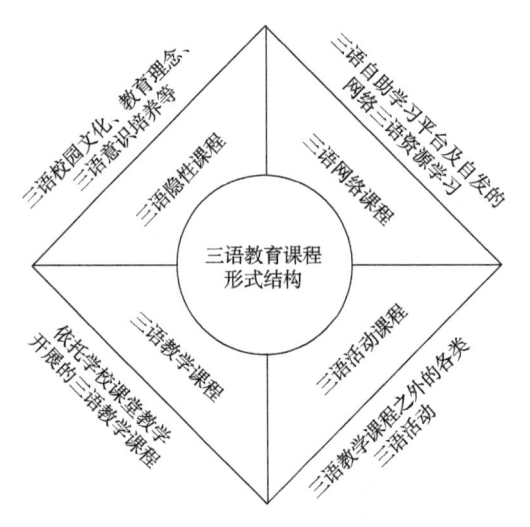

图 10-3　三语教育课程形式结构

从三语教育的具体内容来看，三语教育课程可以划分为三语语言课程、三语学科课程和地方及校本课程。三语语言课程主要指以藏语文、汉语文以及英语三种语言作为语言教学目标内容的课程；三语学科课程是以三种语言作为教学工具语言组织开展的数学、历史、地理、生物、化学等学科课程；地方及校本课程的主要教学内容是各地区和学校基于地域特征和学校特色开展的"因地制宜"的教育教学课程和相关活动。具体的三语教育课程内容结构如图 10-4 所示。

第十章　藏汉英三语教育模式

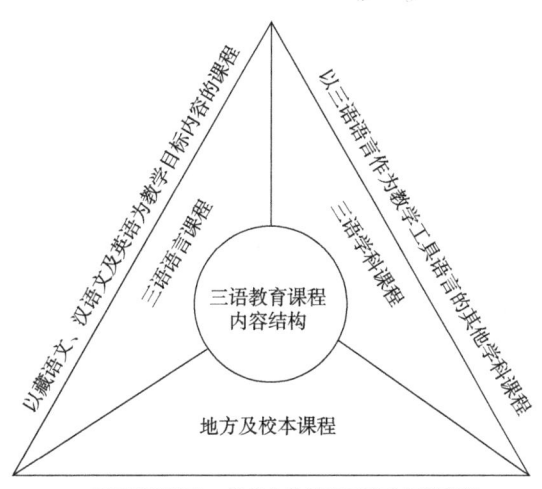

图 10-4　三语教育课程内容结构

我国藏族地区以教学课程、网络课程、隐性课程三种三语教育课程组织形式为载体，以三语语言课程、三语学科课程、地方及校本课程为主要教育内容，共同构建了我国藏族地区的途径多样、内容丰富的三语教育课程体系。

三、教学实施

教学实施是将教学计划付诸实践的现实过程，也是实现教学目标的基本途径。从教学论的相关原理来看，教学过程包含着三组关系：人与人的关系、人与物的关系，以及人与自身的关系（裴娣娜，2007）。这三组关系具体到三语教学实施过程当中，包含三语教师和进行三语学习的学生之间的关系、三语学习者和三语学习者之间的关系、三语教学主体（教师与学生）与三语教学内容的关系，以及作为教学主体的教师和学生各自与自身形成的反身关系。

当代教育理念崇尚以人为本，因此任何对于教育教学过程的探讨都不能离开教学主体本身。从三语教师和进行三语学习的学生之间的关系来看，三语教师应切实根据学生的实际水平来进行课程设计，充分考虑不同学生在家庭语言环境、社会语言环境上的差别，有针对性地选择、使用课堂教学语言交替策略，调动学生积极性，提升其课堂参与度，进而优化教学效果。在藏族聚居区，学生学业成绩受多种语言学习任务、家庭、社会等多重压力的挤压，使得学生在课堂学习中对于教师的依赖性增加。调研结果显示，多数样本教师平时还是倾向于使用汉语和藏语进行交际，英语的使用非常少，即便将英语教师数量考量在内，能够在实际工作中实现三语课堂教学和三语备课的教师也是凤毛麟角，在样本教师总量中占比极小。这说明我国少数民族地区的教师虽然具有积极正面的三语态度，但是在具体执行层面，难以身体力行，以身作则为学生树立三语学习的榜样。教师应主动对班级学情进行分析，在日常教学活动中创设三语语言环境，在校园文化建设中树立三语所承载的多元文化，让学生在校园生活中主动接触三语学习。

从三语教学主体（教师与学生）与三语教学内容的关系来看，学生主体对于三语教育成功实施的重要性是不言而喻的，三语教师在实施三语教育过程中生成的具体目标与技术路线（即三语课堂教学设计）是通过学生、具体教学环境进行的，即教学目标在课堂教学中部分得到实现，课堂教学及学生学习状况以教学效果反馈的形式对前者提出调整的诉求，并最终以评价为中介，反作用于课程体系、课程标准乃至三语教育政策、目标，实现宏观和微观的互动。

从三语学习者之间的关系来看，首先是人与人之间的社会关系。学生之间由于成长环境和教学经历大抵相同，共同为彼此创设了外在的三语学习氛围和环境，在一定的引导下，能够形成一定的同侪三语生态环境，在竞争与合作之间实现语言水平的提升。除此之外，学生之间的朋辈关系在潜移默化中共同营造了一个熟悉的人文环境，学生们在学习的过程中自然地相互模仿、相互提醒、相互纠正，为语言的隐形教学提供了更多的可能。因此，在三语教学实施的过程中，三语教师应当有意识地发掘和培养学生之间的合作学习，在班级、学校范围内形成良好的同侪三语生态环境。

在教学主体和自我形成的反身关系层面，在三语教学的具体实施过程中，教师和学生三语是教学实施过程的主体，因其不同的角色分工，构成了教和学这两个教学实施过程的基本要素。教师作为教学计划和教学目标的实施者，在一定程度上影响着课程实施的进程；与此同时，学生作为教学活动的主体，也扮演着十分重要的角色。无论是教师还是学生，教学活动得以实施的前提都在于其主观能动性，因此，三语教学活动中，教师和学生的三语态度和三语意识就显得尤为重要。只有具备了自觉的三语意识和积极的三语态度，才能逐渐从教学实施中激发起教学活动之外的自觉学习行为。因此，在三语教学实施的过程中，教师应当通过引入多样的教学辅助资源等方式，激发学生使用不同语言的兴趣，帮助其形成三语学习的内驱力；就教师本身而言，要有意识地从专业知识领域和教学实施过程中进行反思，并在反思中不断提升自身的教育教学水平，从而获得自身的职业效能感和从业的幸福感。

综合以上各个维度，可大体构建三语教学实施过程中各要素之间的关系网（图10-5）。

第十章　藏汉英三语教育模式

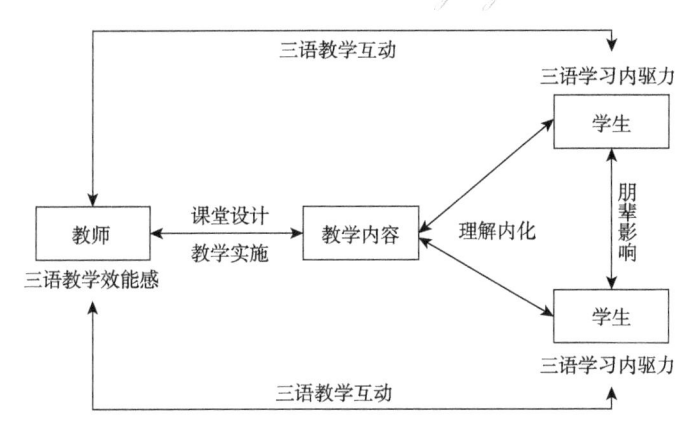

图 10-5　三语教学互动过程

由三语教学实施中各要素的互动关系可以看出，三语教学作为语种复杂的语言教学过程，看似从教师出发，经由教学内容到达学生，但事实上是这三者相互作用以及自我作用的综合结果。只有准确把握这一非线性的互动过程，才能同时激发教师和学生这两个教学主体的内在驱动力和主观能动性，更好地组织和实施三语教学活动，提升三语教学成效。我国藏区的藏汉英三语教学中应处理好这几组关系，全面优化和提升本区的藏汉英三语教学水平。

第三节　藏汉英三语教育的资源辅助

课程资源是教育教学资源的重要组成部分，也称教学资源，就是课程与教学信息的来源，或者指一切对课程和教学有用的物质资源和人力资源。课程资源是课堂教学的重要保证，也是教师专业发展的重要资源依据。课程资源不单单指教科书，也绝不仅限于学校内的各种资源，而是涉及学生学习与生活环境中所有有利于课程实施、有利于达到课程目标和实现教育目的的教育资源。实施藏汉英三语教育的成本远远高于普通的单语教育，教育经费投入的缺口直接制约了三语教育教学资源的开发。

从教材开发上看，杨启亮（2002：10）指出，教材"不是供传授的经典，不是供掌握的目的，不是供记忆的知识仓库，而是供教学使用的材料"。然而民族地区教材使用的现实情况却不容乐观。首先，由官方编写出版可供利用的三语教材近乎稀有，现有可资借鉴的双语教材内容相对陈旧，有些是汉语教材的翻译版本，话题选择与民族地区学生生活关联较少，不能引发学生共鸣，没有充分体现少数民族地区教育目标的特点；其次，一些校本三语教材的开发主要依靠本校老师，没有科学论证的统一标准，教材语言存在较大的改进空间。民族地区三语教学资源的开发必须加大资金投入，组建高水平的教材研发队伍，制定系统的教材开发规划，注重对各种国家科研资源的利用。要注重加强藏文地方课程和校本课程开发，促进汉语课程西藏地方化，使教材开发与教材引进相结合，使教材开发与地方社会文化有机结合，使三语教材开发与藏文地方、校本课程开发以及汉语教材当地化相结合；必须动员各种力量，充分利用各种社会资源，建设、完善三语教育课程资源体系，实现有形教材与无形教材的结合。

从资源开发的形式上看，三语教育课程资源的开发应包括三个主要方面：一是三语课堂教学所需的直接资源，包括图书、课件、软件、教辅书籍，以及其他诸如实验室、录像、投影、幻灯片、影片、录音带、VCD、各类教学设施和实践基地等，是师生用于课堂教学准备和实施的资源；二是课程资源的开发，包括三语网络课程、学生自主学习系统及其他学习资源的开发，是学生在语言课堂、三语学科课堂学习之外进行自主学习的主要渠道；三是关于三语教师师资结构的调整以及教师培训的完善，针对三语教师占教师总数比重小、教师参加培训和深造的机会和精力少，以及没有适宜的三语教师培训项目等情况，应开发适合民族地区尤其是西藏自治区的三语教师专业发展的平台，包括能满足三语教师远程教育、函授、进修及业余学习、发展需要的各类资源。

从资源开发的内涵上看，少数民族地区的教学辅助资源开发，不能简单地用一般的资源内涵进行嵌套和解读。少数民族地区的语言和文化具有其自身的独特性和复杂性，在三语教学辅助资源的开发上，要充分挖掘少数民族文化中常规资源以外的特殊资源，这种特殊资源可以是当地的风土人情，也可以是地理环境。这些具有本土化特征的概念和资源，只有在与汉语、英语课程资源相互作用的基础上，才能真正生成少数民族地区的三语教学辅助资源。语言是文化的重要载体，在三语教学过程中着重挖掘三种不同语言所承载的文化内涵，并帮助学生树立正确的多元文化意识，才能够真正实现三语教育资源的系统开发和有机整合，从而服务于我国少数民族地区的三语教育发展。

从资源开发的主体上看，教师开发教学辅助资源的能力能够从侧面体现教师的专业水准。帮助教师更高效准确地完成教材辅助资源的合理开发，首要的是要帮助教师明确资源开发的途径和辅助资源的形式。首先，三语教师应该系统性地了解和掌握本民族文化、汉民族文化和西方文化，在三语教学过程中对学生文化意识的培养做到游刃有余；其次，掌握资源开发的方式方法，能够主动拓宽开发口径，通过多样化的形式整合教学资源；再次，三语教师应该根据具体的教学目标和教学实践，合理把握教学辅助资源的开发程度和应用程度，真正让教学辅助资源服务教学。

第四节　藏汉英三语教育的评价监控

评价是一个价值判断的过程，是课程建构的主要组成部分，用以检验课程教学目标的实现情况以及发现课程开发、课程目标制定、课程实施中的具体问题，进而调整课程目标及实施方案。语言教育的评价应是对语言教育目标实现程度的判断，合理的语言课程评价是实现三语课程目标的重要保障。三语教育评价体系包含宏观层次的三语教育模式评价体系、中观层次的教师三语教学评价体系，以及微观层次的学生学业成就评价体系（图10-6）。

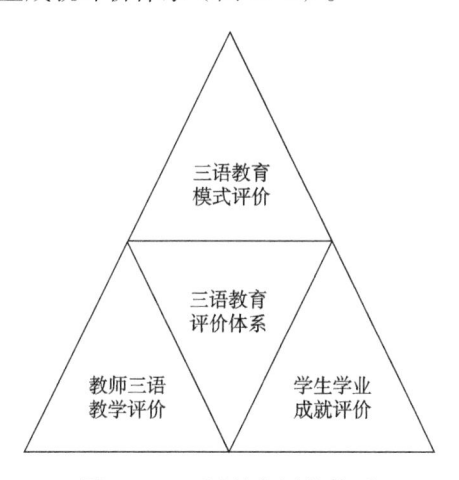

图 10-6　三语教育评价体系

宏观上看，三语教育虽然在我国民族地区已不是新鲜事物，但其发展、成熟的程度还不容乐观，其中有许多方面还值得我们去反思、调整。西藏自治区大杂居、小聚居的民族人口分布现状又给我国三语教育模式的具体展开带来了极大的复杂性。这需要我们不断地调整教育目标、实施模式，并在西藏不同地区依据现实环境调整相应的教学模式。未来藏族地区三语教育评价体系的建构要注重评价的正面鼓励和激励作用，确保其科学性、引导性，要利于三语教师的专业发展和学生的全面、个性发展，采取形成性和终结性评价适度结合的原则。对于教育模式从宏观层面上的评价，应利于三语教育在西藏自治区和其他藏区的可持续发展，既注重当下利益，又要从战略的高度予以把握，还要注重照顾西藏教育管理体制，学校、教师、家长的情感以及社会的需要。应根据现实条件和相应的制约因素，合理选择语种、实施学段，制定短期和中长期教育发展规划，实现三语课堂教学评价、学生学业成就评价、学校三语课程建设评价和区域性教育模式评价之间的生态性互动，最终实现本地区语言教育的可持续发展。

在中观层次上，对教师三语教学实施的评价，可以从教师自身评价和三语教学行为评价两方面进行。对于三语教师自身的评价而言，要关注其综合素质，一个好的三语教师应当具备以下素质：第一，三语教师应当充分了解学生的学习过程和经历，在这一基础上，与学生建立良好的师生关系，并努力让这一关系服务三语教学，深入挖掘学生成长过程中家庭环境和社会环境等方面对学生多元文化意识、三语意识形成和培养所产生的影响；第二，好的三语教师应当具备用三种语言清晰完成自我表达的能力，能够形象且准确地进行三语表述；第三，好的三语教师应该具备激发学生三语使用行为的能力，鼓励学生使用三语进行自我表达和自我陈述，同时为其提供合理及时的反馈，帮助学生在学中用、在用中学；第四，三语教师应当具备一定的自我反思能力，更准确地从学生的语言使用状态变化和课堂反馈情况中，及时提取信息，调整教学过程，提升教学效果。

对三语教学行为的评价，一般从教学目标设置、教学内容安排、教学环节组织、教学方法使用、教学效果的表现等方面综合评价。三语教学目标应当充分符合学生的语言发展阶段和语言习得规律。教学内容应当在语言知识的传授过程中，科学合理地增加文化意识的启发、思维品质的塑造和学习能力的培养。教学环节应当注重多样性和生动性，与其他学科不同，语言学科应当更多地关注语言环境的营造和语言使用的情况；同时，三语教学环节也应该充分关注学生进行三语语码转换的心理，不局限于教学设计的环节设置，灵活可变的教学节奏更有益于对学生三语学习的引导。教学方法应当注重其内在逻辑性和启发性，帮助学生在学习过程中建立自身的学习策略体系。教学效果可进一步参考学生学业评价进行动态追踪，并将跟踪结果及时反馈于教学过程。

微观层面上，对学生学业成就的评价在类型上可以分为成就评价和能力评价，通过阶段性考试等方式考查学生对某一阶段教学内容的掌握情况，评价其学业成就和理解程度。同时，三语教学因其本质的特殊性，需要对学生进行能力评价，测评学生不因外界因素而改变的语言感知能力和语言认知能力。要合理进行成就评价和能力评价，就需要合理地设计测试方式，拓宽测试路径，深入了解学生对知识的认识、理解、运用，同时对其批判性的分析能力和思维能力进行估计，有针对性地调节教学节奏，设计教学活动。

综上所述，教育模式是一个多元素、多因子的复杂体系，三语教育模式又因其语言多样性和文化多样性呈现出更为复杂的态势。要构建科学合理的三语教育模式，必须从三语教学目标引领、三语教育实施管理、三语教育资源辅助、三语教育评价监控等四个方面多管齐下（图10-7）。

第十章 藏汉英三语教育模式

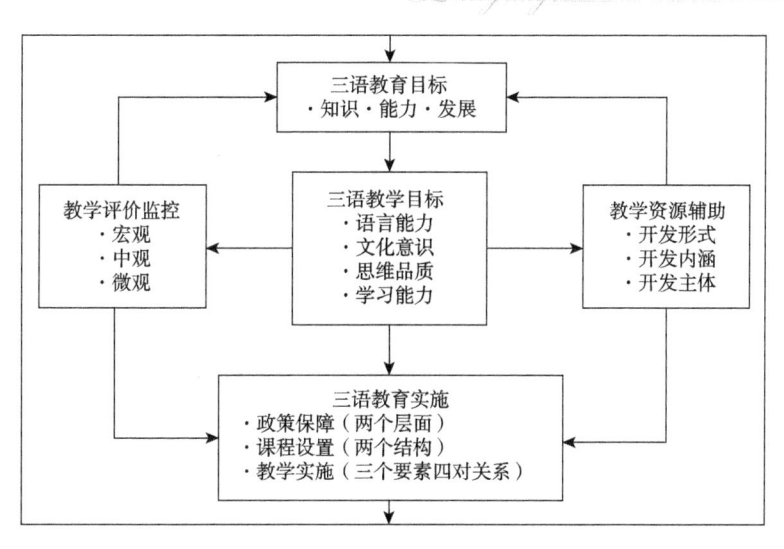

```
┌─────────────────────────────────────────────────────┐
│         ┌──────────────────┐                        │
│         │   三语教育目标     │                        │
│         │ ·知识·能力·发展   │                        │
│         └──────────────────┘                        │
│  ┌──────────┐  ┌──────────┐  ┌──────────┐           │
│  │教学评价监控│ │三语教学目标│ │教学资源辅助│          │
│  │ ·宏观    │ │ ·语言能力 │ │ ·开发形式 │           │
│  │ ·中观    │ │ ·文化意识 │ │ ·开发内涵 │           │
│  │ ·微观    │ │ ·思维品质 │ │ ·开发主体 │           │
│  │          │ │ ·学习能力 │ │          │           │
│  └──────────┘  └──────────┘  └──────────┘           │
│         ┌────────────────────────────┐              │
│         │      三语教育实施            │              │
│         │ ·政策保障（两个层面）         │              │
│         │ ·课程设置（两个结构）         │              │
│         │ ·教学实施（三个要素四对关系） │              │
│         └────────────────────────────┘              │
└─────────────────────────────────────────────────────┘
```

图 10-7 三语教育模式

从目标上看，在三语教育总目标的基础上，三语教学的目标应从三语语言能力、三语文化意识、三语思维品质和三语学习能力四个维度出发，综合提升学生的学科核心素养，培养心怀民族认同、国家情怀、国际视野，具有跨文化交际能力的三语人才；在三语教育实施方面，应给予三语教育国家和地方两个层面的政策保障，同时在形式和内容两个结构上丰富和完善三语教育课程设置，抓好三语教学实施过程中教师、学生和教学行为三个要素，把握好三个要素之间的关系，形成三语教学活动的合力；在教学资源辅助方面，丰富三语教学资源的形式，整体把握三语教学资源开发的独特内涵，并加强教师作为开发主体的开发能力和应用能力；整个过程中，加强对三语教育教学的评价监控，宏观模式监控、中观教师教学监控、微观学生学业成就监控三管齐下，秉承可持续发展的理念，促进我国藏族地区藏汉英三语教育生态的和谐发展。

第十一章　藏汉英三语教育实施建议

基于调查研究和实验研究的分析和思考，本章从教育研究引领、教育政策引导、师资队伍建设、教学模式构建、学生主体认同、教育过程衔接、三语教学改革和现代技术融合八个方面提出我国藏区藏汉英三语教育的实施建议。

第一节　藏汉英三语教育研究引领

国家教育部规定，自 2001 年秋季始，全国城市和县城小学逐步开设英语课程；2002 年秋季，乡镇所在地小学逐步开设英语课程。在少数民族地区的特殊语言环境中开展英语教学，三语教学现象随之产生，民族语言、汉语和外语共同构成了民族地区基础教育外语教学的语言图景。虽然我国民族地区的三语教学在实践基础和理论构建上起步较晚，但这一独特的教学形态在课程特征、语言价值和文化追求等方面显现出自身的特殊性和复杂性。

初期的关于三语教育的研究主要集中在规范三语教育的定义，探索教材设置、教学方法、课程设置等具体问题，并提出了一些促进三语教学的措施，如郭天翔《以语言学理论和实践为基础指导我区"双语""三语"教学改革》、田家乐《西藏三语教学的昨天、今天和明天》、盖兴之《三语教育三题》、魏宏君《中国少数民族"三语教学"形式简析》等都体现了在三语教学现象发展之初学术界对于三语教育的思考，这些研究成果都对我国少数民族地区推广和落实三语教学改革提供了经验借鉴。

伴随着三语教学改革的不断深入，有关三语教育的研究成果也愈加丰硕。首先体现在对三语教育的深层解读，学者们从不同的专业视角剖析解读了三语教学现象、三语教育政策、三语教育模式等内容，如熊向阳《在侗族地区英语教学中构建"三语教育"模式的思考》、刘全国和李倩《我国民族地区英语课堂三语教学模式探索》等都提出了一些促进三语教育发展的途径、方法和模式。其次，有关民、汉、英三种语言间的语用迁移、语言词汇选择机制等方面的理论研究成果显著，从微观层面构建了三语教育的理论支撑，如张永霞《北方少数民族外语课堂语码转换的社会语言学解读》、王文圣《跨文化三语教学初探——以藏族学生以汉语为媒介习得英语为例》、刘全国《三语环境下外语教师课堂语码转换研究》《我国民族地区外语三语教学理论的本土化阐释》等，为少数民族地区三语

第十一章 藏汉英三语教育实施建议

教育的教学理论和实践提供了有力支撑。

近几年,尽管我国关于三语教育的研究取得了一定的成绩,但就目前的研究现状看,我国的三语教育研究依然存在着很多问题。第一,我国少数民族分布广泛,在不同民族不同地区的三语教育现实又具有特殊性和复杂性,因此我国少数民族地区三语教育研究亟待解决的首要问题就是扩大研究范围,增加样本数量,特别是尚未纳入研究范围的少数民族。第二,研究方法和内容亟待突破,如关于三语教育的实证性研究很少,多为非实证性研究;研究主要侧重于宏观层面,对微观层面的研究较少;研究的可行性和推广程度没有经过科学论证,三语教育理论、政策及相关法律有待进一步深入研究等。第三,研究缺乏普适性和概括性,我国少数民族地区的三语教育研究所选择的研究对象分布广泛,至今还没有形成可供借鉴使用的成熟理论、课程目标、教材开发、教学模式等,我国有关教育行政部门还没有制定出完善的管理制度;我国现有的三语教育研究很少涉及三语教育中存在的具体问题,研究成果还不能满足我国少数民族地区三语教育实践的需要。

加强三语教育的研究引领,三语教育研究应从我国少数民族地区的实际出发,立足于我国少数民族地区的民族语言文化生态,立足于我国少数民族地区经济社会发展和民族教育的切实需要,立足于民族教育和民族地区学生的长远发展;三语教育研究应更侧重于实证性的研究,侧重于研究三语教育中存在的具体问题,通过实证研究,发现三语教育中存在的问题,并系统地分析问题,提出相应的对策;深入研究民族地区三语教育课程体系结构、三语教育教师专业化发展、三语教育体系建设;为少数民族地区的有关教育管理部门制定完善、统一的三语教育管理制度提供有效的支持,并加强民族地区三语教育师资力量,加大对民族地区三语教育的投入,服务于少数民族地区的教育发展。

同时,作为三语教育活动的主要实施者——三语教师,也应该立足自身教育教学实践开展教师教育研究,提高三语教学质量。三语教师自身作为研究者所开展的教育教学研究不仅能够进一步充实三语教育研究体系,还可以为三语教育发展提供新的思路,使三语课程、三语教学和三语教师一体化,在提升三语教学水平的同时,促进自身专业成长和职业发展。

加强藏汉英三语教育的研究引领的重中之重就是要建设一支既有理论水平,又有实践能力的三语教育研究队伍。这支队伍应该包括科研人员、从事藏汉英三语教育的教学人员以及开发管理教育政策的政府行政人员等,同时可以吸纳海外相关领域的研究机构、组织、人员等共同探索在中国多民族语言环境下藏汉英三语教育的相关理论与实践问题。

第二节　藏汉英三语教育政策引导

　　三语教育政策是三语教育目标得以实现的最宏观层次规约和引导，而其出台则是以相应的语言生态系统发展、优化的内在需求为基本依据的。民族地区三语教育政策需要根据民族地区的环境现状来制定，并与国家语言战略规划的制定保持良性的互动关系。民族地区三语教育政策的制定要切实考虑当地的语言生态。我国民族地区语言文化发展的生态性规划不仅是三语教育政策制定的基本出发点，也是提升民族地区经济水平、提升少数民族传统文化乃至中华文化参与世界多元文化互动能力及话语权的重要举措。民族地区三语教育政策的制定既要保护民族语言文化的发展，也要通过加强汉语教育，实现少数民族文化与汉族文化之间的良性互动，实现全国语言文化的协同发展。

　　在三语教育政策的制定方面，不但要考虑政策的可操作性和针对性，而且要考虑到教育对象的现实需要和自主选择。第一，民族地区三语教育的规划和政策制定要考虑到政策落实的可能性和现实性，也要分类指导，注意目前我国各民族地区三语教育中具体存在的问题，因地制宜开展三语教育。以我国藏族地区的三语教育现状为例，一方面，藏族地区目前的三语教育课程设置并不统一，存在着很大的地区差异性和不平衡性；另一方面，农村、牧区与乡镇、县市在语言环境上的差异较大，农牧区多以藏语为主，而经济社会发展水平较高的乡镇、县市地区则以汉语为主要社会交际语言，就语言生态环境对于三语教育课堂教学语言的诉求而言，前者应加大汉语和英语在实际生活中的使用和学校教学的力度，后者则应适度加强藏语教育及提高其在三语课程中的地位。

　　第二，民族地区三语教育的规划和政策制定应考虑到教育对象的需要和选择，适度协调三语课程之间的比例及其适合群体，坚持自愿选择。首先，三语教育政策的制定要切实以民族地区的语言生态系统修复、优化和发展为基础，并以民族地区语言生态及问题的研究为基础，实施语言生态监测与评价，在对民族地区学校学生构成、生存现状等信息准确把握的基础上，科学分析民族地区语言生态发展的内在需求，实时调整学校教育的三语语言构成和语言水平。其次，要以三语语言生态中人的发展为基准，切实考虑学生的个体差异，如民族身份、宗教信仰、生活习惯及未来生活需求等。最后，要充分考虑民族地区学校教育的现状。民族地区三语教育主要依靠学校教育来实现，学校教育在三语教育中起着极其重要的作用。我国民族地区学校在硬件建设和学校文化环境建设方面，都与汉族聚居区的学校存在一定差距，这就要求我们在制定三语教育政策的时候要切实从民族地区的教育实际出发，制定出符合民族地区教育实情的短期教育目标和长远教育目标，将近期教育政策与中长期教育发展政策相结合，既要体现出教育发展的整体方向，又要考虑到在民族地区的现实可行性。

在具体的三语教育政策的导向上，要充分凸显现代教育教学理念当中教学目标多样化、课程设置综合化、教学方法多样化的趋势。在教学目标的制定上，要面向学生的知识、智力、能力、策略、情感、品质、思维等各个方面，培养具有健全人格和独立个性的人，着眼于三语人才的整体规格，促成人的全面发展和综合提升；在课程设置方面，要注重知识的互相渗透，不仅在三语课堂上进行知识教学，同时要通过设置网络课程、活动课程等，使三语教育生活化、立体化；在教学方法上，鼓励教师充分开发教学辅助资源，丰富三语教学方法，以启发式教学为主，引导学生在探讨和合作中感知不同语言的魅力。

制定藏汉英三语教育政策是一个系统工程，要切实让这一工程落地生根、发挥作用，必须立足我国少数民族地区的教育实践，把握教育教学规律，制定适合我国藏区教育发展现状的三语教育政策和有效的实施细则，培养能够适应社会发展需求的藏汉英三语人才。

第三节　藏汉英三语师资队伍建设

我国少数民族地区三语师资队伍需要进一步加强建设，这就需要进一步完善相关激励措施，鼓励民族地区的学生在接受完相应的教育后，回民族地区参加工作，避免我国民族地区优秀人才的流失。值得注意的是，高水平的三语师资要求和低水平的三语师资现状是我国民族地区三语教育发展一对突出的矛盾。

一名合格的三语教师，不仅是"三语兼通"的人才，还必须了解以三语为载体的多元文化。从我国少数民族地区三语教育现状看，现有的三语师资队伍能够"三语兼通"的为数不多，且现有三语教师多由语言学科教师担任，语言教师中本科以上的高学历人才比例有待提高，三语教学能力较低。此外，由于三语师资力量的相对短缺，导致现有的三语教师超负荷工作，繁杂的教学任务使教师的职后进修深造难度较大；并且，由于少数民族地区的学缘、地缘关系，三语教师的教学研究工作相对孤立与单一，教师之间缺乏有效的沟通渠道，不利于从事三语教育的教学人员、科研人员打破壁垒，互相学习。调研数据显示，绝大多数样本教师平时还是倾向于使用汉语和藏语，英语的使用较少，能够在实际工作中实现三语课堂教学和三语备课的教师数量不足，说明我国少数民族地区的教师虽然具有积极正面的三语态度，但是在具体执行层面，难以身体力行。身处民族教育一线，一名合格的三语教师应该以身作则为学生树立三语学习的正确榜样。以教带学，以学促教，通过教师主动进行学情分析，在日常教学活动中创设三语语言环境，在校园文化建设中展现三语所承载的多元文化，让学生在校园生活中主动进行三语学习。

从壮大三语师资队伍层面而言，必须以刺激就业为抓手。我国少数民族地区要通过教育管理部门制定相应的政策，通过建立完善三语教师就业补偿机制和福利待遇，面向社会公开招聘吸引优秀三语人才前往少数民族地区，特别是经济文化更加落后的乡镇牧区可以为三语教师提供更为完善的福利待遇及就业补偿机制，投入专项资金解决偏远地区三语教师的实际生活困难，如住房、交通、饮食习惯等，使教师们能够安心工作，实现三语教师队伍的稳定和发展；同时，我国少数民族地区各级学校可从晋升制度、考核评价制度以及福利待遇等方面区别对待三语教师与非三语教师，让从事三语教育的教师有荣誉感、成就感和归属感，实现三语教师的自我发展诉求。

从优化三语师资队伍结构而言，在不断补充教师数量、壮大师资队伍的基础上，必须调控好三语师资队伍结构，主要包括三语教师学科结构、年龄结构以及学历结构等。目前我国少数民族地区的三语教师主要由语言学科教师担任，这在一定程度上制约了三语教育活动向更广泛的学科发展，因此三语教师的选拔、培养和培训可以逐步将所有学科教师纳入在内，在多元化的学科专业背景下，使我国少数民族地区各个学科的教师能够参与到三语教育当中，更好地构建一个健康多元的三语语言生态环境。此外，教师培养的重点应面向年轻教师，大部分年轻教师具有积极的三语态度，易于接受新的教学思想并在实际工作当中主动做出调整；在相应的工作岗位上，年轻教师能够服务我国少数民族地区的三语教育事业更长时间，这样的师资队伍更加适应少数民族地区三语教育的长期发展需求。

就提升三语教师综合素质而言，应同时注重纵向延伸三语师资培养和横向拓展三语教师培训。调研数据显示，样本教师大多由少数民族区域内的综合类大学和师范类院校培养，再服务于本地区的民族教育事业，这种情况在西藏自治区更为明显。三语师资队伍的建设要从长远考虑，不断补充和完善民族师范院校的三语教育，建立健全三语教师教育专业，完善相应的课程体系，在课程设置上要体现民族特色、三语特色和多元文化特色，加大力度培养兼具扎实的三语语言基础、较高专业素质和专业教学能力的后备三语师资力量。首先，可采取定向与非定向相结合的招生方式，为贫困学生构建绿色通道，提供全额奖学金等措施，打通并且有效衔接从三语教师培养到三语教师就业的路径，加强教师培养的教学实践环节，健全教育实习制度；其次，将三语教师专业发展贯穿教师的职后教育系统，拓宽三语教师培训渠道，通过校本培训、集中培训以及远程培训等多元化培训模式全面开展短期课程培训、教学观摩、专题研讨等主题培训，使从事三语教育的教学人员、研究教育教学理论方法的科研人员以及民族地区的教育管理人员都能够纳入到教师培训中，加深各部门参与人员的交流沟通，在分享三语教育经验和教育方法的同时，注重提出问题和寻求对策。

第四节　藏汉英三语教育教学模式

　　三语环境下的教学模式具有其独特之处，三种语言所承载的民族文化、价值观念、思维方式、行为方式及语言结构上的差异在教学过程中呈现出相互冲突和融合的动态演变形式。由于我国少数民族地区分布广泛，各地区的三语教育又具有其特殊的复杂性，目前为止尚未探索出适合地方实际的三语教育模式，大部分地区采用的依然是传统的"单语"和"双语"教学模式进行课堂教学。积极探索适合地区特色的三语教育模式，需要做到"因时""因人""因地"和"因势"（徐静、高岩，2014：209-212）。

　　第一，"因时"是指合理安排教育时间。这里提到的"教育时间"主要指外语教育的开设时间需要根据实际情况来定，切不可一概而论。首先，由于学习主体的学习时间和精力有限，因此要把握好三语教育的阶段特征，可以考虑在基础教育阶段偏重民族语言的学习，而在之后的初高中、大学教育中增加外语教育的比重，有的放矢。其次，外语课程的开设时间还与民族地区所处环境的开放程度有关，举例来说，西北和西南少数民族地区相对封闭，因此过早开展外语教育的意义不是很大，学生很难掌握；但是对于地域开阔的北方少数民族，如蒙古族、维吾尔族、哈萨克族来说，环境的开放性为外语应用提供了条件，因此可以考虑三语教育同步开展。

　　第二，"因人"是指对学习主体因材施教。因材施教就是要根据学习主体的先天条件和学习目标制定不同的学习规划，满足不同层次的需求。首先，语言学习者的先天条件不尽相同，因此针对语言能力较好的学习者，可以考虑民、汉、英三语教育同时开展，而对于语言能力欠缺的学习者，则建议降低相应要求。其次，对于有志将语言工作作为今后事业的学习者来说，三语教育中的语言教育需要提高要求；而对于学习目标旨在提高语言应用技能的学习者，就可适当放宽要求。

　　第三，"因地"是指根据区域状况适当调整语言教育课程。民族地区不同的区域状况决定了三语教育的开展力度与深度。对于偏远地区、环境相对封闭的少数民族来说，外语没有应用环境，因此加强民族语言和汉语教育会更加符合区域语言学习的需求；而对于经济发展较快、开放程度较高、对外交流较多的沿海少数民族地区，就可以考虑三语教育同时开展。

　　第四，"因势"是指采用灵活的语言教育方式。由于大多少数民族地区的语言教育存在一定的局限性，因此需要适当调整语言教育方式。在社会教育和学校教育中，应考虑该民族地区是否具备外语的应用环境，不能简单地为民族语言、汉语和外语教育设置同样的课程比重和课程目标，必须进行合理、灵活的调整。

在符合地区实际的基础之上，对于民族地区三语教育模式的探究，我们应从教学目标、课程体系、教材开发等方面展开。首先，在教学目标方面，我们要认识到"民族地区的三语教育旨在培养'三语兼备'，具有社会责任感、健全人格的新世纪民族创新人才"（刘全国、李倩，2011：75-78）。在促进三语能力协同发展的基础上，提高学习者的人文素养，培养学生的多元文化价值观、跨文化交际能力和批判思维能力。

其次，在课程体系方面，我们要认识到三语教育应该将民族文化特色和现代科学文化知识有机结合起来，以语言和知识为载体，传授三语文化，采用不同层次与形式的课程模式，同时还要依据民族地区的不同实际对三语的课程内容和比重做合理调整。

再次，在教材开发方面，我们要认识到三语教育的教材应该满足趣味性、贴近生活、难度合理几个特征。第一，教材对学习者要有吸引力，激发学习积极性；第二，教材要给予学生贴近生活的体验，易于知识的吸收内化；第三，教材还要难度适中，符合学习者的认知水平，从本民族的文化出发，兼容三语文化，全面培养学生的学习与实践能力。

最后，发挥少数民族地区三语教师的能动作用，扶持、鼓励三语教师在学校教学中结合教学实践积极探索符合教育实际的有效三语教育模式，参考、借鉴国外的三语教育成功案例，引入先进的语言教育理论和现代教育技术，构建符合学生语言学习、教师语言教学和地方语言生态环境的有效的语言教育模式。

因此，探究符合民族地区三语教育实际的三语教育模式，不仅是对三语教学方法和内容的探究，还要注重三语文化的导入、学生素养的提升和合格三语教师的重要作用。

第五节　藏汉英三语教育主体认同

我国少数民族地区的三语教育公众认同不高，受到生活环境的影响，很大一部分人认为民族语和汉语的学习很重要，相对而言，英语学习显得不那么重要。民族地区的公众对三语教育的认知会影响到三语教育在民族地区的有效实施。

在我国西藏地区，因受生活环境所限，大多数的当地居民在日常生活中最常用的语言是藏语，而近几年，西藏地区与内地的联系紧密，在很多地区形成了"汉藏"杂居的现象，使得除藏语外，汉语也在藏族地区被频繁使用。相比较而言，英语的使用偏少，在有些偏远的地区，根本不使用英语。对大部分藏族公众来说，英语学习的概念还不曾深入人心。而三语教育的实施，必然会受到当地公

第十一章 藏汉英三语教育实施建议

众态度的影响。为了更有效地开展三语教育，应采取相应措施，提高当地公众对三语教育的认知，面向社会广泛宣传三语教育对于促进少数民族地区政治、经济、文化发展的重要性，使得三语教育的开展与公众的意愿并行。

有学者认为，少数民族学生在英语水平和能力上的差别，很大程度上是由于在本民族文化中养成的心理、文化价值观、民族情感、行为态度及语言形式与主流文化和目的语文化之间的冲突所致（何克勇、徐鲁亚，2007）。在三语教学的过程中，不仅要关注民族语、第二语言（汉语）和外语之间的语言迁移问题，还要处理民族文化、二语文化和外语文化之间的文化冲突。

为建构多元共生、和谐平衡的语言文化环境，首先要将二语文化和民族文化置于核心地位，尊重民族文化作为三语教育文化观的基础，培养少数民族学生作为三语教育主体的国家认同和民族认同；同时要认识并尊重文化差异，让学生形成正确的对多元文化的反思，运用外语语境传递文化信息，提高少数民族学生的跨文化交际能力。在具体实施过程中，特别是教材开发编制和对学生的评价标准设立方面，必须体现出少数民族地区多元文化的特点，应把少数民族文化和主流二语文化即汉文化列入教学内容的重要部分，把以外语为媒介传递民族文化和汉文化的跨文化交际能力作为少数民族地区外语课程的主要目标之一。然而目前我国少数民族地区实行的英语教育课程标准并未充分突出民族文化和二语文化在英语教育中的重要地位，所使用的外语教材设置的重点多是以英语为载体的英语国家人文知识，学生在应对这种文化冲突的语言环境时，容易片面地割裂三语文化观的辩证关系，无法在认同母语文化和尊重文化差异性的基础上进行平等的文化交流。

"阈限"假设理论解释了在三语习得的框架中，当儿童的双语语言水平达到第二个"阈限"之上，双语者的认知优势方可凸显，为三语习得发挥积极作用。在我国民族地区开展三语教育的过程中，首先面对的挑战是培养双语能力发展平衡的学生，帮助其形成良好的元语言意识，即把语言本身作为思维的对象反映与操纵口头语言结构特征的能力（Tunmer & Myhill，1984）。平衡双语者比非平衡双语者表现出元语言意识优势，进而使学生在学习第三种语言的时候进行逻辑推理和应用。"阈限"假设理论对我国少数民族地区发展三语教育具有重要的理论指导意义，即必须将培养少数民族学生的平衡双语能力作为三语教育工作的重中之重，必须认识到多语者在学习新语言时具有的认知优势。对于双语水平达到第二个"阈限"之上的学生而言，应鼓励和激发学生在学习外语时自主思考，提升主体意识，充分发挥元语言意识语言功能发展中的重要促进作用。这就要求我们在三语课程资源设计、三语教材资源开发、课堂互动以及教师培训过程中，应以民族语和第二语言（汉语）的平衡发展为基础，将民族语和第二语言的语言结构和使用规则与外语语言应用联系起来，发展和培养学生的元语言意识，让学生从动态的角度建构三种语言之间的逻辑关系,促进三语比较与三语自主学习。

三语教育的开展应以学生为主体,无论是三语教育目标、课程标准,还是课程体系、课堂教学,都要从学生需要出发,考虑到对学生的影响,要依据学生三语语言整体水平和其所处的语言环境来设定目标和技术路线,在实现三语教育目标的同时还要激发学生学习兴趣和动机。三语教师应切实根据学生的实际水平设计课程,充分考虑不同学生在家庭语言环境、社会语言环境上的个体差异,有针对性地选择、使用课堂教学语言转换策略,调动学生的学习积极性,鼓励学生积极参与课堂互动,提高学生的学习成绩。

第六节　藏汉英三语教育的多元衔接

三语教育过程中,学生学段、智力水平、课程设置和教育制度的有效衔接对民族学生的学习和有效实施三语教育有着至关重要的影响。

首先,要做好少数民族地区三语教育在学段上的衔接。我国少数民族地区的小学多集中在农牧区,环境相对闭塞,群众对于三语认可度不高,所使用的教学语言以民族语为主,汉语为辅,日常交际语则以民族语为主;而初高中、中专、高校多集中在乡镇、县、市地区,三语认可度有所提高,教学中和日常交流活动中汉语使用频率居高,因此,语言使用的衔接问题伴随着学段提升而变得日益突出。要解决三语教育的地域差异,就要着眼于三语教育基础更为薄弱的农牧区基层,加大政策倾斜力度和资金投入力度,树立师生积极的三语态度和三语教育认同,营造良好的三语教育语言生态环境;要解决三语教育的学段差异,应调整各学段三语教育的阶段目标,在初级教育阶段以培养平衡的民族语和汉语能力、发展学生的元语言意识、树立学生的国家认同和民族身份认同、培养学生的民族自豪感为主要目标,在中等教育阶段以协调发展学生的三语能力、培养学生跨文化交际和批判性思维能力为主。更要从师资培养的方面解决教学语言的衔接问题,促进藏族地区的三语教育良性发展。

其次,要充分考虑到学生在三语教育不同学段个体发展的衔接。在我国多语种交错的少数民族地区,语言环境十分复杂且各区域三语教育的发展程度各不相同,在三语教育发展基础较好的少数民族地区,其民族语言保护和传承方面也卓有成效。然而还有部分少数民族只有语言,没有文字,部分少数民族只有文字,没有语言;还有部分少数民族有自己的语言文字,但没有学校双语教育系统,更谈不上三语教育(袁国女、李春艳,2008)。在广大的三语教育基础较为薄弱的少数民族地区,多数少数民族学生是在进入初中后才开始学习汉语,因此在儿童语言发展的关键期内并未形成良好的双语语言能力。在开始学习汉语后,尚未达到与民族语协调发展的水平时，又开始学习第三语言，给学生造成了很大的学习负担和心理负担。在三语教育的衔接问题上必须考虑到学生的个体阶段性发展差异，把握儿童语言发展的关键期，对幼儿园教育或是早期儿童家庭教育进行科学合理的指导，在儿童教育的早期阶段采用民族语、第二语言（汉语）的双语教育，营造良好的多语语言环境，为后期开展三语教学做好学生的知识储备和能力素养培养。

再次，协调三语教育的课程设置。一方面要研究处理好语言课程、学科课程、活动课程、地方课程、校本课程和隐性课程之间的相互作用关系，掌握不同课程的设置权重与比例；另一方面也要协调好不同课程的深度，确保不同课程在不同学段符合学生智力发育和思维发展的阶段性特征。将藏语教育、汉语教育、英语教育及其他的学科教学结合起来，使语言充分发挥其工具性作用，真正成为知识教学和文化传递的载体。

最后，教育制度的衔接也极其重要。教育制度的建立要充分考虑当地的语言环境、教育水平现状和师资等因素，对于三语教育的理念、课程设置、教学实施、资源开发、师资建设等问题予以规范和引导，在学制、教学语言、具体课程教学目标及其实现的技术路线上体现一定的弹性，适度引导地区性三语课程标准及其发展规划、目标制定和实施，确保三语教育目标在实施过程中的合理流变，避免制度性、资源性浪费及其对语言生态的破坏。

第七节　藏汉英三语教育教学改革

教育教学改革是教育发展过程中源于社会发展需求，兼顾宏观和微观两个层面的教育变革。我国少数民族地区的三语教育应致力于民族地区的经济发展、社会进步、宗教信仰和文化繁荣。这就需要对教育进行宏观调控，把握教育发展的近期和远期目标，制定三语教育发展规划。

三语教育的整体规划要做到以下几点：首先要把握当地民汉英三种语言各自的特点，制定符合地方三语教育实际的三语教育规划，注意政策的稳健性、持续性和现实性；其次要坚持三语教育"民汉英兼通"的教育目标，避免片面强调某一种语言的教育，一方面要协调和平衡民汉英三种语言的教育，另一方面还要实现民汉英三种语言的有机结合，树立国家认同、民族认同和整体教育的观念；再次，还要将母语资源的开发与利用和汉语、英语资源的引进、开发与利用结合起来，并与民族地区的经济、社会、文化、教育、语言环境有机结合，促进民汉英三语教育的有效发展。

本研究过程中，在甘南藏族自治州开展了"'藏—汉—英'平衡三语教学实验"。课题组以甘南藏族自治州语言政策与学校课程设置为切入点，围绕甘南藏族自治州的教育生态环境、语言政策、双语教育发展状况、学校的课程设置与三语教学模式、三语教育的影响因素与条件及发展策略等方面进行了相关研究。在此基础上探讨了藏汉英三语平衡输入与藏汉英三语学业成绩的相关性，为民族地区三语教学改革提供可资借鉴的应用模式。

除此之外，其他一些民族地区所进行的三语教育改革与实验也为开展三语教育工作提供了可资借鉴的实践模式。

延边大学的张贞爱教授和金秀东教授对延边地区的朝鲜族初中及高中的朝、汉、日三语教育进行了研究。在这些学校，日语教育分为两种形式进行：第一种是在初中一年级开始开设日语课，到高中继续学习日语；第二种是没有在初中一年级开设日语课，而是在初中二、三年级或进入高中后高一至高三年级开设日语课。对于对日语有学习热情的学生，不论年级，不论开始时间，可以随时开课，满足学习要求。这一举措极大地激发了学生学习日语这门外语的热情，也为学生提供了选择，避免了只能以英语作为外语学科，难以在高考中取得理想成绩的问题。朝鲜族中学坚持以日语为外语的语言教育的政策导向有着其内在优势和重要意义：

①现今社会需要掌握多种语言能力的人才；

②延边位于中国的东北边境，距离日本很近，国家间经贸、文化交流活动在此地区进行得非常活跃，为学习日语创造了很好的文化环境；

③从语言学的角度来看，朝鲜语与日语同属黏着语，因此在语音、语法等方面有一定相似，以朝鲜语为母语的学生易于学习日语和取得理想成绩；

④朝鲜族学生的汉语基础有利于朝鲜族学生学习日语；

⑤日语学习有利于提高升学率。

这种外语学习模式的采用，一方面促进了延边地区朝、汉、日三语教育的发展，另一方面兼顾了延边地区朝鲜族学生的学情现状，有利于帮助他们的顺利升学和提升学习效果。

云南中医学院的刘燕波和云南省保山师范高等专科学校的孙宗芹在云南耿马傣族佤族自治县进行的以傣族高中生为研究对象的三语教育实验反映出了突出的语言教育问题（刘燕波、孙宗芹，2008）：

①在英、汉教育中，语言教学与文化教学脱离，语言教育价值难以体现；

②由于现有学校教育体制、语言环境，导致语言功能趋同，少数民族地区语言教育不容乐观。

针对这些问题，研究人员从课程目标设置、教师文化意识培养和文化教育监督方面分析了原因，提出了相应的破解对策：

①制定符合少数民族地区实际的民族语言政策；

②结合语言教育与文化教育,发挥三语教师和社会相关机构的作用,开发民族地区多元化课程;

③培养教师文化意识,发掘文化教学因素,增加学生文化理解,改革教学评价体系。

研究人员对研究结果分析透彻,提出的对策切实可行,收到了良好的效果。

四川师范大学的学者团队对青海省民族教育中存在的问题进行了研究,发现青海民族地区存在民族中小学三语教师严重缺编,民族地区缺乏汉语、英语应用环境以及三语远程教学资源开发建设滞后等问题。针对这些问题,研究人员在培养藏汉英三语教师方面进行了探索,对招生体制与培养培训制度进行了改革(王慧、金黛莱、孔令翠,2013)。

民族地区三语教育改革是一个复杂综合的过程,我们需要制定针对语言身份与语言使用的宏观政策、针对语言教育实施的中观政策以及针对语言教学的微观政策,分别处理好与中央政府、地方政府以及社区和学校三个层面的关系。三语教育中的课程设置应考虑到民、汉、英三语课程的合理配置与互相作用,创设良好的三语教学环境。而作为三语教育的重要参与者,三语教师的培训也显得非常重要。教师培训要进行分类,有针对性,有实效性,进一步提高三语师资水平。在我国少数民族地区的三语教育改革过程中,要准确把握教育公平这一主题,实地考察少数民族地区三语教育教学水平及其发展状况,才能有的放矢地引领三语教学与教学改革,提升我国少数民族地区的三语教育质量。

第八节 藏汉英三语教育的现代技术融合

随着现代教育技术和网络信息化的发展,传统的教学方式已经发生改变,远程教育、MOOC、微课、翻转课堂等教学理念已被广大师生所接受,教育已不再是单纯的"教师—学生"面对面的知识传授。教师在教学过程中会利用现代教育技术和网络教育信息,学生面对的也不再是单一的枯燥乏味的文字教材,而是通过多媒体技术手段展现的图文并茂的学习信息,他们会通过多种渠道获取知识信息。而受到地区经济社会发展的制约,我国藏族地区在引进和普及现代教育技术、网络教育信息等方面存在着一定的困难,现代教育技术和网络教育信息的短缺在一定程度上阻碍了我国藏区三语教育的发展。

三语教育在藏区的发展离不开当地的各种自然和文化环境因素,尤其是语言文化生态环境。语言文化生态环境是指在一定的自然和社会条件下语言文字的存在状况及其使用环境,包括国家通用语言文字和区域通用语的使用。语言文化生态环境有着不同的内涵,本书中所涉及的语言文化生态环境指的是与语言、语言学习和教学有关的文化环境和自然环境，是狭义上的语言文化生态环境。三语教育与语言文化生态环境有着紧密的联系，语言文化生态环境对三语教育起着支撑和辅助作用，会推动三语教育的发展；同样，三语教育会为语言文化生态环境注入新的活力，有利于形成多语言共生的文化生态环境。

在藏区的三语教育发展中，若能克服语言学习和教学中存在的信息化手段短缺问题，利用现代教育技术和网络教育信息辅助三语教育的开展，必将为藏区的三语教育创设更加有益的语言文化生态。三语的掌握和运用离不开特定的语言文化生态环境，而在诸多影响三语教育的因素中，家庭、社会、学校等因素对三语教育产生的影响尤为突出。由于本研究讨论的语言文化生态环境主要指与语言、语言学习和教学有关的文化和环境和自然环境，我们应该重点思考在学校这一情境中，信息化技术的应用在学生学习和学校教学中对语言文化生态的影响，以及对三语教育发展产生的作用。

《国家中长期教育改革和发展规划纲要（2010—2020年）》第四部分第十九章，已明确将教育信息化纳入国家信息化发展整体战略，超前部署教育信息网络。在三语教育中，教育信息化对语言文化生态的影响是广泛而深刻的。

第一，教育信息化的应用改变了三语教育的传统理念。在传统教学中，教学人员通过多种教学资源和学科课程内容的整合，进行相应的教学设计，最终以不同的教学手段和方法完成教学任务，以期提高教学质量和效果。相比传统教学，在信息化三语教育中，首先，信息化的手段打破了传统教学的思维，带来了新的教育观念和思想，这些观念和思想进而被应用到教育活动的具体方面中。借助现代教育技术及网络教育资源，三语教育的教学设计发生了很大的改变，教师拥有更多可供选择的教学资源和方式。其次，信息技术与课程整合也将成为三语教育的新趋势，也就是说，通过有效整合信息技术和教学系统中的各要素，科学设计教学流程，最终达到优化学科知识体系和实现学生全面发展的目的。

第二，教育信息化的应用改变了三语教学环境。"对于传统的三语教学环境而言，信息的封闭是它的最大弊端，外面的信息进不来，里面的信息出不去。由于受到传统的教育思想、环境、条件、资源等因素的限制，知识的传授不可能出去，也不允许出去。"（杨改学、胡俊杰，2014：6）但是教育信息化改变了这种封闭的局面，将传统三语课堂与外部世界连接起来，学生可以通过信息化手段接触到新信息、新知识，扩大知识面的同时从传统课堂的书本教学中脱离出来，获得更加贴近生活与现实的学习体验。

第三，教育信息化的应用改变了三语教学资源。教学资源包括人力资源和非人力资源两个方面，人力资源即参与教学活动的人员，包括三语教师、学生及其他人员，非人力资源就是辅助教学活动的物质条件和教学媒体。教育信息化的优势集中体现在对非人力资源的有益补充，因为传统教学资源功能有限，因此在三

第十一章 藏汉英三语教育实施建议

语教学深度和广度上达不到令人满意的程度，而信息技术的应用在很大程度上解决了这一问题。通过获取有益的网络资源、利用信息化技术，大大丰富了教学资源，也提升了学生的三语学习效果。

通过教育信息化的手段，创设更好的语言文化生态，最终的目的还在于提升三语学习者的学习效率和学业成绩。教育信息化为三语学习者创造了更多的学习方式和资源，同时也对学习者提出了新的要求。首先，学生通过信息技术获取丰富的网络教育资源，在扩充三语学习知识的同时，也获取新的学习视角和思维，这有益于培养三语学习中作为主体的学习者的探究意识，最终通过主动学习和信息获取，提升学习效果。学生将不再完全依赖教师的课堂讲授，而是在吸收教师所讲授知识的同时，进行主动、自主学习，实现了教师知识传授与学生知识内化环节的优化。其次，要充分利用信息技术和网络资源来促进学习，学习者就需要具备一定的计算机知识和信息搜索能力，同时也很好地促进了学习者在三语知识学习之外的综合全面发展。可以说，信息化手段在三语教育中的应用有效发挥了学生在学习中的主体作用，激发其积极性，实现事半功倍的学习效果。

不容忽视的是，教育信息化也对三语教师提出了更高的要求。教师在三语教育中扮演着重要的角色，且随着近些年翻转课堂等理念的出现和应用，教学已不再是"填鸭教学""满堂灌"的刻板形式，因此我们需要反思教师在教学活动中的角色定位。教育信息化淡化了教师的权威地位，促进了学生的主体地位和主动学习，但这并不意味着教师就可以"撒手不管"；反之，在这一过程中，通过在教学中运用信息化手段和网络资源，教师对学生的引导作用至关重要，其引导作用集中体现在激发学生自主学习积极性，帮助学生有效整合网络资源，促进学习效果。

教育信息化作为教育的时代潮流，必定与三语教育深度融合，通过利用信息化技术和网络教育资源，教与学将在更好的语言文化生态环境中协作融合。新教育理念、新教学手段、新教育资源为三语学习创造新的语言文化生态环境，在这一环境中，学生改变传统学习模式，转而利用丰富资源自主学习，实现更好的学习效果；教师合理利用信息化技术和资源，规避信息化资源与课程内容之间的失调，优化教学设计和过程，实现更好的教学效果。因此，教育信息化有助于优化三语教育的学习环境和教学环境，发挥教学主体和学习主体的积极作用，最终促进三语教育的协同发展。

为综合提升我国藏区三语教育质量，应该立足实际，多管齐下。我国的三语教育研究应当进一步扩大范畴，并增加实证研究的比重，同时注意提高普适性和概括性，构建完整完善的理论体系，为三语教育提供系统性的理论指导。三语教育政策的制定应当在宏观上加强关注政策在藏族地区落实的可操作性，微观上注意教育主体的个体差异，从而提高政策的可操作性，切实提高三语教育质量。在三语师资队伍的建设方面，要从刺激就业、优化结构和提升素质三个方面入手，逐渐壮大少数民族地区的三语师资队伍。三语教育教学模式探索要因时、因人、因地、因势，充分结合教育教学实际来开展。在三语教育教学模式具体实施过程中，要充分考虑学生的家庭、学校等多方面的语言环境，增强学生作为三语教育主体的身份认同感。应当从学段设置、个体发展、课程设计和教育制度等多方面促进三语教育过程当中的有效衔接。深化三语教育教学改革，加强教师培训的实效性，并将改革措施与当地经济、政治、文化、生态等多方面有机结合，注重改革的实效性和平衡性。为进一步提升三语教育水平，一方面完成硬件补充，为少数民族地区的三语教育提供良好的教学环境保障；另一方面要注重提升教师的软实力，增强教师自觉提升自身现代教育技术水平的意识，同时搭建符合藏区实际情况的培训平台，提升我国藏区的教育信息化水平。

参 考 文 献

边巴，白玛曲珍，次仁桑珠. 2016. 国内外三语教育研究对西藏三语教育研究的启示. 西藏教育，（8）：7-9.

察内娃. 2006. 今日族群理论. 民族学与社会学学院学术通讯，（4）：1-3.

陈保亚. 1996. 论语言接触与语言联盟. 北京：语文出版社.

崔占玲. 2011. 少数民族学生三语学习的心理学研究：以藏族学生为例. 广州：暨南大学出版社.

崔占玲，张积家，韩淼. 2007. 汉—英和藏—汉—英双语者中、英文语码切换及代价研究. 应用心理学，（2）：160-167.

戴冬梅. 2014. 法国学校外语教育的特点与启示. 解放军外国语学院学报，37（5）：1-9.

戴延红. 2017. 青海藏区英语教学中的问题研究. 当代教育实践与教学研究，（1）：148-149.

范国睿. 2000. 教育生态学. 北京：人民教育出版社.

冯安伟. 2014. 在少数民族地区推进附加性三语制的内容、原因及做法. 世界教育信息，355（19）：13.

盖兴之，高慧宜. 2003. 浅论三语教育. 民族教育研究，14（5）：65-69.

龚江平. 2009. 少数民族大学生英语学习观念研究——以西藏大学生为个案. 贵州民族研究，（5）：123-129.

何克勇，徐鲁亚. 2007. 民族高校英语教学研究. 北京：中央民族大学出版社.

何晓军. 2014. 三语习得中的语言迁移影响——以四川藏族大学生英语词汇学习为例. 外国语文，（1）：140-144.

黄奋生. 1985. 藏族史略. 西宁：民族出版社.

黄健，王慧. 2012. 国内外民族地区三语教育之比较. 贵州民族研究，（5）：191-195.

黄明. 2012. 新加坡双语教育与英汉语用环境变迁. 厦门：厦门大学出版社.

黄信，张丽. 2013. 藏民族三语教育现状分析. 成都师范学院学报，（10）：109-112.

黄宗植. 2004. 西方多元文化教育理论及其实践对我国少数民族教育的启示. 民族教育研究，（6）：80-84.

纪兰芬. 2017. 基于教师指导性干预的藏族学生三语教学模式研究. 青海师范大学学报（哲学社会科学版），（4）：16-21.

姜宏德. 2003. 关于双语课程体系建构的几个问题. 教育发展研究，（1）：38-41.

姜宏德. 2006. 双语教育新论. 北京：新华出版社.

姜秋霞，刘全国，李志强. 2006. 西北民族地区外语基础教育现状调查——以甘肃省为例. 外语教学与研究，（2）：129-135.

李凤. 2014. 藏族大学生与汉族大学生英语请求策略语用对比研究. 民族教育研究，（6）：62-67.

李亚红. 2012. 少数民族聚集区三语教学教育现状调查研究——以甘南藏族自治州合作市佐盖曼玛乡学区为例. 内蒙古农业大学学报（社会科学版），（2）：384-385.

李增垠. 2016. 藏族学生在第三语言习得中元语言意识研究. 中南大学学报（社会科学版），（1）：247-253.

刘全国. 2005. 西北藏族学生英语学习风格调查研究. 民族教育研究，（5）：93-96.

刘全国. 2007. 三语环境下外语教师课堂语码转换研究. 西北师范大学博士论文.

刘全国. 2011. 我国少数民族地区外语课堂三语接触模式，当代教育与文化，（2）：37-41.

刘全国. 2012. 三语环境下外语教师课堂语码转换研究. 北京：中国社会科学出版社.

刘全国. 2013. 三语教育与三语教学. 北京：中国社会科学出版社.

刘全国. 2014. 西藏自治区双语教育研究. 北京：社会科学文献出版社.

刘全国，曹永成，才让扎西. 2018. "藏汉英"三语平衡输入与三语学业成绩相关性的实验研究. 西藏大学学报（社会科学版），（1）：182-186.

刘全国，何旭明. 2012. 藏汉英三语环境下外语课堂文化建构. 西藏大学学报（社会科学版），（2）：156-160.

刘全国，李倩. 2011. 我国民族地区英语课堂三语教学模式探索. 青海民族研究，（1）：75-78.

刘全国，穆永寿. 2017. A CiteSpace-based Analysis of Research into Trilingualism & Trilingual Education in China.（第九届中国少数民族地区三语教育国际论坛暨中国区多语能力与多语教育研究会 2017 年年会）. 普洱, 云南, 中国.

刘燕波，孙宗芹. 2008. 少数民族地区语言教育现状及对策研究——以云南耿马傣族自治县一中傣族高中生为个案. 学园，（4）：61-66.

刘壮. 2009. 语言能力和国际第二语言教学 Can do 理念. 语言文字应用，（1）：115-123.

鲁子问. 2015. 促进思维品质发展的英语教学可能. 英语学习（教师版），（12）：20-24.

罗辉. 2018. 从国防安全到全球视野：二战后美国外语教育政策的演变路径及启示. 外语研究，（2）：54-59.

麻国庆. 2017. 明确的民族与暧昧的族群. 清华大学学报（哲学社会科学版），（3）：113-124.

梅德明. 2017. 语言学与应用语言学百科全书. 北京：北京大学出版社.

孟作亭，孟福来. 2011. 中国藏族文化教育发展史略. 北京：民族出版社.

牟宜武. 2016. 全球化时代背景下的题本外语教育战略——培养日本国民的英语交际能力. 外语教学理论与实践，（2）：54-61.

潘景丽. 2018. 思维品质：落实英语学科核心素养的突破口. 内蒙古师范大学学报（教育科学版），21（8）：53-56.

裴娣娜. 2007. 教学论. 北京：教育科学出版社.

强巴央金，白玛曲珍，肖铖，等. 2009. 拉萨市区中小学英语课堂教学中存在的问题与对策研究. 西藏大学学报（社会科学版），（3）：106-114.

强巴央金，雍小琳，肖铖. 2010. 试析拉萨藏族中小学生英语学习的特殊性. 西藏大学学报专刊，（25）：9-14.

卿丽. 2013. 中学藏汉英三语教学的困境与对策. 中国科教创新导刊，27：134-135.

人民网. 2016. 内地西藏班为西藏培养人才 3.6 万余名. http://xz.people.com.cn/n2/2016/1123/c138901-29355267.html [2018-10-30].

石泰安. 2005. 西藏的文明. 耿昇，译. 北京：中国藏学出版社.

史民英，肖铖. 2009. 西藏"三语教学"的价值取向及模式探析. 民族教育研究，（6）：75-79.

史民英，邢爱青. 2011. 西藏地区三语教学存在的问题与对策. 西藏大学学报（社会科学版），（2）：137-141.

四川师范大学外国语学院网站. 2012. 外国语学院 2011 级陶行知班开班典礼顺利举行. http://fl.sicnu.edu.cn/p/0/?StId=st_app_news_i_x6348797744825660000 [2018-10-30].

孙一尘. 1987. 战后新加坡的社会变迁与教育制度的关系（1945-1983）. 台北：台湾师范大学教育研究所.

滕星. 2001. 文化变迁与双语教育——凉山彝族社区教育人类学的田野工作与文本撰述. 北京：教育科学出版社.

田家乐. 2001. 西藏三语教学的昨天、今天和明天. 西藏大学学报，（4）：75-79.

王斌华. 2003. 双语教育与双语教学. 上海：上海教育出版社.

王策三. 1985. 教学论稿. 北京：人民教育出版社.

王道俊，郭文安. 2009. 教育学. 北京：人民教育出版社.

王革. 2018. "文化回应教学"模式与民族地区外语教学改革. 民族教育研究，（4）：65-70.

王洪玉. 2010. 甘南藏汉双语教育历史与发展研究. 中央民族大学博士学位论文.

王慧，金黛莱，孔令翠. 2013. 我国民族地区语言教育的国际合作研究与国内实践探索——第四届中国少数民族地区三语现象与三语教育模式国际学术研讨会. 四川师范大学学报（社会科学版），（5）：172-174.

王慧，孔令翠. 2013. 藏区英语教学媒介语问题与基于藏族学生母语的藏授英语教师培养. 外语学刊，（5）：109-113.

王鉴，李艳红. 1999. 藏汉双语教学模式研究. 西北师范大学学报（社会科学版），（3）：51-54.

王鉴. 2002. 论中华民族多元文化教育. 青海民族研究（社会科学版），（2）：52-56.

王鉴. 2004. 课堂志：回归教学生活的研究. 教育研究，（1）：79-85.

王克非. 2012. 国外外语教育研究. 北京：外语教学与研究出版社.

王丽媛. 2008. 课堂志：一种基于课堂场域中的"田野式"研究. 教育科学论坛，（10）：36-38.

王珍珍，王鉴. 2013. 民族地区双语教学成效与问题调查研究——以西藏拉萨地区的双语教学为例. 当代教育与文化，（1）：102-110.

魏晓红. 2014. 三语教育背景下的民族高校藏族英语教学. 西南民族大学学报（人文社会科学版），（2）：177-180.

乌力吉. 2005. 少数民族三语教育的纵横解读. 贵州民族教育研究，（4）：181-183.

吴布仁. 1996. 试谈蒙古族教育中的"三语"教学. 中国民族教育，（4）：29-30.

吴元华. 2004. 华语文在新加坡的现状与前景. 新加坡：创意出版社.

谢倩. 2014. 外语教育政策国际比较研究. 武汉：华中科技大学出版社.

徐大明，王铁琨. 2012. 中国语言战略. 上海：上海译文出版社.

徐静，高岩. 2014. 价值视域下民族地区语言教育的抉择——论民族语言和外语教育. 贵州民族研究，（7）：209-212.

杨改学，胡俊杰. 2014. 教育信息化对少数民族教育发展具有革命性影响. 电化教育研究，（9）：5-8.

杨启亮. 2002. 教材的功能：一种超越知识观的解释. 课程·教材·教法，（12）：10-13.

尹辉，赵家红，王孟娟，等. 2013. 藏、汉、英三语语境下藏族大学生英语学习特点分析. 西藏民族学院学报（哲学社会科学版），（4）：132-136.

喻永庆，孟立军. 2016. 30年来内地西藏班（校）办学的发展历程、特点及其展望. 西北民族大学学报（哲学社会科学版），（4）：179-188.

袁国女，李春艳. 2008-11-04. 我国少数民族濒危语言亟须重视. 中国社会科学报，（3）.

张建伟，王克非. 2009. 德国外语教育政策研析. 外语教学与研究，（6）：456-464.

张文友. 2001. 日本英语教育的改革动向. 外语界，（5）：33-35.

张小华. 2016. 民族生"三语习得"过程中的干扰因素及对策研究——以青海民族大学藏族学生为例. 青海民族研究，（1）：117-119.

张正勇，熊莺，原源. 2017. 三语背景下云南迪庆藏族中学生民族认同和国家认同现状及影响因素分析. 学术探索，（5）：67-72.

赵家红，尹辉，李璠，等. 2013. 藏、汉、英三语语境下藏族大学生英语学习中语码转换的实现过程探析. 西北民族大学学报（自然科学版），（2）：43-46.

周润年，塔娜. 2017. 西藏教育六十年. 兰州：甘肃教育出版社.

朱解琳. 1990. 藏族近代教育史略. 西宁：青海人民出版社.

曾海萍. 2010. 西藏藏族高中生英语教学的难点分析及应对策略——以林芝地区为例. 山西师大学报（社会科学版），（3）：170-172.

曾丽，李力. 2010. 对"三语习得"作为独立研究领域的思考. 外语与外语教学，（2）：6-9.

曾丽. 2011. 儿童三语习得中元语言意识的发展对我国少数民族外语教育政策制定的启示. 外语教学与研究，（5）：748-755.

曾钐. 2006. 教育目标的伦理管理研究. 长沙：中南大学出版社.

Adamson, B. 2002. Barbarian as a foreign language: English in China's schools. *World Englishes*, 21(2): 231-243.

Adamson, B. 2004. *China's English: A history of English in Chinese education*. Hong Kong: Hong Kong University Press.

Adamson, B. & Feng. A. 2014. Models for trilingual education in the People's Republic of China. In *Trilingualism in Education in China: Models and Challenges* (pp. 29-44). Berlin: Springer.

Adamson, B. & Xia, B. 2011. A case study of the College English Test and ethnic minority university students in China: Negotiating the final hurdle. *Multilingual Education*, 1(1):1-11.

Bachman, L. F. 1990. *Fundamental Consideration in Language Testing*. Oxford: Oxford University Press.

Banks, A. 1977. *Multicultural Education Issues and Perspectives*. Boston: Ajjgan and Bacon.

Bass, C. 1999. *Education in Tibet: Policy and Practice Since 1950*. London: Zed Books.

Beckett, G. H. & Macpherson, S. 2005. Researching the impact of English on minority and indigenous languages in non-western contexts. *TESOL Quarterly*, 39 (2): 299-307.

Cenoz, J. 2000. Research on Multilingual acquisition. In U. Jessner & J. Cenoz (Eds.) *English in Europe: The Acquisition of a Third language* (pp.39-53). Clevedon: Multilingual Matters.

Cenoz, J., Hufeisen, B. & Jessner, U. 2001. Towards trilingual education. *International Journal of Bilingual Education and Bilingualism*, 4 (1): 1-10.

Ciren, B. 1997. Reflections on the work of Tibetan language instruction. *Chinese Education and Society*, 30 (4):49-59.

Feng, A & Adamson, B. 2015. Researching trilingualism and trilingual education in China. In B. Adamson & A. Feng (Eds.) *Trilingualism in Education in China: Models and Challenges* (pp. 1-21). Dordrecht: Springer.

Feng, A. & Adamson B. 2018. Language policies and sociolinguistic domains in the context of minority groups in China. *Journal of Multilingual and Multicultural Development*, 39 (2): 169-180.

Fischer, A.M. 2005. *State Growth and Social Exclusion in Tibet: Challenges of Recent Economic Growth*. Copenhagen, Denmark: NIAS Press.

Gil, J. 2016. English language education policies in the People's Republic of China. In *English Language Education Policy in Asia* (pp. 49-90). Berlin: Springer.

Goldstein, M. C. 1992. *A History of Modern Tibet, 1913-1951: The Demise of the Lamaist State*. Oakland: University of California Press.

Goldstein, M. C. 2007. *A History of Modern Tibet, volume 2: The Calm Before the Storm, 1951-1955*. Oakland: University of California Press.

Gouleta, E. 2012. A bilingual education professional development project for primary Tibetan teachers in China: The experience and lessons learned. *International Journal of Bilingual Education and Bilingualism*, 15(3): 295-313.

Haugen, E. 1972. *The Ecology of Language*. Stanford: Stanford University Press.

Herdina, P. & Jessner, U. 2000. The Dynamics of third language acquisition. In U. Jessner & J. Cenoz (Eds.) *English in Europe: The Acquisition of a Third Language* (pp. 1-13). Celevedon: Multilingual Matters.

Hsieh, F. & Kenstowicz, M. J. 2008. Phonetic knowledge in tonal adaptation: Mandarin and English loanwords in Lhasa Tibetan. *Journal of East Asian Linguistics,* 17(4): 279-297.

Hu, G. & Alsagoff, L. 2010. A public policy perspective on English medium instruction in China. *Journal of Multilingual and Multicultural Development,* 31 (4): 365-382.

Hu, A. X., Bai, X. & Gegen, T.N. 2014. A cognitive study on Tibetan-Chinese-English lexical processing of Tibetan undergraduates. In Y. Wenli (Eds.) *Computer, Intelligent Computing and Education Technology* (pp. 1201-1204). Boca Raton: CRC Press.

Hu, A. X., Bai, X. & Gegen, T.N. 2014. An ERP study on the cognitive relation of Tibetan trilingual. In Y. Wenli (Eds.) *Computer, Intelligent Computing and Education Technology* (pp. 1201-1204). Boca Raton: CRC Press.

Jessner, U. 1999. Metalinguistic Awareness in Multilingual: Cognitive Aspects of Third Language Learning. *Language Awareness,* (3): 201-209.

Jessner, U. 2006. *Linguistic Awareness in Multilinguals: English as a Third Language.* Edinburgh: Edinburgh University Press.

Johnson, E., Ma, F. & Adamson, B. 2016. Developing Trilingual Education in Western China. In J. Lee, Z. Yu, X. Huang & H. Law (Eds.), *Educational Development in Western China: Towards Quality and Equality* (pp. 177-199). Rotterdam: Sense.

Lam, A. 2002. English education in China: policy changes and learners' experiences. *World Englishes,* 21 (2): 245-256.

Liu, J. 2008. The generic and rhetorical structures of expositions in English by Chinese ethnic minorities: A perspective from intracultural contrastive rhetoric. *Language and Intercultural Communication,* 8 (1): 2-20.

Ma, R. 2014. Bilingual education and language policy in Tibet. In J. Leibold & C. Yangbin (Eds.), *Minority Education in China: Balancing Unity and Diversity in an Era of Critical Pluralism* (pp. 83-106). Hong Kong: Hong Kong University Press.

Met, M. & Byram, M. 1999. Standards for foreign language learning and the teaching of culture. *The Language Learning Journal,* 19 (1): 61-68.

Nima, B. 2008. The choice of languages in Tibetan school education revisited. *Chinese Education and Society,* 41 (6): 50-60.

Nunan, D. 2003. The impact of English as a global language on educational policies and practices in the Asia-Pacific region. *TESOL Quarterly,* 37 (4): 589-613.

Phuntsog, N. 2018. Tibetan/English code-switching practices in the Tibetan diaspora classrooms: Perceptions of select 6th grade teachers. *International Journal of Multilingualism*, 15 (2): 214-229.

Postiglione, G. A. 2008. Making Tibetans in China the educational challenges of harmonious multiculturalism. *Education Review*, 60 (1): 1-20.

Postiglione, G. A. 2009. Dislocated education: The case of Tibet. *Comparative Education Review*, 53 (4): 483-512.

Postiglione, G. A. & Jiao, B. 2009. Tibet's relocated schooling popularization reconsidered. *Asian Survey*, 49 (5): 895-914.

Postiglione, G., Jiao, B. & Manlaji. 2007. Language in Tibetan education: The case of the Neidiban. In *Bilingual education in China Practices, Policies and Concepts* (pp. 49-71). Clevedon: Multilingual Matters.

Robinson, B. 2016. The contribution of international aid to the development of basic education in Western China. In J. Lee, Z. Yu, X. Huang & H. Law (Eds.), *Educational Development in Western China: Towards Quality and Equality* (pp. 325-346). Rotterdam: Sense.

Tunmer, W. E. & Myhill, E. 1984. Metalinguistic awareness and binguialism. In W. E. Tunmer, C. Pratt, & M. L. Herriman (Eds.), *Metalinguistic Awareness in Children*. Now York: Springer.

Verhoeven, J. C. & Zhang, J. 2016. The pathways to higher education for ethnic minorities in China are not easy. In J. Lee, Z. Yu, X. Huang, H. Law (Eds.) *Educational Development in Western China: Towards Quality and Equality* (pp. 121-136). Rotterdam: Sense.

Wang, G. 2016. *Ethnic Multilingual Education in China: A Critical Observation*. PPT presented at the 8th International Symposium on Trilingualism and Trilingual Education in China. Xi'an, China.

Xiao, Z. M. & Higgins, S. 2015. When English meets Chinese in Tibetan schools. In B. Adamson & A. Feng (Eds.) *Trilingualism in Education in China: Models and Challenges* (pp. 121-136). Berlin: Springer.

Xu, H. 2016. Putonghua as "admission ticket" to linguistic market in minority regions in China. *Language Policy*: 1-21.

Yan, Q. & Song, S. 2010. Difficulties encountered by students during cross-cultural studies pertaining to the ethnic. *Chinese Education and Society*, 43 (3): 10-21.

Yang, H., Oura, K., Wang, H. Y., Gan, Z. Y. & Tokuda, K. 2015. Using speaker adaptive training to realize Mandarin-Tibetan cross-lingual speech synthesis. *Multimedia Tools and Applications*, 74 (22): 9927-9942.

Yang, M.Y. & Dunzhu, N. 2015. Assimilation or ethnicization an exploration of inland Tibet class education policy and practice. *Chinese Education and Society*, 48 (5): 341-352.

Yao, C. L. & Zuckermann, G. A. 2016. Language vitality and language identity - Which one is more important?. *Language Problems and Language Planning,* 40 (2):163-186.

附录一 国外藏汉英三语教育相关研究文献目录

（各类别下按时间先后顺序排列）

一、专著

1. 书名：*A History of Modern Tibet, 1913–1951: The Demise of the Lamaist State*
作者：Melvyn C. Goldstein
年份：1991 年
出版社：University of California Press

2. 书名：*Education in Tibet: policy and Practice Since 1950*
作者：Catriona Bass
年份：1999 年
出版社：Zed Books

3. 书名：*The Dragon in the Land of Snows: A History of Modern Tibet Since 1947*
作者：Tsering Shakya
年份：1999 年
出版社：Columbia University Press

4. 书名：*State Growth and Social Exclusion in Tibet: Challenges of Recent Economic Growth*
作者：Andrew Martin Fischer
年份：2005 年
出版社：NIAS Press

5. 书名：*A History of Modern Tibet, Volume 2: The Calm Before the Storm, 1951-1955*
作者：Melvyn C. Goldstein
年份：2007 年
出版社：University of California Press

二、期刊论文、论文集论文及会议论文

1. 论文题目：Reflections on the Work of Tibetan Language Instruction
作者：Baima Ciren
年份：1997 年
来源信息（专著/期刊/会议录/论文集）：*Chinese Education & Society*

2. 论文题目：The Way Out for Tibetan Education
作者：Baden Nima
年份：1997 年
来源信息（专著/期刊/会议录/论文集）：*Chinese Education & Society*

3. 论文题目：The Politics, Policies, and Practices in Linguistic Minority Education in the People's Republic of China: The Case of Tibet
作者：Bonnie Johnson
年份：2000 年
来源信息（专著/期刊/会议录/论文集）：*International Journal of Education Research*

4. 论文题目：English in Education in China: Policy Changes and Learners' Experiences
作者：Agnes Lam
年份：2002 年
来源信息（专著/期刊/会议录/论文集）：*World Englishes*

5. 论文题目：Barbarian as a foreign language: English in China's Schools
作者：Bob Adamson
年份：2002 年
来源信息（专著/期刊/会议录/论文集）：*World Englishes*

6. 论文题目：The Impact of English as a Global Language on Educational Policies and Practices in the Asia-Pacific Region
作者：David Nunan
年份：2003 年
来源信息（专著/期刊/会议录/论文集）：*TESOL Quarterly*

7. 论文题目：China's English：A History of English in Chinese Education
作者：Bob Adamson

年份：2004 年

来源信息（专著/期刊/会议录/论文集）：*China's English: A History of English in Chinese Education*

8. 论文题目：Researching the Impact of English on Minority and Indigenous Languages in Non-Western Contexts

作者：Gulbahar H. Beckett, Seonaigh MacPherson

年份：2005 年

来源信息（专著/期刊/会议录/论文集）：*TESOL Quarterly*

9. 论文题目：Theoretical Perspectives of Trilingual Education

作者：Larissa Aronin

年份：2005 年

来源信息（专著/期刊/会议录/论文集）：*International Journal of the Sociology of Language*

10. 论文题目：Language in Tibetan education: The case of the Neidiban

作者：Gerard Postiglione, Ben Jiao, Manlaji

年份：2007 年

来源信息（专著/期刊/会议录/论文集）：*Bilingual Education in China: Practices, Policies & Concepts*

11. 论文题目：Research and Practice of Tibetan: Chinese Bilingual Education

作者：Wan Minggang, Zhang Shanxi

年份：2007 年

来源信息（专著/期刊/会议录/论文集）：*Bilingual Education in China: Practices, Policies & Concepts*

12. 论文题目：Ethnic Identity Construction in the Schooling Context: A Case Study of a Tibetan Neidi Boarding School in China

作者：Zhu Zhiyong

年份：2007 年

来源信息（专著/期刊/会议录/论文集）：*Chinese Education & Society*

13. 论文题目：Tibetan Primary Curriculum and Its Role in Nation Building

作者：Catriona Bass

年份：2008 年

来源信息（专著/期刊/会议录/论文集）：*Educational Review*

关键词：primary education; Tibet Autonomous Region (TAR); curriculum

14. 论文题目：Learner-Centred Pedagogy in Tibet: International Education Reform in a Local Context
作者：Stephen Carney
年份：2008 年
来源信息（专著/期刊/会议录/论文集）：*Comparative Education*

15. 论文题目：Making Tibetans in China the Educational Challenges of Harmonious Multiculturalism
作者：Gerard A. Postiglione
年份：2008 年
来源信息（专著/期刊/会议录/论文集）：*Educational Review*
关键词：Tibetans in China; neidi school; multiculturism; education; market; economy; Tibet

16. 论文题目：The Choice of Languages in Tibetan School Education Revisited
作者：Badeng Nima
年份：2008 年
来源信息（专著/期刊/会议录/论文集）：*Chinese Education & Society*

17. 论文题目：Analogous Study of the Linguistic Knowledge Between Monolingual and Bilingual Students in the Minority Region of Northwestern China
作者：Hao He
年份：2008 年
来源信息（专著/期刊/会议录/论文集）：*English Language Teaching*
关键词：monolingual; bilingual; L3/L2; linguistic knowledge

18. 论文题目：Schooling for Knowledge and Cultural Survival: Tibetan Community Schools in Nomadic Herding Areas
作者：Ellen Bangsbo
年份：2008 年
来源信息（专著/期刊/会议录/论文集）：*Educational Review*
关键词：cultural education; institutional schooling; bilingualism; community engagement; ethnic identity

19. 论文题目：Accounting for Tibetan University Students' and Teachers' Intellectual Styles

作者：Zhang Li-fang, Fu Hong/Jiao Ben

年份：2008 年

来源信息（专著/期刊/会议录/论文集）：*Educational Review*

关键词：culture; economy; education system; intellectual styles; Tibetan university teachers and students

20. 论文题目：The Generic and Rhetorical Structures of Expositions in English by Chinese Ethnic Minorities: A Perspective from Intracultural Contrastive Rhetoric

作者：Liu Jianxin

年份：2008 年

来源信息（专著/期刊/会议录/论文集）：*Language and Intercultural Communication*

关键词：English; Chinese; contrastive rhetoric; culture; ethnic minority; second language writing

21. 论文题目：Phonetic Knowledge in Tonal Adaptation: Mandarin and English Loanwords in Lhasa Tibetan

作者：Feng-fan Hsieh, Michael J. Kenstowicz

年份：2008 年

来源信息（专著/期刊/会议录/论文集）：*Journal of Ease Asian Linguistics*

关键词：Loanwords; Tones; Enhancement; Tonogenesis

22. 论文题目：Dislocated Education: The Case of Tibet

作者：Gerard A. Postiglione

年份：2009 年

来源信息（专著/期刊/会议录/论文集）：*Comparative Education Review*

23. 论文题目：Analysing Language Education Policy for China's Minority Groups in Its Entirety

作者：Anwei Feng, Mamtimyn Sunuodula

年份：2009 年

来源信息（专著/期刊/会议录/论文集）：*International Journal of Bilingual Education and Bilingualism*

关键词：language policy; minority education; bi/trilingualism; policy studies model; case studies; China

24. 论文题目：A Comparison of Trilingual Education Policies for Ethnic Minorities in China

作者：Bob Adamson, Anwei Feng

年份：2009 年

来源信息（专著/期刊/会议录/论文集）：*Compare*

关键词：language policies; ethnic minorities; China; trilingualism

25. 论文题目：Tibet's Relocated Schooling Popularization Reconsidered

作者：Gerard A. Postiglione, Ben Jiao

年份：2009 年

来源信息（专著/期刊/会议录/论文集）：*Asian Survey*

关键词：Tibet; relocated boarding schools; China; education; policy

26. 论文题目：Difficulties Encountered by Students During Cross-Cultural Studies Pertaining to the Ethnic Minority Education Model of Running Schools in "Other Places" and Countermeasures

作者：Yan Qing, Song Suizhou

年份：2010 年

来源信息（专著/期刊/会议录/论文集）：*Chinese Education & Society*

27. 论文题目：A Public Policy Perspective on English Medium Instruction in China

作者：Guangwei Hu, Lubna Alsagoff

年份：2010 年

来源信息（专著/期刊/会议录/论文集）：*Journal of Multilingual and Multicultural Development*

关键词：bilingualism; language minorities; language planning; language policy; language rights; public policy

28. 论文题目：Beyond Assimilation: The Tibetanisation of Tibetan Education in Qinghai

作者：Adrian Zenz

年份：2010 年

来源信息（专著/期刊/会议录/论文集）：*Inner Asia*

关键词：Tibetans; Qinghai; China; education; minorities

29. 论文题目：Trilingual Education for Ethnic Minorities

作者：Zhao Zhenzhou

年份：2010 年

来源信息（专著/期刊/会议录/论文集）：*Chinese Education & Society*

30. 论文题目：A Case Study of the College English Test and Ethnic Minority University Students in China：Negotiating the Final Hurdle

作者：Bob Adamson, Beibei Xia

年份：2011 年

来源信息（专著/期刊/会议录/论文集）：*Multilingual Education*

关键词：English as a foreign language; testing; ethnic minority; social justice; China

31. 论文题目：A Bilingual Education Professional Development Project for Primary Tibetan Teachers in China: The Experience and Lessons Learned

作者：Eirini Gouleta

年份：2012 年

来源信息（专著/期刊/会议录/论文集）：*International Journal of Bilingual Education & Bilingualism*

关键词：bilingual education; ethnic minorities; indigenous languages; minority education; mother tongue education; cultural identity

32. 论文题目：Economic Expansion, Marketization, and Their Social Impact on China's Ethnic Minorities in Xinjiang and Tibet

作者：Yuchao Zhu, Dongyan Blachford

年份：2012 年

来源信息（专著/期刊/会议录/论文集）：*Asian Survey*

关键词：China; Xinjiang; Tibet; ethnic minority; marketization

33. 论文题目：Bilingual Education and Language Policy in Tibet

作者：Ma Rong

年份：2014 年

来源信息（专著/期刊/会议录/论文集）：*Minority Education in China：Balancing Unity and Diversity in an Era of Critical Pluralism*

34. 论文题目：An ERP Study on the Cognitive Relation of Tibetan Trilingual

作者：A.X. Hu, X. Bai, T.N. Gegen

年份：2014 年

文献类型：会议论文

来源信息（专著/期刊/会议录/论文集）：*Computer, Intelligent Computing and Education Technology*

关键词：behavioral data; EPR signals; trilingual cognition

35. 论文题目：A Cognitive Study on Tibetan-Chinese-English Lexical Processing of Tibetan Undergraduates

作者：A.X. Hu, X. Bai, T.N. Gegen

年份：2014 年

来源信息（专著/期刊/会议录/论文集）：*Computer, Intelligent Computing and Education Technology*

关键词：cognition; lexical processing; event-related protentials

36. 论文题目：Researching Trilingualism and Trilingual Education in China

作者：Anwei Feng, Bob Adamson

年份：2015 年

文献类型：论文集文章

来源信息（专著/期刊/会议录/论文集）：*Trilingualism in Education in China: Models and Challenges*

关键词：China's ethnic minority groups; Sanyu Jiantong (mastery of three languages); Sanyu Jiaoyu (trilingual education); policy making; ethno-linguistic vitality; additive trilingualism; empowerment; multiple case studies; mixed methodology; target audience

37. 论文题目：Models for Trilingual Education in the People's Republic of China

作者：Bob Adamson, Anwei Feng

年份：2014 年

来源信息（专著/期刊/会议录/论文集）：*Minority Languages and Multilingual Education*

关键词：trilingual education; language policy; bilingualism; minority language; Chinese; English

38. 论文题目：When English Meets Chinese in Tibetan Schools: Towards an Understanding of Multilingual Education in Tibet

作者：ZhiMin Xiao, Steve Higgins

年份：2015 年

来源信息（专著/期刊/会议录/论文集）：*Trilingualism in Education in China:*

Models and Challenges

关键词：Chinese; English; language policy; Tibetan; trilingualism

39. 论文题目：Cultural or Political? Origin and Development of Educational Policy of the Tibetan Neidi Education in China

作者：Zhu Zhiyong, Deng Meng

年份：2015 年

来源信息（专著/期刊/会议录/论文集）：*Chinese Education & Society*

40. 论文题目：Using Speaker Adaptive Training to Realize Mandarin-Tibetan Cross-Lingual Speech Synthesis

作者：Hongwu Yang, Keiichiro Oura, Haiyan Wang, Zhenye Gan, Keiichi Tokuda

年份：2015 年

来源信息（专著/期刊/会议录/论文集）：*Multimedia Tools and Applications*

关键词：HMM-based speech synthesis; Speaker adaptive training; Multi-lingual speech synthesis; Tibetan speech synthesis; Mandarin-Tibetan cross-lingual speech synthesis; Grapheme-to-phoneme conversion

41. 论文题目：Language Vitality and Language Identity - Which One is More Important?

作者：Chunlin Yao, Ghil'ad Zuckermann

年份：2016 年

来源信息（专著/期刊/会议录/论文集）：*Language Problems & Language Panning*

关键词：language vitality, language identity, functions of language, bilingual education

42. 论文题目：Putonghua as "Admission Ticket" to Linguistic Market in Minority Regions in China

作者：Xu Hao

年份：2018 年

来源信息（专著/期刊/会议录/论文集）：*Language Policy*

关键词：linguistic market; linguistic capital; Language idenlity; Multilingual context; Promotion of putonghua

43. 论文题目：English Language Education Policies in the People's Republic of China

作者：Jeffrey Gil

年份：2016 年

来源信息（专著/期刊/会议录/论文集）：*English Language Education Policy in Asia*

关键词：bilingual instruction; China Communicative Language Teaching (CLT); English as a global language; English language curriculum; English language education; Ethnic minorities; language policy; language promotion

44. 论文题目：Developing Trilingual Education in Western China

作者：Eric Johnson, Ma Fu, Bob Adamson

年份：2016 年

来源信息（专著/期刊/会议录/论文集）：*Educational Development in Western China: Towards Quality and Equality*

45. 论文题目：The Pathways to Higher Education for Ethnic Minorities in China Are Not Easy

作者：Jef C. Verhoeven, Zhang Jianxin

年份：2016 年

来源信息（专著/期刊/会议录/论文集）：*Educational Development in Western China: Towards Quality and Equality*

46. 论文题目：The Contribution of International Aid to the Development of Basic Education in Western China

作者：Bernadette Robinson

年份：2016 年

来源信息（专著/期刊/会议录/论文集）：*Educational Development in Western China: Towards Quality and Equality*

47. 论文题目：Tibetan/English Code-switching Practices in the Tibetan Diaspora classrooms: Perceptions of Select 6th Grade Teachers

作者：Nawang Phuntsog

年份：2018 年

来源信息（专著/期刊/会议录/论文集）：*International Journal of Multilingualism*

关键词：heritage language; trilingual policy; bilingual pedagogy; multilingualism; Tibetan/English code-switching; mother-tongue schooling

48. 论文题目：Language Policies and Sociolinguistic Domains in the Context of Minority Groups in China

藏汉英三语教育研究

作者：Anwei Feng, Bob Adamson

年份：2018 年

来源信息（专著/期刊/会议录/论文集）：*Journal of Multilingual and Multicultural Development*

关键词：additive trilingualism; sociolinguistic domains; ethnolinguistic vitality; language policy; minority groups; China

附录二　国内藏汉英三语教育相关研究文献目录

（各类别下按时间先后顺序排列）

一、专著

1. 书名：少数民族学生三语学习的心理学研究：以藏族学生为例
作者：崔占玲
年份：2011 年
单位：河北师范大学民族学院
来源（专著/期刊/会议录）信息：广州：暨南大学出版社，2011
关键词：三语者；语言表征；语码切换

2. 书名：三语教育与三语教学
作者：刘全国
年份：2013 年
单位：西北师范大学外国语学院
来源（专著/期刊/会议录）信息：北京：中国社会科学出版社，2013
关键词：少数民族；汉语；英语；少数民族教育；民族语；教学研究；中国

3. 书名：西藏自治区双语教育研究
作者：刘全国
年份：2014 年
单位：西北师范大学外国语学院
来源（专著/期刊/会议录）信息：北京：社会科学文献出版社，2014
基金项目：中国社会科学院创新学术出版资助项目，国家社科基金重大特别委托项目"西藏历史与现状综合研究项目"
关键词：少数民族教育；双语教学；教学研究；西藏

4. 书名：内地西藏班教学模式与成效调查研究
作者：许丽英
年份：2014 年
单位：中央民族大学教育学院
来源（专著/期刊/会议录）信息：北京：社会科学文献出版社，2014
基金项目：中国社会科学院创新学术出版资助项目，国家社科基金重大特别委托项目"西藏历史与现状综合研究项目"
关键词：藏族；少数民族教育；教学模式；调查研究；中国

5. 书名：藏汉英三语教师培养理论与实践探索
作者：孔令翠，王慧
年份：2017 年
单位：四川师范大学外国语学院，重庆邮电大学外国语学院
来源（专著/期刊/会议录）信息：北京：科学出版社，2017
关键词：英语课；教学研究；中小学

二、期刊论文、论文集论文及会议论文

1. 论文题目：课堂志：回归教学生活的研究
作者：王鉴
年份：2004 年
单位：西北师范大学教育科学学院
来源（专著/期刊/会议录）信息：《教育研究》，2004 年第 1 期
关键词：课程实施；课堂志；课堂教学；教学研究；研究方法

2. 论文题目：西北民族地区外语基础教育现状调查——以甘肃省为例
作者：姜秋霞，刘全国，李志强
年份：2006 年
单位：西北师范大学，西北师范大学，甘肃联合大学
来源（专著/期刊/会议录）信息：《外语教学与研究（外国语文双月刊）》，2006 年第 38 卷第 2 期
关键词：民族地区；外语教育；三语教学；远程教育

3. 论文题目：汉—英和藏—汉—英双语者中、英文语码切换及代价研究
作者：崔占玲，张积家，韩淼
年份：2007 年

单位：华南师范大学心理应用研究中心

来源（专著/期刊/会议录）信息：《应用心理学》，2007年第2期

基金项目：教育部哲学社会科学研究重大课题攻关项目（05JZD00034）；广东省自然科学基金团队项目（06200524）

关键词：汉—英双语者；藏—汉—英双语者；语码切换；切换代价

4. 论文题目：藏汉英词汇对照语料库的设计

作者：才华，赵晨星

年份：2007年

单位：青海师范大学物理系青海藏文信息研究所

来源（专著/期刊/会议录）信息：《中国中文信息学会会议论文集》

关键词：藏文信息处理；藏文语言学；语料库；藏英汉词典

5. 论文题目：四川民族高校藏汉英三语教育简析

作者：太扎姆

年份：2008年

单位：康定民族师范专科学校

来源（专著/期刊/会议录）信息：《成都大学学报（教育科学版）》，2008年第22卷第7期

关键词：民族高校；三语教育；多元文化；教学模式

6. 论文题目：课堂志：一种基于课堂场域中的"田野式"研究

作者：王丽媛

年份：2008年

单位：广西师范大学教育科学学院

来源（专著/期刊/会议录）信息：《教育科学论坛》，2008年第10期

关键词：课堂志；课堂研究；评价

7. 论文题目：藏—汉—英双语者字词识别中的语码切换及其代价

作者：张积家，崔占玲

年份：2008年

单位：华南师范大学心理应用研究中心，河北师范大学

来源（专著/期刊/会议录）信息：《心理学报》，2008年第2期

基金项目：国家重点基础研究发展规划"973"课题（2005CB22802）；广东省普通高校人文社会科学重点研究基地重大研究项目（06JDXMXLX01）；广东省自然科学基金团队项目（06200524）

关键词：藏语；汉语；英语；语码切换；切换代价

8. 论文题目：西藏"三语教学"的价值取向及模式探析
作者：史民英，肖铖
年份：2009 年
单位：西藏大学旅游与外语学院
来源（专著/期刊/会议录）信息：《民族教育研究》，2009 年第 6 期
基金项目：国家社会科学基金 2007 年度西部项目（07XYY007）"西藏地区藏、汉、英三语教学绩效分析与研究"
关键词：西藏；三语教学；价值取向；模式

9. 论文题目：拉萨市区中小学英语课堂教学中存在的问题与对策研究
作者：强巴央金，白玛曲珍，肖铖，雍小琳
年份：2009 年
单位：西藏大学旅游与外语学院
来源（专著/期刊/会议录）信息：《西藏大学学报（社会科学版）》，2009 年第 3 期
基金项目：2007 年度教育部人文社会科学一般项目"西藏中小学英语教学现状与对策"（07JC40023）
关键词：拉萨市区；英语教学；调查分析；问题与对策

10. 论文题目：试论作为一种研究方法的课堂人种志
作者：杜文军
年份：2009 年
单位：西北师范大学西北少数民族教育发展研究中心
来源（专著/期刊/会议录）信息：《民族教育研究》，2009 年第 3 期
关键词：课堂人种志；内涵；特点；法则；过程

11. 论文题目：少数民族大学生英语学习观念研究——以西藏大学生为个案
作者：龚江平
年份：2009 年
单位：西藏民族学院
来源（专著/期刊/会议录）信息：《贵州民族研究》，2009 年第 5 期
关键词：少数民族大学生；藏族；英语学习观念

12. 论文题目：藏—汉—英三语者语言联系模式探讨
作者：崔占玲，张积家
年份：2009 年
单位：河北师范大学民族学院，中国科学院心理研究所脑与认知科学国家重

点实验室，华南师范大学心理应用研究中心

来源（专著/期刊/会议录）信息：《心理学报》，2009 年第 3 期

基金项目：教育部人文社会科学重点研究基地项目（08JJOXLX269）；广东省普通高校人文社会科学重点研究基地重大研究项目（06JDXMXLX01）；广东省自然科学基金团队项目（06200524）；国家自然科学基金项目（30700233）；中科院心理所青年基金项目（07CX132013）；河北省科技厅项目（054572170）

关键词：藏—汉—英三语者；语言联系；模式

13. 论文题目：藏—汉—英三语者言语产生中的词汇选择机制

作者：崔占玲，张积家，顾维忱

年份：2009 年

单位：华南师范大学，河北师范大学，中国科学院

来源（专著/期刊/会议录）信息：《现代外语》，2009 年第 32 卷第 1 期

基金项目：教育部人文社会科学重点研究基地项目（08JJOXLX269）；广东省自然科学基金团队项目（06200524）；广东省普通高校人文社会科学重点研究基地重大研究项目（06JDXMXLX01）；河北省科技厅项目（054572170）

关键词：藏—汉—英三语者；言语产生；语码切换；切换代价；切换代价的不对称性

14. 论文题目：对"三语习得"作为独立研究领域的思考

作者：曾丽，李力

年份：2010 年

单位：西南大学

来源（专著/期刊/会议录）信息：《外语与外语教学》，2010 年第 2 期

关键词：二语习得；三语习得；独立研究领域

15. 论文题目：试析拉萨藏族中小学生英语学习的特殊性

作者：强巴央金，雍小琳，肖铖

年份：2010 年

单位：西藏大学旅游与外语学院

来源（专著/期刊/会议录）信息：《西藏大学学报（社会科学版）》，2010 年第 1 期

关键词：三语习得；特殊性；民族心理特征；学习自主

16. 论文题目：西藏藏族高中生英语教学的难点分析及应对策略——以林芝地区为例

作者：曾海萍

年份：2010 年

单位：西南大学培训学院

来源（专著/期刊/会议录）信息：《山西师大学报（社会科学版）》，2010年第 3 期

关键词：藏族高中生；英语教学；三语教育；新课程

17. 论文题目：我国民族地区外语三语教学理论的本土化阐释

作者：刘全国，姜秋霞

年份：2010 年

单位：西北师范大学外国语学院

来源（专著/期刊/会议录）信息：《西北师大学报（社会科学版）》，2010年第 3 期

基金项目：教育部人文社会科学研究 2005 年度青年基金项目"西北藏族地区英语三语教学田野工作研究"（05JC740042）

关键词：民族地区；外语；三语教学

18. 论文题目：汉—英双语者言语理解中语码切换的机制——来自亚词汇水平的证据

作者：崔占玲，张积家

年份：2010 年

单位：中国科学院心理研究所脑与认知科学国家重点实验室，河北师范大学民族学院，华南师范大学心理应用研究中心

来源（专著/期刊/会议录）信息：《心理学报》，2010 年第 2 期

基金项目：教育部人文社会科学重点研究基地研究项目（08JJOXLX269）；国家自然科学基金项目（30700233）；广东省自然科学基金团队项目（06200524）；中科院心理所青年基金项目（07CX132013）；河北省科技厅项目（054572170）

关键词：亚词汇水平；汉字义符；英文词后缀；语码切换；切换代价

19. 论文题目：西藏地区三语教学存在的问题与对策

作者：史民英，邢爱青

年份：2011 年

单位：西藏大学旅游与外语学院

来源（专著/期刊/会议录）信息：《西藏大学学报》，2011 年第 3 期

基金项目：国家社会科学基金西部项目"西藏地区藏、汉、英三语教学绩效分析与研究"（07XYY007）

关键词：西藏；三语教学；问题；质量

20. 论文题目：我国民族地区英语课堂三语教学模式探索

作者：刘全国，李倩

年份：2011 年

单位：西北师范大学外国语学院

来源（专著/期刊/会议录）信息：《青海民族研究》，2011 年第 1 期

基金项目：教育部人文社会科学研究 2005 年度青年基金项目"西北藏族地区英语三语教学田野工作研究（05JC740042）；西北师范大学三期"知识与科技创新工程"科研骨干培育项目"三语环境下民族地区外语课堂多元文化研究"（NWNU-KJCXGC-03-31）

关键词：民族地区；英语课堂；三语教学；模式

21. 论文题目：西藏高校藏汉英语言教学的现状与对策研究——以西藏大学藏汉教学为例

作者：邹华，周朝坤

年份：2011 年

单位：西藏大学师范学院，西藏大学教育心理研究所

来源（专著/期刊/会议录）信息：《中国科教创新导刊》，2011 年第 13 期

关键词：西藏；西藏大学；藏汉英语言教学；对策

22. 论文题目：中国人口较少民族中学生英语学习动机研究

作者：李小芳

年份：2012 年

单位：中南民族大学外语学院

来源（专著/期刊/会议录）信息：《中南民族大学学报（人文社会科学版）》，2012 年第 32 卷第 5 期

基金项目：国家民委社会科学基金项目"我国人口较少民族英语教育研究"（2010ZN01）

关键词：人口较少民族；英语学习；学习动机；内在动机；外在动机

23. 论文题目：我国少数民族地区外语课堂三语接触模式

作者：刘全国，慕宝龙

年份：2011 年

单位：西北师范大学外国语学院

来源（专著/期刊/会议录）信息：《当代教育与文化》，2011 年第 2 期

基金项目：国家社科基金项目"民族地区'三语'环境下的语言接触"

(06XYY005)；教育部人文社会科学研究 2005 年度青年基金项目"西北藏族地区英语三语教学田野工作研究"(05JC740042);西北师范大学三期"知识与科技创新工程"科研骨干培育项目"三语环境下民族地区外语课堂多元文化研究"(NWNU-KJCXGC-03-31)

关键词：民族地区；语言生态；三语接触；语码转换

24. 论文题目：少数民族多语语料库：三语教育的新途径

作者：黄信

年份：2014 年

单位：四川民族学院康巴发展研究中心

来源（专著/期刊/会议录）信息：《教育与教学研究》，2014 年第 6 期

基金项目：2011年度全国教育科学规划项目"面向四川藏区的中小学英语教师教育实验研究"（GPA115077）；2012 年教育部青年基金项目"藏区外宣翻译平行语料库的构建与应用研究"（12YJC740037）；四川民族学院科研资助项目"基础教育英语师资现状与对策研究"（13XYZB007）

关键词：民族教育；多语语料库；三语教育；语料库应用

25. 论文题目：从"三语习得"视阈探讨我国少数民族地区的外语教育

作者：曾丽

年份：2012 年

单位：贵州民族学院外语学院

来源（专著/期刊/会议录）信息：《民族教育研究》，2012 第 1 期

关键词：三语习得；少数民族地区的外语教育；元语言意识

26. 论文题目：语言可加工性理论下的三语迁移现象及其对少数民族外语教学的启示

作者：谭爱华

年份：2012 年

单位：西南民族大学外国语学院

来源（专著/期刊/会议录）信息：《西南民族大学学报（人文社会科学版）》，2012 年第 A1 期

关键词：语言可加工性理论；三语；迁移；少数民族

27. 论文题目：国内外民族地区三语教育之比较

作者：黄健，王慧

年份：2012 年

单位：乐山师范学院外国语学院，重庆邮电大学外国语学院

来源（专著/期刊/会议录）信息：《贵州民族研究》，2012年第5期

基金项目：教育部人文社会科学研究一般项目"实施藏汉语三语教育促进跨文化理解与中华文化认同研究——以四川藏区为例"（10YJA740090）；全国教育规划办外语教育专项课题"面向四川藏区的中小学英语教师教育实验研究"（GPA115077）

关键词：三语教育；多元文化；民族地区；语言政策

28. 论文题目：藏汉英三语环境下外语课堂文化建构

作者：刘全国，何旭明

年份：2012年

单位：西北师范大学外国语学院

来源（专著/期刊/会议录）信息：《西藏大学学报（社会科学版）》，2012年2期

基金项目：国家社会科学基金重大特别委托项目"西藏项目"2011年招标课题"西藏自治区基础教育双语教学研究：模式构想与政策建议"（XZ1122）子课题"西藏自治区基础教育英语三语教学研究"；西北师范大学三期"知识与科技创新工程"科研骨干培育项目"三语环境下民族地区外语课堂多元文化研究"（NWNU-KJCXGC-03-31）

关键词：课堂文化；三语；冲突；整合；建构

29. 论文题目：藏、汉、英三语语境下藏族大学生英语学习特点分析

作者：尹辉，赵家红，王孟娟，李幡，扎西卓玛

年份：2013年

单位：西藏民族学院外语学院

来源（专著/期刊/会议录）信息：《西藏民族学院学报（哲学社会科学版）》，2013年第4期

基金项目：2011年西藏自治区教育科学研究"十二五"规划课题"藏、汉、英三语语码转换心理机制对藏族大学生英语学习的影响及对策研究"（2011076）

关键词：藏、汉、英三语语境；藏族大学生；英语学习

30. 论文题目：藏区英语教学媒介语问题与基于藏族学生母语的藏授英语教师培养

作者：王慧，孔令翠

年份：2013年

单位：四川师范大学外国语学院，重庆邮电大学外国语学院

来源（专著/期刊/会议录）信息：《外语学刊》，2013年第5期

基金项目：教育部人文社科研究项目"实施藏汉英三语教育促进跨文化理解与中华民族认同研究——以四川藏区为例"（10YJA740090）；全国教育科学规划课题"面向四川藏区的中小学英语教师教育实验研究"（GPA115077）；四川省应用外语研究会项目"多元文化视角下四川藏区中小学英语教师培养研究"

关键词：三语教学；媒介语；藏授英语；教师教育

31. 论文题目：藏、汉、英三语语境下藏族大学生英语学习中语码转换的实现过程探析

作者：赵家红，尹辉，李璠，扎西卓玛

年份：2013 年

单位：西藏民族学院外语学院，西藏职业技术学院

来源（专著/期刊/会议录）信息：《西北民族大学学报（自然科学版）》，2013 年第 2 期

基金项目：2011 年西藏自治区教育科学研究"十二五"规划课题"藏、汉、英三语语码转换心理机制对藏族大学生英语学习的影响及对策研究"（2011076）

关键词：藏、汉、英三语语境；藏族大学生；英语学习；语码转换

32. 论文题目：基于 ERP 信号的藏族大学生藏汉英词汇认知研究

作者：赵小雪，胡阿旭，于洪志

年份：2013 年

单位：西北民族大学中国民族语言文字信息技术重点实验室

来源（专著/期刊/会议录）信息：《西北民族大学学报（自然科学版）》，2013 年第 34 卷第 1 期

关键词：藏族大学生；双语习得；ERP；溯源分析

33. 论文题目：藏族大学生与汉族大学生英语请求策略语用对比研究

作者：李凤

年份：2014 年

单位：中央民族大学外国语学院

来源（专著/期刊/会议录）信息：《民族教育研究》，2014 年第 25 卷第 6 期

关键词：语用策略；语用能力；三语习得；语用教学

34. 论文题目：三语教育背景下的民族高校藏族英语教学

作者：魏晓红

年份：2014 年

单位：西南民族大学外国语学院

来源（专著/期刊/会议录）信息：《西南民族大学学报（人文社会科学版）》，2014年第A2期

关键词：三语教育；藏族；英语；教学

35. 论文题目：民族院校藏汉英语言教学与民族学生智力发展的相关研究

作者：王丽娜

年份：2014年

单位：青海师范大学国际教育交流中心

来源（专著/期刊/会议录）信息：《青海师范大学学报（哲学社会科学版）》，2014年第36卷第4期

关键词：民族；语言；智力；相关性

36. 论文题目：藏汉双语社区的语言文化生活——天祝藏族自治县菊花村一组语言使用及语言态度研究

作者：姚春林

年份：2012年

单位：河北联合大学；中国社会科学院

来源（专著/期刊/会议录）信息：《中国社会语言学》，2012年第2期

基金项目：国家社科基金特别委托项目"藏语文使用活力的调查研究"（XZ0901）

关键词：藏汉双语；语言活力；语言使用；语言态度

37. 论文题目：三语习得中的语言迁移影响——以四川藏族大学生英语词汇学习为例

作者：何晓军

年份：2014年

单位：乐山师范学院外国语学院

来源（专著/期刊/会议录）信息：《外国语文》，2014年第1期

基金项目：四川省教育厅科研项目"三语习得视角下的四川民族学生英语读写迁移影响研究——以藏族、彝族学生为例"（11SA194）

关键词：三语习得；正迁移；语言距离；语言熟练

38. 论文题目：藏汉大学生英语专业教育策略研究

作者：徐宇

年份：2014年

单位：青海大学

来源（专著/期刊/会议录）信息：《青海师范大学学报（哲学社会科学

版）》，2014 年第 1 期

  关键词：英语专业；藏族学生；汉族学生；学习策略

  39. 论文题目：少数民族学生三语习得研究

  作者：秦祖宣

  年份：2015 年

  单位：西南民族大学外国语学院

  来源（专著/期刊/会议录）信息：《贵州民族研究》，2015 年第 7 期

  基金项目：2013 年国家社会科学基金青年项目"中国学生英语朗读口语的韵律特征研究"（13CYY086）；西南民族大学研究生学位点建设项目"外语语言文学"（2015XWD-S0502）

  关键词：少数民族；三语习得；三语教学

  40. 论文题目：青海省一藏族村寨的双语生活

  作者：曹红梅

  年份：2014 年

  单位：中央民族大学

  来源（专著/期刊/会议录）信息：《中国社会语言学》，2014 年第 1 期（总第 22 期）

  关键词：藏语文；语言能力；语言使用；语言态度；藏汉双语教育

  41. 论文题目：藏族学生在第三语言习得中元语言意识研究

  作者：李增垠

  年份：2016 年

  单位：陕西师范大学外国语学院，青海师范大学外语系

  来源（专著/期刊/会议录）信息：《中南大学学报（社会科学版）》，2016 年第 1 期

  关键词：藏族学生；三语习得；元语言意识

  42. 论文题目：民族生"三语习得"过程中的干扰因素及对策研究——以青海民族大学藏族学生为例

  作者：张小华

  年份：2016 年

  单位：青海民族大学

  来源（专著/期刊/会议录）信息：《青海民族研究》，2016 年第 1 期

  关键词：三语习得；藏族学生；干扰因素；对策

43. 论文题目：英藏"主语"比较与英文教学中 Subject 一词藏译略考

作者：阿努，赤列德吉

年份：2016 年

单位：西藏大学旅游与外语学院

来源（专著/期刊/会议录）信息：《西藏大学学报（社会科学版）》，2016 年第 31 卷第 2 期

关键词：英藏主语比较；英语教学；藏译

44. 论文题目："中国政府西藏白皮书"汉英平行语料库的建设及应用研究

作者：李葆卫

年份：2016 年

单位：西藏民族大学外语学院

来源（专著/期刊/会议录）信息：《西藏民族大学学报（哲学社会科学版）》，2016 年第 37 卷第 5 期

基金项目：西藏民族大学西藏文化传承发展协同创新中心立项课题"'中国政府西藏白皮书'汉英平行语料库建设及应用研究"（XT15003）；西藏民族大学校内科研立项"关联视角：言语幽默分析"（14MYY06）

关键词：西藏白皮书；汉英平行语料库；文本对齐

45. 论文题目：藏族大学生三语习得中的障碍及归因分析——基于生成语法框架下的实证研究

作者：杨臻

年份：2016 年

单位：北京外国语大学中国外语教育研究中心

来源（专著/期刊/会议录）信息：《西藏民族学院学报（哲学社会科学版）》，2016 年第 2 期

关键词：藏族双语大学生；三语习得；关键期；生成范式

46. 论文题目：十余年来的三语习得国内研究综述

作者：李增垠

年份：2017 年

单位：青海师范大学外国语学院

来源（专著/期刊/会议录）信息：《山东科技大学学报（社会科学版）》，2017 年第 4 期

关键词：三语习得；国内研究；综述

47. 论文题目：地方普通高校双外语人才培养模式研究

作者：卜剑锋

年份：2017 年

单位：惠州学院，广东外语外贸大学

来源：第九届中国少数民族地区三语教育国际论坛暨中国区多语能力与多语教育研究会 2017 年年会论文提要集

基金项目：2015 年惠州学院校级教研教改项目（JG2015032）

关键词：地方普通高校；双外语人才；三语习得；问题；对策

48. 论文题目：三语背景下云南迪庆藏族中学生民族认同和国家认同现状及影响因素分析

作者：张正勇，熊莺，原源

年份：2017 年

单位：滇西科技师范学院外国语学院，云南师范大学外国语学院

来源（专著/期刊/会议录）信息：《学术探索》，2017 年第 5 期

基金项目：2014 年国家社会科学基金一般项目"云南藏区三语教育语言生态评估与外语政策研究"（14BYY068）

关键词：民族认同；国家认同；藏族中学生；三语背景

49. 论文题目："藏汉英"三语平衡输入与三语学业成绩相关性的实验研究

作者：刘全国，曹永成，才让扎西

年份：2018 年

单位：陕西师范大学外国语学院，西北师范大学外国语学院，甘南藏族自治州合作藏族中学

来源（专著/期刊/会议录）信息：《西藏大学学报（社会科学版）》，2018 年第 1 期

基金项目：2013 年度"荣达教育资助基金"民族教育研究课题资助项目"我国少数民族地区'民—汉—英'三语教育的模式构想与实施建议——以西藏自治区和甘肃藏区为例"（RDSY130200）

关键词：三语；平衡输入；学业成绩；相关性；实验研究

三、博士论文

1. 论文题目：三语环境下外语教师课堂语码转换研究

作者：刘全国

年份：2007 年

单位：西北师范大学

关键词：三语；外语教师；语码转换；课堂语码转换

2. 论文题目：藏—汉—英三语者语言表征与加工的心理学研究

作者：崔占玲

年份：2008 年

单位：华南师范大学

关键词：藏语；汉语；英语；语言表征；言语理解语码切换；心理学

3. 论文题目：第三语言习得中的元语言意识研究——以藏族学生为例

作者：李增垠

年份：2014 年

单位：陕西师范大学

关键词：三语习得；元语言意识；藏族学生；少数民族；三语教育

四、硕士论文

1. 论文题目：中国少数民族学生英语学习策略探讨——个案分析

作者：雍小琳

年份：2007 年

单位：西南大学

关键词：学习策略；少数民族；个案分析；英语

2. 论文题目："藏—汉—英"三语环境下藏族中学生英语学习的认知基础和学习机制分析

作者：杜洪波

年份：2008 年

单位：西华大学

关键词："藏—汉—英"三语环境；语言迁移；对比分析；学习机制；思维模式

3. 论文题目：双语教育背景下藏族高中生英语学习现状调查及改进对策

作者：徐杰鸿

年份：2010 年

单位：北京师范大学

关键词：高中教育；英语课程；教学模式；双语教学

4. 论文题目：藏族小学英语教育的个案研究

作者：何佩群

年份：2011 年

单位：西南大学

关键词：三语教育；藏族；教学媒介语

5. 论文题目：西藏高中藏文班英语课堂媒介语对比调查研究

作者：王慧芳

年份：2011 年

单位：东北师范大学

关键词：西藏高中藏文班英语课堂；媒介语；母语；语言迁移；语言习得

6. 论文题目：内地西藏班（校）藏汉英三语教育的课堂志研究——以重庆市西藏中学为例

作者：冯坤

年份：2011 年

单位：西南大学

关键词：内地西藏班（校）；三语教育；民族教育；课堂志

7. 论文题目：甘肃省藏区三语教学的调查研究——以天祝藏族自治县民族中学为个案

作者：李晓红

年份：2011 年

单位：西北师范大学

关键词：少数民族；藏区；三语教学；现状与对策

8. 论文题目：藏族学生三语习得过程中句法负迁移现象分析：以河北师范大学附属民族学院为例

作者：许宁

年份：2012 年

单位：长安大学

关键词：藏族学生；英语学习；汉语；藏语；三语习得；句法迁移

9. 论文题目：语言迁移对藏族英语专业学生句法习得的影响

作者：白欠欠

年份：2013 年

单位：中南民族大学

关键词：语言迁移；句法习得；英语写作；藏族学生

10. 论文题目：藏族大学生藏汉双语词汇表征与语义通达的实验研究
作者：杨娜
年份：2013 年
单位：青海师范大学
关键词：藏汉双语；词汇表征；语义通达

11. 论文题目：西藏藏族初中生英语学习主要影响因素调查研究
作者：緱红艳
年份：2013 年
单位：西藏民族学院
关键词：西藏；藏族；初中生；英语学习；影响因素

12. 论文题目：藏汉英三语背景下藏族大学生英语学习特点研究——以甘肃民族师范学院为例
作者：白洁
年份：2014 年
单位：兰州大学
关键词：藏汉英三语；藏族大学生；民族院校；英语学习

13. 论文题目：西藏地区藏族高中学生英语写作错误分析
作者：唐鑫
年份：2015 年
单位：苏州大学
关键词：错误分析；英语写作；藏族高中生

14. 论文题目：青海藏族高中生英语学习动机研究
作者：东主卓玛
年份：2015 年
单位：青海师范大学
关键词：外语学习；学习动机；藏族学生

15. 论文题目：藏族中学生思维风格对英语学习的正负效应研究
作者：周帅帅
年份：2015 年
单位：福建师范大学
关键词：思维风格；三语习得；学业成绩

16. 论文题目：拉萨市藏族中学生三语使用情况调查与研究
作者：次嘎
年份：2017 年
单位：西藏大学
关键词：拉萨市；藏族中学生；三语使用

后　　记

　　古谚云，饮水思源；西谚云，感恩是美德中最微小的，忘恩却是品行中最不好的。

　　脱稿之际，回顾本书的研究、撰写和出版，凝聚了众多同行、亲友和团队成员的关注和心血，一并致谢。

　　首先特别感谢参与本项研究的1527名样本学生、131名样本教师，他们为本研究提供了可贵的数据支持，没有他们的密切配合和通力合作，本研究的实证性将大大削弱。虽然限于篇幅，书中无法一一罗列他们的姓名，但他们填写问卷时庄重严肃的神情和一丝不苟的态度构成了我西藏记忆中最动人的画面。成书之际，谨向他们表示最真诚的感谢和最崇高的敬意，他们是真正用平凡书写伟大的群体，祝愿他们的人生能和藏地蓝天一样清澈、澄明、高远。

　　感谢陕西师范大学外国语学院王启龙教授在学术之路对我的奖掖、鼓励、鞭策和帮助，特别感谢他对本书出版提供的慷慨襄助。

　　感谢"三语大家庭"的所有成员，在这个家庭中虽然我"辈分"小、年龄轻，但大家对我的认可和帮助让我倍感家庭般的温暖。香港教育大学 Bob Adamson 教授、宁波诺丁汉大学冯安伟教授、云南大学原一川教授、延边大学张贞爱教授、西南大学刘承宇教授、青海民族大学马福教授、云南大学胡德映教授、四川师范大学孔令翠教授、广西大学黄斌兰教授、中南财经政法大学王革教授等不仅对中国三语教育研究贡献颇丰，而且作为同行和朋友，他们对我个人的研究也给予了莫大的关怀和鼓励。大家一路走来，也就走出了中国的三语教育之路。

　　感谢拉萨师范高等专科学校的领导和老师在本研究数据采集过程中提供的协调和帮助，感谢11所样本学校的领导和管理人员为调查研究提供的协调和配合。藏地有友，才使我的进藏之路更加便捷。感谢他们！

　　研究实施期间，课题组在甘肃省甘南藏族自治州合作藏族中学首次尝试实施了藏汉英平衡三语教学实验，实验研究的执教教师才让扎西，是个热情大方的藏族小伙，跟他在一起共事的感觉特别轻松美好，感谢才让扎西在平衡三语教学实验中的付出和贡献。教学实验的成果除了学术发现外，还包括我们的友谊。

　　众多团队成员对本研究的数据采集和分析做出了贡献。西北师范大学慕宝龙博士参与了本研究的理论建构，甘肃农业大学王向林老师、中共甘南州委党校何旭明博士、兰州文理学院张巧萍老师、兰州一中施多东老师、临潭二中穆永寿老师等在师从我攻读硕士学位期间参与了项目的数据采集工作，大部分成员毕业后仍然留在团队辛勤耕耘。团队成员裴田霏和曹永成承担了大部分的数据录入、整理、分析和讨论等繁杂工作，在此一并致谢。

感谢陕西师范大学研究生卢婉莹同学完成了本书部分章节的资料搜集、初稿撰写工作，并不辞辛劳地辅助完成了全书的修改和统稿工作，对本书贡献甚大。研究生王然和王琨分别完成了本书中国内和国外关于藏汉英三语教育研究的资料搜集和整理工作。三位高足才华出众，勤奋踏实，让身为导师的我深感欣慰。

本著得以顺利成书，离不开家人的理解和支持。他们的默默付出使我的生活重担减轻、心理压力大大缓释，使我能够专心投入工作、偏居书房、安心写作。岳父岳母任劳任怨地承担起照顾小女的重担，他们的无微不至和细心周全常让身为人父的我甚为惭愧。

身处尘世，常有分身乏术之感，但我自觉非常幸运，因为遇见了对的人。妻子默默承担了大部分家里繁杂的劳动，用爱心和耐心为我营造着温馨幸福的家庭港湾，也用宽容和包容接纳了我的所有缺点，相形之下，又觉惭愧。

书稿杀青之际，小女正牙牙学语，她的聪颖让我深感欣慰，她充满童趣的打扰使本书在我的记忆里有了别样的温度。

囿于作者学识粗浅，志小才疏，加之平日俗务缠身，书中不妥之处，求教同行不吝斧正。

刘全国

2018 年 9 月 28 日于古都西安